明治維新とは何か？

小路田泰直／田中希生 編

東京堂出版

刊行にあたって

今年は明治一五〇年、明治維新が起きてから一五〇年目の年にあたる。さぞや世間ではそれを記念したシンポジウムや講演会が百花繚乱、花盛りとなるかと思いきや、どうもそうでもなさそうなので、奈良女子大学において「明治維新一五〇周年記念連続公開セミナー　明治維新とは何か?」と題し、七回連続の公開セミナーを行うことにした。内容は以下の通りである。

五月十九日　小路田泰直　公開セミナーをはじめるにあたって
　　　　　　　　　　　　——明治維新とは何か?
六月三十日　田中希生＋平野明香里『夜明け前』論
七月二十一日　宮地正人　今日から明治維新一五〇年を考える
八月二十五日　西村成雄＋八ヶ代美佳　明治維新と辛亥革命
九月十五日　小風秀雅　世界史の中の明治維新
十月二十七日　藤野真挙　明治維新と個人
十二月九日　小路田泰直＋小関素明　王政復古論

どの講演も好評で、毎回ほぼ一〇〇名を超える方々にお集まりいただいた。

本書は、この「連続セミナー」の記録である。ご講演いただいた講師の方々に講演を踏まえた論文の執筆をお願いし、それを論文集にまとめたものである。一つ一つの講演の熱気が、セミナー参加者の範囲を超えて、さらに多くの皆さんに伝わればとの思いで編集した。味読いただければ幸いである。

しかし、それにしても今回の「明治維新一五〇年」は、「明治維新一〇〇年」の時のようには盛り上がらない。なぜなのだろうか。私は、本来ならばそれを盛り上げるべき立場にある政府の側に、歴史に関して、国民に対する重大な隠蔽があるからではないかと思っている。

安倍晋三内閣は、憲法九条第二項を残したまま第三項（自衛隊の銘記）を付け加えるという奇妙な改憲を言い出した。保守派にとっては驚天動地の改憲案である。アメリカから押しつけられた憲法九条第二項（戦力不保持）を廃して、正々堂々と再軍備を行うというのが、従来の保守派の考え方であった。二〇一二年に自民党が公表した改憲案もそうした内容だった。しかし、あろうことか九条第二項を残したまま自衛隊の名義だけを憲法に書き込もうとしているのである。戦力不保持の原則を一切変えることなく、自衛隊の合法化だけを図ろうとしているのである。真の保守派であれば、通常受け入れ難い改憲案である。

しかし不思議なことに、この改憲案が今、大方の保守層に受け入れられようとしている。自民党総裁選におけるあまりにスムーズな安倍三選はその証である。

では、なぜそのような摩訶不思議なことが起きるのか。安倍晋三は岸信介の孫であり、岸の衣鉢を継ぐことに情熱を傾ける人物である。その岸にとって一九四五年八月の敗戦は、決して不本意な敗戦ではなかった。むしろ自らの思い描いた理想実現の契機であったからではないだろうか。
では、その岸の思い描いた理想とは。彼は、元を正せば満洲事変を引き起こした石原莞爾の世界最終戦論に共鳴し、満洲経営にその才能を発揮した「二キ三スケ」（東条英機、星野直樹、松岡洋右、鮎川義介、岸信介）の一人である。当然、石原の世界最終戦論こそが彼の理想でもあった。それは、次にあるように、「無着陸で世界をぐるぐる廻れるような飛行機」と「一度あたると何万人もがペチャンコにやられるところの」「大威力の」「破壊兵器」による殲滅戦を実行し、「人類最後の一大決勝戦」の中から一つの超大国を生み出し、その下に恒久平和を実現しようという考え方であった。

一番遠い太平洋を挟んで空軍による決戦が行われる時が、人類最後の一大決勝戦の時であります。即ち無着陸で世界をぐるぐる廻れるような飛行機ができる時代であります。それから破壊の兵器も今度の欧州大戦で使っているようなものでは、まだ問題になりません。もっと徹底的な、一度あたると何万人もがペチャンコにやられるところの、私どもには想像もされないような大威力のものができねばなりません。飛行機は無着陸でグルグル廻る。しかも破壊兵器は最も新鋭なもの、例えば今日戦争になって次の朝、夜が明けて見ると敵国の首府や主要都市は徹底的に破壊されている。その代わり大阪も、東京も、北京も、上海も、廃墟になっておりましょう。すべてが吹き飛んでしまう……。それぐらいの破壊力のものであろうと思います。そうなると戦争は短期間に終わる。……このような決戦兵器を創造して、この惨状にどこまでも堪え得る者が最後の優者であります。

（石原莞爾「最終戦争論」一九四〇年）

その考え方の持ち主にとって、日本がその超大国になり損ねたこと自体は残念だったが、B29による広島、長崎への原爆投下を機にパクスアメリカーナが実現し、日本がそれに憲法九条第二項を持つ「平和国家」として組み込まれたこと自体は、自らの理想の実現でもあったのである。

だから岸とその孫にとって、そのパクスアメリカーナに組み込まれた「平和国家」日本の枠組み、すなわち日本国憲法体制を、根本から否定する考えなど毛頭なかったはずである。ただそうはいっても、彼らも三〇〇万人の死を、自らの理想実現のためのやむを得ざる犠牲とまでは言い放てなかった。だから長年、敗戦と占領と、その結果受け入れさせられた憲法の存在を屈辱と感じる人々の感性に付き合い、それに寄り添う形での改憲論に与してきたのである。しかし今や、憲法改正が現実の課題になり始めた。岸の孫はようやくその本性を露わにした。それが今回の摩訶不思議の原因だと、私は思う。

しかし、この岸的、安倍的感性が、三〇〇万人もの犠牲を強いられた国民の感性になることはない。だから岸的、安倍的感性が政治の指導権を握れば握るほど、国民の愛国の感情はどんどん冷めてきているのである。近代日本のルーツである明治維新の歴史的顕彰も、「明治維新一〇〇年」の時ほどの盛り上がりを見せなくなってきているのである。

しかし逆に考えてみよう。一方で満洲事変以来の戦争を先導しておきながら、他方敗戦さえ自らの理想を実現するための契機として肯定的に受け止め、戦後日本の復興と繁栄を牽引してきた岸的（安倍的）感性とは、何とダイナミックな感性ではないだろうか。この感性の原点を形づくったのが明治維新だったのである。彼らは長州出身であり、松下村塾を世界文化遺産に押し上げた人々である。ならば「明治維新一五〇年」が盛り上がらないからといって、明治維新を研究しないわけにはいかない。「明治維新とは何か」は、やはり今問わなくてはならないテーマなのである。

そして、それを問おうとする時に気になるのが、明治維新研究者が未だに、第二次世界大戦後に誕生した戦後民主主義体制と、明治維新によって誕生した天皇制の断絶を言い立てることに、ほぼ全エネルギーを割いていることである。王政復古によって誕生した天皇制と明治憲法体制に結実した立憲政の親和性を、絶対に見ようとしないことである。見ると戦前と戦後は自ずから連続する。その意味では、この国の明治維新史研究は今なお、明治維新を「ブルジョア革命」とは見ず、「絶対主義」の成立と見なした、講座派的マルクス主義の伝統の中にある。しかし、それでは岸的、安倍的感性の秘密を暴露する力は湧いてこない。それを乗り越えることもできない。

その研究史の現状に対する異議申し立ても、本書編纂の一つの意図である。ただし、一人一人の執筆者の執筆動機とその意図は、直接には関係ない。

なおご講演いただいた講師の方々の中で西村成雄氏の講演だけが、論文として本書に収録できなかった。原稿の締め切り直前に少し体調を崩されたとのことなので、止むを得ず収録を断念した。中国近代の見方を根底から覆す、極めてスケールの大きな講演だっただけに、残念でならない。

小路田泰直

明治維新とは何か？　目次

第二部　世界史の中の明治維新

第三章　世界史の中の明治維新
——日本の開国・開港が促進した「交通革命」

小風秀雅

第四章　西欧型近代国家モデルとの対峙

――北一輝と孫文の「革命」構想から　八ヶ代美佳　111

第三部　維新の思考

第四部　王政復古論

第一部

明治維新とは何か

第一章　明治維新とは何か

小路田泰直

はじめに

日本史の教科書から吉田松陰や坂本龍馬の名が消える日が近々来るらしい。明治維新で勝者となった尊王攘夷派の株が下がり、敗者となった公議政体派（佐幕派）の株が急上昇した結果だ。今や尊攘派の評価は、歴史の必然的な流れの攪乱者、「暴力」を以て「理性」を封じた一種のテロリストにまで貶められている。そして、それを貶めたのは現代を代表する明治維新研究者井上勝生である。井上は維新のクライマックスである王政復古の断行された状況について、次のように述べている。

クーデター当日、小御所会議の冒頭で、公議政体派の山内豊信は、クーデターを批判、従来の幕政を弁護し、慶喜を議定に参加させるよう要求する。クーデターは、「幼沖（幼い）の天皇を擁して、権柄を盗もうとするもの」と言いきった。

すかさず岩倉が、「御前」（天皇の前）と一喝する。休憩中、座外で兵を総指揮していた西郷が、岩倉に「短刀一本あれば片づく」と伝え、豊信もゆずった。これまで、西郷にふさわしい、殺気を含んだこの一言こそが、新政府を生みだしたと評価されてきた。

（中略）

（しかし）このように見直せば、小御所会議で議論すべき問題は、実は多々あったはずである。西郷の「短刀一本」という議論を断ち切る発言は、十分に根拠のある発言に対して、天皇の権威と藩の武力を背景にして押しつぶす、恫喝以外のなにものでもなかった。剛毅な豊信が退いたのは精鋭さで土佐藩兵にはるかにまさる薩摩藩兵の存在を懸念していたのである。

少数派の倒幕派は、幕府が条約を結んだことを「失政」と位置づけ、それを外交の大前提として「万国（欧米）対峙」、「万国対立」を国是の第一に掲げて出発する。「万国対峙」には、開化主義と、多分に大国主義への少数派の賭けがあった。[1]

ここに描かれている西郷隆盛はもはや革命家ではない。テロリストである。ではなぜ井上には、吉田松陰や西郷隆盛が単なるテロリストにしか見えなくなったのか。井上の論敵宮地正人の井上評がその原因をよく示している。

井上氏の明治維新「巨大な無意味論」の話の道筋は次のようになるだろう。ペリー来航に際して幕府側は合理的・理性的に対応し、「成熟した伝統社会」の商人達は、問題なく三港の貿易に参加していった。事態を無意味に紛糾させたのは、世界の大勢を理解できない「正気の沙汰ではない」孝明天皇の焼土攘夷要求であり、それをけしかけた長州藩を先頭とする尊王攘夷イデオロギーのサムライ達であった。無謀な試みが完全に挫折したあとでも、こりずに新たに「万国対峙」イデオロギーなる大国主義思想をひねり出し、無駄で無意味な奔走をせずとも、自然に世界市場に参入出来た筈の近代日本の方向性を決定的に誤らせてしまったのだと。(2)

かつて、前近代的で遅れた封建社会にしか見えなかった幕末社会が、井上には突如「成熟した伝統社会」に、事実上の近代社会に見え始めたからである。そして一旦それがそう見え始めると、日本が世界市場に参入するのはもはや自然の流れであり、「世界の大勢を理解できない『正気の沙汰ではない』孝明天皇の焼土攘夷要求」に端を発した尊王攘夷運動など、その自然の流れに抗う無理、無駄な動きにしか見えなくなってしまったのである。しかも尊王攘夷派の対極には、その自然な流れに逆らわず開国を急ぐ、しかも世界の大勢に精通した幕府官僚たちがいた。だとすれば、井上が知らず知らずの内に現代版「佐幕派」になってしまうのはやむを得ないことであった。

確かに幕末社会を「成熟した伝統社会」と評するのは正しいと私も思うし、今さら講座派的江戸時代認識が成り立つとも思えない。しかし私は、にもかかわらず井上に与して現代版「佐幕派」の一角を占めようとは思わない。やはり、尊王攘夷運動の爆発的エネルギーと王政復古のクーデターなしに日本の近代化はあり得なかったと考えるからである。

ではなぜそう考えるのか。一言でいえば明治維新をペリー来航以来の政治変動の帰結程度のことは思わない、もっと大きな日本史の流れの必然的帰結と捉えるからである。

以下、詳しく述べよう。

一、「成熟した伝統社会」の起源

井上がいう「成熟した伝統社会」とは、ほとんど限りなく近代社会に近い社会のことだが、井上のいうように幕末の日本社会がそのような社会であったとすれば、その社会の成立は明治維新より前に遡る。ではそれはどこまで遡るのか。そのことへの言及が、井上にはない。

そこで私が注目しておきたいのは、十四世紀の初めに北畠親房《きたばたけちかふさ》によって書かれた『神皇正統記《じんのうしょうとうき》』の次の二つの記述（【史料一】と【史料二】）である。


【史料一】

光孝ヨリ上ツカタハ一向上古也。ヨロヅノ例ヲ勘《かんがふる》モ仁和ヨリ下ツカタヲゾ申メル。古スラ猶カ、ル理ニテ天位ヲ嗣給《つぎたまふ》。マシテスエノ世ニハマサシキ御ユヅリナラデハ、タモタセ給マジキコトト心エタテマツルベキ也。

此御代ヨリ藤氏ノ摂籙《せふろく》ノ家モ他流ニウツラズ、昭宣公ノ苗裔ノミゾタヾシクツタエラレニケル。上ハ光孝ノ御子孫、天照太神ノ正統トサダマリ、下ハ昭宣公ノ子孫、天兒屋ノ命ノ嫡流トナリ給ヘリ。(3)

【史料二】

寛弘ヨリアナタニハ、マコトニ才カシコケレバ、種姓ニカ、ハラズ、将相ニイタル人モアリ。寛弘以来ハ、譜代ヲサキトシテ、其中ニ才モアリ徳モアリテ、職ニカナヒヌベキ人ヲゾエラバレケル。世ノ末ニ、ミダリガハシカルベキコトヲイマシメラル、ニヤアリケン。(4)

【史料一】は、光孝《こうこう》天皇以前の「上古」の時代においてさえ、天皇の地位（天位）をここでは「天照太神」とあるが実際には応神《おうじん》天皇以来父子相続で継承されてきた正統の血をひく者以外の者が継承しようとすると、たちまち政治的混乱が起こり、時には皇統が断絶するといったことも起きたのであるから、宇多《うだ》天皇（仁和）以降の時代ともなると、その正統の血をひく者以外の者が皇位に就くことなど考えられなくなってしまった。そして、藤原摂関家においてもことは同じで、藤原基経《もとつね》（昭宣公）以降、基経直系の子孫以外の者では摂関の地位に就けなくなってしまった、と述べており、【史料二】は、摂関政治（藤原道長）全盛の寛弘年間（一〇〇四〜一〇一二年）以前においては、血統（種姓）に関わりなく才能さえあれば高位高官に上り詰める者もいたが、それ以降になるとそうした者もいなくなり、人材登用においてはまず血統（譜代）が優先され、その上で「才」と「徳」が考慮されるようになった、と述べている。

いずれも一見身分制肯定論のようにみえる。しかし十四世紀人は、当然のこととして理想は「現代」にではなく、「上古」に託して語る。だとすれば、北畠親房はやはり「マコトニ才カシコケレバ、種姓ニカヽハラズ、将相ニイタル人モア」る社会の方を理想とし、しかしその理想を追究し過ぎると「ミダリガハシカルベキコト」が起きるからという理由で、止むを得ず「譜代ヲサキト」する社会を肯定し、受け入れていたのである。

だから彼は、承久の乱を引き起こした後鳥羽《ごとば》上皇に対しては、一応「下ノ上ヲ剋《こく》スルハキハメタル非道ナリ。終ニハナドカ皇化ニ不順《まつろわ》ベキ」としながらも、「王者ノ軍《いくさ》ト云ハ、トガアルヲ討ジテ、キズナキヲバホロボサズ。……義時久ク彼ガ権ヲトリテ、人望ニソムカザリシカバ、下ニハイマダキズ有トイフベカラズ。一往ノイハレバカリニテ追討セラレンハ、上ノ御トガトヤ申ベキ」[5]と述べ、「人望」に逆らった罪で厳しく非難していたのである。彼にとって、天皇を頂点とした人の上下の関係（「皇化」）よりも、人のフラットな関係を土台にした「人望」のほうがより大切な規範であったことの証拠であった。

十四世紀初頭、身分制社会という装いはとりながらも、それはあくまでも「ミダリガハシカルベキコト」が起きることを防ぐための方便であり、根底においては万民平等を理想視する社会がすでに成立していたことがわかる。社会が時として下剋上の波に呑まれ、人の平等を基礎にする社会組織、「一揆」が社会の表面に現れたのも、その裏返しであった。(6) 理想には時に現実を覆す力が宿るからである。しかも大事なことは、その種の社会が、過去ずっと存在してきたわけではなかったということである。古代日本人の思想を知る上で重要な手がかりになる『古事記』『日本書紀』における日本神話の描かれ方がそのことを示唆してくれる。

天地《あめつち》初めて発《ひら》けし時、高天の原に成れる神の名は、天之御中主《あめのみなかぬしの》神。次高御産巣日《たかみむすひの》神。次に、神産巣日《かみむすひの》神。この三柱の神は、みな独神《ひとりがみ》と成りましして身を隠したまひき。

次に、国稚く浮きし脂の如くして、海月《くらげ》なす漂へる時、葦牙《あしかび》の如く萌え騰る物によりて成れる神の名は、宇摩志阿斯訶備比古遅《うましあしかびひこぢの》神。次に天之常立《あめのとこたちの》神。この二柱の神もまた、独神ト成りまして、身を隠したまひき。

上の件の五柱の神は、別天《ことあま》つ神。

次に成れる神の名は、国之常立《くにのとこたちの》神。次に、豊雲野《とよくもの》神。この二柱の神もまた、独神と成りまして、身を隠したまひき。

次に、成れる神の名は、宇比地迩《うひぢこの》神、次に妹須比智迩《いもすひぢこの》神。次に角杙《つのぐひの》神、次に妹活杙《いもいくぐひの》神。次に意富斗能地《おほとのぢの》神、次に妹大斗乃弁《いもおほとのべの》神。次に於母陀流《おもだるの》神、次に妹阿夜訶志古泥《いもあやかしこねの》神。次に伊耶那岐《いざなきの》神。次に妹伊耶那美《いざなみの》神。

上の件の国之常立神以下、伊耶那美神以前を、併せて神世七代と称ふ。(7)

ロった。

この著名な『古事記』冒頭の記述に始まり、次のような順番で神々の出現を描くのが日本神話であった。

1、男女の性を持たず「成れる」と同時に「身を隠したまひき」抽象的な神。

2、初めて男女の性をもったイザナキ、イザナミの神。

3、そのイザナキ、イザナミの神の性交から生まれた淡路島をはじめ、国土を構成する島々の神。

4、同じくイザナキ、イザナミの神の性交から生まれた海や山や風や火などの自然の神。

5、その国生みや自然生みの最中、イザナミの神は、自らが産んだ火の神（火之迦具土神《ひのかぐつちの》）に焼き殺されて黄泉《よみ》の国に行くが、それを追い一度は黄泉の国に立ち入ったイザナキの神が、そこで死穢《しえ》にまみれた亡き妻と出会い、対決し、再び地上に戻って、禊《みそぎ》をしたのち、今度は性交をすることなく生んだ自然神たち、とりわけ日（天照大神《あまてらすおおみかみ》）と月（月読命《つくよみのみこと》）と海原（建速須佐之男命《たけはやすさのおのみこと》）の神。

6、父イザナキに命じられた海原の支配を放棄し、母の国＝「根堅州国《ねのかたす》」に行きたいと、まずは姉天照大神の許可を得べく、その支配する高天原に登り、乱暴狼藉を働いたあとでそこを追放されると、今度は出雲に降り、八岐大蛇《やまたのおろち》を退治し、最後は「根堅州国」の支配者に収まったスサノヲが、途中で助けた櫛名田比売《くしなだひめ》（人の女性）との間に設けた神々。その一柱が大国主神《おおくにぬしの》（大穴牟遅神《おおなむちの》）。

7、大国主神の国造りを助けるべく、海の彼方から現れた二柱の神（少彦名神《すくなびこなの》と大物主神《おおものぬしの》）。および大国主神と各地の豪族の娘たち（人間の女）との間に生まれた神々。

8、大国主神とその子らに無理矢理国譲りをさせた、タカミムスヒと天照大神が、地上に王として降した日子番能邇邇芸命《にに ぎのみこと》とその子孫が、山神や海神の娘と性交を繰り返すことで生み出された神々。その最後の神が神武《じんむ》天皇。

後半は別として、前半の神の出現順は、「抽象神」（世界の背後にあって世界を支配する神）、「祖先神」（生殖によって神や人を産む神）、「自然神」（自然の神格化によって生まれる神）の順である。しかし、この神の出現順は、人の時代（人代）に入ってからの神の出現順とは逆であった。人代に入ってからは「自然神」「祖先神」「抽象神」の順で出現している。

三世紀初頭と推定される崇神《すじん》天皇の時代に疫病の大流行があり、多くの人命が奪われたが、その折、崇神天皇は宮中祭祀の対象を天照大神から大物主神に切り替えている。天照大神は言うまでもなく太陽神であり自然神の代表格だが、大物主神はそうではない。人の女性と交わり、人の女性に人の子を産ませる能力を持った神であり、自らの子大田多根子《おおたたねこ》に祀られることによって初めて疫病退散の効を発揮した神である。倭迹迹日百襲姫《やまとととびももそひめ》＝卑弥呼とも婚姻を結んでいる。明らかに祖先神的性格の強い神である。まず「自然神」の時代があり、次いで「祖先神」の時代が到来しているのである。

そして五世紀後半、雄略《ゆうりゃく》天皇の時、再び新神出現があった。一言主神《ひとことぬしの》、別雷神《わけいかづちの》、タカミムスヒの神の三神である。

ある日、葛木山《かつらぎ》（葛城山・金剛山）の麓で狩りをしている時、雄略天皇は自らと瓜二つの神、一言主神と出会う。そして、その神と二人でいる時、人民から有徳の天皇と称えられる。一言主神とは、雄略天皇の内面に宿り、天皇の徳を内側から支える神の比喩であった。

またある日、雄略天皇は力持ちの家来に大物主神の捕縛を命じ、捕縛された神に対して雷神へと改名を命じる。では雷神とは。やがて京都上賀茂神社の北にある神山から流れてきた丹塗りの矢と人の女性（玉依姫《たまよりひめ》）の交わりから産まれた別雷神としての認識を受け取る神であった。神が人から産まれたというのである。人の内面に神が宿ることを象徴する神となった。だから上賀茂神社には、その神の親である人、玉依姫を祀る下鴨御祖神社《しもがもおみや》がワンセットの神社として置かれているのである。

そして同じく雄略天皇の時、「鎔造神」(8)や「造物」(9)と呼ばれた、万物の生成に関わり、万物を背後から支える神としてのタカミムスヒの神が生まれた。たぶん、一言主神や別雷神はこの神の別名だったのだろう。

かくて「祖先神」の時代は「抽象神」の時代へと引き継がれたのである。そしてその引き継ぎを象徴する物語が、大物主神の雷神への改名譚であった(10)。

確かに、人代における神の出現順と神話上の神の出現順とは逆転していた。では、その逆転は何を意味していたのだろうか。次のように考えるのが自然である。雄略天皇（五世紀後半）以降の時代の人々――我々が通常「古代人」と命名する人々――にとって、もはや重要なのは天照大神のような「自然神」でも、イザナキ・イザナミの神や大物主神のような「祖先神」でもなく、「鎔造神」なるがゆえに万物に宿り、人にも宿る「抽象神」だったのである。そして、大事なものは古くなくてはならないから「抽象神」を他の神に先んじて生まれた神にする必要が生じ、その逆転が起きたのである、と。

ではなぜ、五世紀後半以降の人々にとって、神といえば「抽象神」でなくてはならなかったのか。柿本人麻呂が天武《てんむ》天皇を神（現人神）に喩えたように、王および王に近い人々（王親・貴族）には、人でありながら神同様の存在になること、すなわち「悟り」が求められたからである。そして、その人の「悟り」を支えるものは、人の内面に宿る神、「抽象神」との「隣《ちか》」(11)さでしかあり得なかったからである。

ということは、『古事記』『日本書紀』が書かれ、日本神話が構想された時代は、人を「悟れる人」と「悟らざる人」に分かつことが強く求められた時代であったということになる。その時代に万人平等を理想視する発想など生まれるべくもなかった。その意味では、表向き身分制社会を装いながら、根底においては万人平等を理想視する社会の出現は、古代が終焉し、人の「悟り」が不能になったために起きた新しい出来事であった。当然それには起点があった。ならば「成熟した伝統社会」の出現は、その種の社会の出現にまで遡っていいのではないかというのが、私の意見である。

そして、「悟り」の技法が仏教化されたこの国においては、末法の到来こそが「悟り」不能の時代の到来であり、その起点は、平安時代という長い過渡期を踏まえ、鎌倉時代初めに措定するのが至当のことのように思える。

二、近代への条件

さて、そこで問わなくてはならないのは、なぜ万人平等を理想視する社会が、結果的には血統に基づく身分制社会を装わなくてはならなかったのかである。それは万人平等を理想視する社会の出現が、次のような慈円的社会認識の広がりの結果だったからである。

世ト申ト人ト申トハ、二ノ物ニテハナキ也。世トハ人ヲ申也。ソノ人ニトリテ世トイワル、方ハヲホヤケ道理トテ、国ノマツリコトニカ、リテ善悪ヲサダムルヲ世トハ申也。人ト申ハ、世ノマツリコトニモノゾマズ、スベテ一切ノ諸人ノ家ノ内マデヲヲダシクアハレム方ノマツリコトヲ、又人トハ申ナリ。其人ノ中ニ国王ヨリハジメテアヤシノ民マデ侍ゾカシ(12)。

人は「国王ヨリハジメテアヤシノ民マデ」一人の例外もなく「世ノマツリコト」よりも「家ノ内」の「マツリコト」のほうを大切に思う、私利私欲に満ちた存在に過ぎない。「悟らざる人」も「悟れる人」に近づいたから万人が平等に見えるようになったのではない。「悟れる人」も所詮は「悟らざる人」と同様の存在であることが発覚したから、そうなったのである。それぞ末法到来であった。

日本国ノ世ノハジメヨリ次第ニ王臣ノ器量果報ヲトロヘユクニシタガイテ、カヽル道理ヲツクリカヘ〳〵シテ世ノ中ハスグルナリ。劫初劫末ノ道理ニ、仏法王法、上古中古、王臣万民ノ器量ヲカクヒシトツクリアラハスル也[13]。

ならば万人平等社会においては、ここにあるように、一つ一つは不完全な「王臣万民ノ器量」を「カクヒシトツクリアラハスル」——合議し結合させる——しか社会を維持していく方法はなくなるが、それを行おうとすると必ず、ホッブスが言うところの「万人の万人に対する闘争」社会、日本的に言うと「下剋上」が横行する社会が現出してしまう。それが「ミダリガハシカルベキコト」の正体であった。それを防ごうとすれば、勢い血の安定性に頼るしかなくなる。万人平等を理想視する社会が、思いとは逆に身分制社会となってしまう所以であった。

では、身分制社会を装うしかない万人平等社会を、それを装う必要のない真の万人平等社会、すなわち近代社会に移行させるのには、何が必要だったのか。そこでヒントになるのがルソーの思索であった。彼は次のように述べている。

事実、もし先にあるべき約束ができていなかったとすれば、選挙が全員一致でないかぎり、少数者が多数者の採択に従わなければならぬなどという義務は、一体どこにあるのだろう？　主人をほしいとおもう百人の人が、主人などほしいとおもわない十人の人に代って票決する権利はいっ

あり、また少なくとも一度だけは、全員一致があったことを前提とするものである。[14]たいどこから出てくるのだ？　多数決の法則は、それ自身、約束によってうちたてられたもので

少数者が多数者に従わなくてはならない義務などというものは、実はどこにもない。ただあるとすれば、それはその義務が、一度は全一致の意志として確認され、「約束」化された時にだけだと。「悟らざる人」しかいないこの世は、人が合議によって、多数決を行うことによって、輿論を形成し、動かしていくしかないが、その輿論形成は必ず「万人の万人に対する闘争」を惹起し、社会を混乱に陥れる。それを防ごうとすれば、通常の輿論よりももう一段、権威の高い輿論である全員一致の意志――それをルソーは「一般意志」と名付けた――で以て、その輿論形成の仕方（ルール）をあらかじめ決めておかなくてはならない。ルソーはこう考えたのである。

同じことは、幕末期の政治家（寛政改革の主導者）松平定信も、次のように述べていた。「一人一族一郷一邑の善悪願欲」に「億兆の人の皆善とし悪とする処」を対置し、後者に前者に対する規制力を持たせようとしていたのである。

天命不寧、天の命する所則民の帰する所也、民の帰する所は徳器の備る人なり（中略）民の訟獄謳歌これに帰するを以て天の与ふるを明らかにす、夫れ一人一族一郷一邑の善悪願欲或は私にあるも多けれど、億兆の人の皆善とし悪とする処は一箇の私心にあらざる故に、皆天下の公理也、

天下の公理は則天の心なり、人君一箇の私にかゝはらずして、公理を以て心とするにあらざれば、天命を享けて天職を治むとはいひ難し、(15)

ただ問題は、全員一致の意志なるもののリアリティーのなさであった。それを論理的にどう補うのか。ルソーは次のように述べた。

国家は、法律によって存続しているのではなく、立法権によって存続しているのである。昨日の法律は、今日は強制力を失う。しかし、沈黙は暗黙の承認を意味する。主権者が法律を廃止することができるのに、それを廃止しない場合には、彼はたえずその法律を確認しているものと見なされる。主権者がひとたびこう欲すると宣言したことは、すべて、取り消さないかぎり、つねにそれを欲していることになるのである。それでは、古い法律に、あのように尊敬が払われるのはなぜか。それは、古いということそれ自体のためである。昔の〔人々の〕意志がすぐれていたのでなければ、古い法律をそんなに長く保存はできない、と考えなければならない。もし主権者が、それをたえず有益なものであると認めなかったならば、彼はそれを千回も取り消したであろう。よく組織されたすべての国家で、法律が弱まるどころか、たえず新しい力を獲得しつつあるのは、このためである。(16)

全員一致の意志によって否定されない全員一致の意志は、いつまでたっても全員一致の意志としての効力を持ち続ける。そして、人はかつて一度だけ、全一致の意志を形成したことがある。それを「原始契約」[17]という。その「原始契約」が、その後、全員一致の意志によって否定されたことを聞かない。ならば、その「原始契約」は今なお一般意志としての有効性を有しているはずである。

何ともいえない詭弁であるが、こう述べたルソーは、全員一致の意志を「取り消さ」れることなく続いている「古い法律」、すなわち自然法に置き換えたのである。

この思索がヒントになる。では、このルソーと同じ思索をした日本人はいたのか。いた。それが荻生徂徠であり本居宣長であった。二人は共に、現在に残る古典――「六経」と『古事記』――の中に太古の昔に形成され、その後否定されることなく今日まで継承された「古の輿論」を発見し、それに現実の世論を規律する高位の輿論を求めようとしたのである。

だから荻生徂徠は、中国最古の古典群「六経」に記された「聖人の道」を、次のように、僅かばかりの絶対的な聖人の教えとしてではなく、数千年の間に現れた数多くの、一人一人は不完全な人としての聖人たちの智慧の積み重ねと理解し、まさに「古の輿論」に読み替えたのである。

伏羲・神農・黄帝もまた聖人なり。その作為する所は、なほかつ利用厚生の道に止る。顓頊《せんぎょく》・帝嚳《ていこく》を歴て、堯《ぎょう》・舜《しゅん》に至り、しかるのち礼楽始めて立つ。夏・殷・周よりしてのち燦然として始めて備る。これ数千年を更、数聖人の心力知巧を更《へ》て成る者にして、また一聖人一生の力の能く

弁ずる所の者に非ず。故に孔子といへどもまた学んでしかるのち知る。(18)

また本居宣長は、「此記は、字《モジ》の文《アヤ》をもかざらずて、もはら古語《フルコト》をむねとはして、古の実《マコト》のありさまを失はじと勤たること、序に見え、又今次々に云が如し(19)」、あるいは、

此記の優れる事をいはむには、先上代に書籍と云物なくして、たゞ人の口に言伝へたらむ事は、必書紀の文の如くには非ずて、此記の詞のごとくにぞ有けむ、彼はもはら漢に似るを旨として、其文章をかざれるを、此は漢にかゝはらず、たゞ古の語言を失はぬを主とせり、抑意と事と言とは、みな相称《カナ》へる物にして、上代は、意も事も言も上代、後代は、意も事も言も後代、漢国は、意も事も言も漢国なるを、書紀は、後代の意をもて、上代の事を記し、漢国の言を以て、皇国の意を記されたる故に、あひかなはざること多かるを、此記は、いさゝかもさかしらを加へずて、古より云伝たるまゝに記されたれば、その意も事も言も相称ひて、皆上代の実なり、是もはら古の語言を主としたるが故ぞかし(20)、

と述べ、まず『古事記』を、『日本書紀』とは違い、「いさゝかもさかしらを加へずて、古より云伝たるまゝに記された」古典であるとした上で、それに記されたことを、超越的な神の教えではなく、古の人々の輿論と見なしたのである。そして、そのために次のように述べ、神を単に昔の人と見なし、

神にも「貴きもあり賤きもあり、強きもあり弱きもあり、善きもあり悪きもあ[21]」ることを主張したのである。

神世とは、人代と別て云称なり、其いとは上代の人は、凡て皆神なりし故に然言り、さて何時までの人は神にて、何時より以来の人は神ならずと云、きはやかなる差はなき故に、万葉の歌どもなどにも、たゞ古を広く神代と云り、[22]

「一般意志」などといった概念こそ使わなかったが、二人の志向はルソーの志向と完全に一致していた。しかも、徂徠や宣長が「六経」や『古事記』の記述に「古の輿論」を発見する前提には、鎌倉時代初め以来続けられてきた知の世界における古典回帰――和歌における本歌取りの流行や有職故実の学の隆盛――の動きや、立法（貞永式目や建武式目の制定）における旧慣尊重の動きがあったことも忘れてはならない。

しかし今一つ大切なことがある。それは、輿論形成にルールを与える、輿論を超えた輿論を生み出す方法には、古典の中に現代に引き継がれた「古の輿論」を見出すという方法だけでなく、もう一つ重要な方法があったということである。

そこで興味深いのが、人にとっての悟りの不能を宣言した法然に猛然たる敵意を抱き、あくまで仏教の本旨は「法に依つて仏を期する[23]」こと、すなわち釈迦の教えに則り悟りを開くことにあると宣言し、そうすることによって「国を捨てて相去」った「善神」や、「所を辞して還ら」なくなった「聖人」を再度呼び戻し、この国を幾多の「災難」から救おうとした日蓮が、その政治意見書『立正安国論』の最後を、次のように結んでいることである。

但し、人の心は時に随つて移り、物の性は境に依つて改まる。譬《たと》へば猶、水中の月の波に動き、陣前の軍《いくさ》の剣に靡くがごとし。汝、当座には信ずと雖も、後定めて永く忘れん。若し先づ国土を安んじて、現当を祈らんと欲せば、速かに情慮を廻らし、急いで対治を加へよ。所以《ゆえ》は何《いか》ん。薬師教の七難の内、五難忽ちに起り二難猶残せり。所以《いはゆる》「他国侵略の難、自界叛逆の難」なり。大集経の三災の内、二災早く顕はれ一災未だ起らず。所以「兵革の災」なり。金光明経の内、種種の災過一一起ると雖も、「他方の怨賊国内を侵掠する」、此の災未だ露はれず、此の難未だ来らず。仁王経の七難の内、六難今盛にして一難未だ現ぜず。所以「四方の賊来つて国を侵すの難」なり。(中略)若し残る所の難、悪法の科に依つて並び起り、競ひ来らば、其の時何んか為《せ》んや。帝王は国家を基として天下を治め、人民は田園を領して世上を保つ。而るに他方の賊来つて其の国を侵逼し、自界叛逆して其の地を掠領せば、豈驚かざらんや。豈騒がざらんや。国を失ひ家を滅せば、何れの所にか世を遁れん。汝、須らく、一身の安堵を思はば、先づ四夷の静謐を祈るべきものか。(24)

人は、仏教の本旨は「法に依つて仏を期する」ことにあるという「正道」に目覚めても、時間と共についそれを忘れる。そして、それを忘れていると、最後には最悪の災いである外敵の侵攻に遭い、国を失う。だから「一身の安堵」を思うのならば、実は不断に外敵侵入の危険に意識を巡らし、そのことによって「正道」の忘却を防ぐべきなのである。かかる意味が込められていた。

輿論の形成にルールを与える、輿論を超えた輿論を生み出すもう一つの方法は、外敵との対峙を媒介に、生存をかけた国民の共同体感情（ナショナリズム）をつくり出すという方法であった。

そしてそのためには、外敵を国境のすぐ先にまで呼び寄せる必要があった。日蓮は、ただ単にモンゴルの襲来を予言したのではない。その必要を熟知し、むしろそれを積極的に招き寄せたのである。そして世界中に日蓮がいたとしよう。その負の関数がモンゴル帝国の出現ということもできる。

だからモンゴルが去ったのち、この国はすでに、国の外部を意識し、それとの緊張関係の中で自らのアイデンティティーを形づくる国へと変貌していたのである。足利義満は「日本国王臣源道義」を名乗り、豊臣秀吉は「仮道入明《かどうにゅうみん》」を果たそうとして朝鮮に攻め込み、徳川幕府は宗門人別改を実施し、「キリシタン」でないことを日本人の証にしたのである。

三、明治維新への架橋――尊王・攘夷の必然

さてこうして見てくると、「成熟した伝統社会」が、名実共に万民平等の真の近代社会に移行する

のには、相当に高いハードルがあったことが想像される。井上の考えるほどスムーズな移行はあり得なかっただろう。では、そのハードルを超えるのに、最後に何が必要だったのか。

そこでまず想起してほしいのは、プロシア流憲法である大日本帝国憲法が、「皇祖皇宗ノ遺訓」もしくは「皇祖皇宗ノ後裔ニ貽シタマヘル統治ノ洪範」として発布された事実である。[25] この柔軟さを手に入れなくてはならなかった。多くの先人たちの蓄積を踏まえ、荻生徂徠や本居宣長が「六経」や『古事記』の記載の中に探り当てた「古の輿論」をそのまま現代に適応しようとすれば、それは「古の道によるとして、上の政も下々の行ひも、強て上古のごとくに、これを立直さんとする[26]」とんでもない時代錯誤を引き起こしてしまう。「古の輿論」の名において、現代に必要な法（憲法）を生む柔軟性を獲得する必要があった。

では、その柔軟性を獲得するのに必要な言説を用意したのは誰だったのか。それが宣長の死後門人平田篤胤であり、水戸学の藤田幽谷や会沢安らであった。

篤胤は、その独特の記紀解釈から、この世の初発に現れたタカミムスヒの神とカミムスヒの神の「ムスヒ」（生成）のエネルギーの作用により、最初は「一物」であった世界が、たちまち重濁したものと軽清なものとその中間のもの、すなわち「天」（軽清）と「地」（中間）と「泉」（重濁）に分かれ、やがて相互の交通を失っていったとした。とりわけ「地」と「泉（黄泉）」の間は、大国主神が往還して以来、人はおろか霊魂さえも往来できなくなってしまったとし、次のように述べた。

かくの如く、天・地・泉と三つに分り竟て後も、天と地は、神々の往来したまへる事実《コトノアト》の多在《オホカレ》ども、地と泉とは、大国主神の往て還坐しゝ後は、神々の現身ながらは更にもいはず、その御霊さへに往来したりし事実も、伝も更に見えざるは、此は伊邪那岐大神の、彼国を甚く悪みおもほす御心に、彼国此国の往還を止め定賜へる、御謂に因ること〻見えて、いとも畏き御定になむありける。(27)

では、それは何のためか。次のように、人は死後も「黄泉国」に行くのではなく、この世に留まるというためであった。そして、その人が死後も留まるこの世の一隅を「幽冥界」と名付けたのである。

然在ば、亡霊の、黄泉国へ帰てふ古説は、かにかく立がたくなむ。さもあらば、此国土の人の死て、その魂の行方は、何処ぞと云ふに、常磐にこの国土に居ること、古伝の趣と、今の現の事実とを考わたして、明に知らる。(28)

ではなぜ、その一点に関しては、師本居宣長の考えさえ「非説《ヒガゴト》」(29)と退けてまで、そのようなことを言う必要があったのか。もし、大国主神の時代以降の人々の魂が全てこの世に留まっているのであれば、「祭政一致」の政治を行いさえすれば、この世において死者と生者の対話を実現することができ、「古の輿論」を現代の言葉で、現代風に表現することも可能になるからであった。

あるいは藤田幽谷や会沢安らは、天皇が万世一系永くその地位を保てたのは「八洲の広き、兆民の衆き、絶倫の力、高世の智ありといへども、古より今に至るまで、未だ嘗て一日として庶姓の天位を奸す者あらざる」[30]結果だとし、それを長年にわたる国民の側の選択の結果だとして、「万世一系天皇」を「古の輿論」の結晶に見立てたのである。そうすることで、「古の輿論」に天皇という生身の代弁者を設けたのである。

篤胤の言説にしても、藤田幽谷ら水戸学者たちの言説にしても、徂徠や宣長によって発見されていた「古の輿論」を、現代の「公議輿論」をルール化するのに必要な現代法（憲法）にまで鋳直すために必要な言説であった。だから、万人平等を理想視する社会が誕生して以来、営々として積み重ねられてきた、その社会がともすれば陥りがちな「ミダリガハシカルベキコト」を防遏《ぼうあつ》するためのルールを、「古の輿論」――あるいは「一般意志」――を拠り所に確立する試みは、平田派国学的、水戸学的言説を制度化することによって完成したのである。その制度化が「王政復古」であった。だから「王政復古」は「公議政体」「立憲政体」樹立に先行しなくてはならなかったのである。[31]

そして、真の近代に移行し「万機公論」に決する社会を実現しようと思えば、輿論形成を規律し、ルール化するための超越的な輿論を形成し得るもう一つの方法、外敵との対抗を媒介に、生存をかけた国民共同の意志を形成するという方法にも、一段の進化が求められた。その方法を安定した国内秩序形成のための方便として活用するためには、それが、豊臣秀吉の時のように、不用意に戦争に発展することだけは防がなくてはならなかったからである。

だから幕末の日本にとって、西欧世界が長期にわたる宗教戦争をくぐり抜けた末、一六四八年に獲得した、対等な主権国家間の対立、緊張の関係を媒介にした平和秩序、ウェストファリア体制（万国公法体制）は極めて魅力的な体制に映ったのである。対立が平和の礎になるという逆説を孕んでいたからである。

日本はそれへの参入を求められ、そして自らもそれを求めた。ただし、いざという時には他国と戦争を辞さない意志と能力を持った国としてであった。でなければ、その体制を国内秩序の形成には使えないからである。だから最初は攘夷に流れ、曲がりなりにも攘夷を決行（薩英戦争・下関戦争）したあとは、「開国和親」「万国対峙」の方向に舵を切ったのである。

いずれにしても、この国が「成熟した伝統社会」から「真の近代社会」に移行するためには、「明治維新という暴力」が不可欠だったのである。

以上が、私が現代版「佐幕派」には与しない理由の説明である。

むすびに

さて、私はある研究会で、ある若手の明治維新研究者から、明治維新ではそれほど多くの人が死んでいない。だから明治維新は革命ではないとの発言を聞いた。そして少し驚いた。そんなことを言い始めたら、一七八九年パリのバスティーユ牢獄の襲撃でも、一九一七年ペトログラードでの冬宮襲撃でも、そんなにたくさんの人は死んでいない。では、フランス革命もロシア革命も革命ではないというのだろうかと思ったからだ。

革命は必ず暴力を伴う。ということは人の死を伴う。しかし、一つの暴力が、革命の暴力か否かの判定基準は、死者の数ではない。その暴力が、どれだけ深く、長くその社会に刻み込まれた矛盾を、一挙的に解き放つきっかけとなったか否かである。そして、その解き放つべき矛盾が、深く、長く蓄積されたものであればあるほど、実は暴力の規模は小さくなる。最後の一撃を加えれば事足りるところまで、社会の腐敗は進行しているはずだからである。

だから、明治維新が革命であったか否かを判定するためには、その直前に存在した、井上が言うところの「成熟した伝統社会」が、どの程度の時間をかけて、またいかなる矛盾を孕みながら成熟してきた社会だったのかを見ることが、まずは課題ということになるのである。

ここで私が取り上げた程度の時間の幅を以て明治維新は論じる必要がそこにあるのである。

注

（1）井上勝生『幕末・維新』（岩波新書、二〇〇六年）一五五〜一五七頁。
（2）宮地正人『通史の方法』（名著刊行会、二〇一〇年）二一〜二二頁。
（3）北畠親房『神皇正統記』（『日本古典文学大系』八七、岩波書店、一九六五年、一二五〜一二六頁）。
（4）『神皇正統記』一八一頁。

(5)『神皇正統記』一六〇頁。
(6)勝俣鎮夫『一揆』(岩波新書、一九八二年)、佐藤弘夫『起請文の精神史――中世世界の神と仏』(講談社選書メチエ、二〇〇六年)。
(7)倉野憲司校注『古事記』(岩波文庫、一九六三年)一八〜一九頁。
(8)坂本太郎・家永三郎・井上光貞・大野晋校注『日本書紀』(三)(岩波文庫、一九九四年)一二八〜一三〇頁。
(9)『日本書紀』(三)一一六頁。
(10)小路田泰直『神々の革命――『古事記』を深層から読み直す』(かもがわ出版、二〇一二年)。
(11)『日本書紀』(三)一一六頁。
(12)慈円『愚管抄』(『日本古典文学大系』八六、岩波書店、一九六七年、三二八頁)。
(13)『愚管抄』三二六頁。
(14)ルソー著・桑原武夫他訳『社会契約論』(岩波文庫、一九五四年)二八頁。
(15)松平定信『楽翁公遺書』上(八尾書店、一八九三年)九頁。
(16)『社会契約論』一二六頁。
(17)『社会契約論』一四九頁。
(18)荻生徂徠『弁道』(『日本思想大系』三六、岩波書店、一九七三年、一四頁)。
(19)本居宣長『古事記伝』一之巻(『本居宣長全集』第九巻、筑摩書房、一九六八年、三〜四頁)。
(20)『古事記伝』一之巻、六頁。
(21)『古事記伝』神代一之巻、一二五〜一二六頁。
(22)『古事記伝』神代一之巻、一五三頁。
(23)日蓮『立正安国論』(『日本古典文学大系』八二、岩波書店、一九六四年、二九三頁)。
(24)『立正安国論』三一五〜三一六頁。

(25)「皇室典範および帝国憲法制定に関する御告文」(伊藤博文著・宮沢俊義校注『憲法義解』岩波文庫、一九四〇年、一九一頁)。
(26) 本居宣長『玉くしげ』(『本居宣長全集』第八巻、筑摩書房、一九七二年、二三二頁)。
(27) 平田篤胤『霊の御柱』(『日本思想大系』五〇、岩波書店、一九七三年、九六頁)。
(28)『霊の御柱』一〇八頁。
(29)『霊の御柱』九九頁。
(30) 藤田幽谷『正名論』(『日本思想大系』五三、岩波書店、一九七三年、一一頁)。
(31) 拙著『日本憲法史——八百年の伝統と日本国憲法』(かもがわ出版、二〇一六年)、拙稿「近代の起源と現代」(『神奈川大学評論』第八九号、二〇一八年三月)。

第二章　今日から明治維新一五〇年を考える

宮地正人

一、明治維新一〇〇年と一五〇年

ただいまご紹介いただいた宮地です。本日のテーマ「今日から明治維新一五〇年を考える」については、私にはひと一倍感慨深いものがあります。私が大学院に入ったのが一九六六年四月、大学院に入ってすぐにアルバイトとして歴史学研究会の校正幹事を務めることになりました。考えてみると、随分いい加減な学会だったのではないかと思いたくなりますが、校正幹事が自動的に編集委員会のメンバーに加えられてしまう学会だったのです。しかも、この年には歴史科学運動の直面する大問題が起こりました。建国記念の日を祝日とすることは法律で決定されたけれども、その日を二・一一紀元節の日にするかどうかは未決定という年、ついに十二月に、この日に決定され、それ以降今日まで建国記念の日反対集会を毎年開催しなければならなくなった年でした。

しかも、時の佐藤榮作内閣が、当時高度経済成長し続ける近代日本の出発点は明治維新にあったのだと、一九六八年十月挙行予定の明治維新百周年奉祝行事の準備を着々と進めていた時期にもなります。

このような現代的近代化論の思想攻撃に、科学的歴史学として如何に対処していくのかが、毎回の歴研委員会での討論となりました。この近代化論に対置するには、明治維新論ではなく、日本帝国主義の形成問題こそ、ぶつけなければならないということになり、当時若手パリパリの日本経済史家中村政則氏が報告者となって、「日本帝国主義と人民——「九・五民衆暴動」(=「日比谷焼打事件」)をめぐって」という大会報告が、一九六七年五月にもたれることとなったのです。

これもいい加減な話だとは思いますが、「宮地も日本近代史だろう、共同報告者に入れ」との御下命があり、日露戦争だの日本帝国主義だの、全く頭にはなく、研究したこともない私も、いやおうなく報告準備に協力することになりました。中村さんは、お得意の日清・日露戦後経営論を駆使し、帝国主義化に伴い、如何に日本人民に財政的経済的負担が加えられていったのか、これが中村さんの分担、自由民権研究の第一人者の江村栄一さんは日比谷焼打事件の実態分析、金魚のフンの私は、日露戦後経営の目玉となった地方改良運動を担当させられました。

地方改良運動など、それまで耳にしたこともない私でしたが、調べてみると、「共同体強化による淳風美俗の徹底」といった、それまでの理解とは正反対に、自然村的共同体の徹底的破壊こそが、地方改良運動の本質だったのだという事実に気づかされ、これは面白い、それまでやろうとしていた「大隈財政から松方財政への転化問題」どころではないと、いとも簡単に修士論文のテーマを地方改良運動に切り替えてしまいました。

「大学院に入ったら、博士論文を何にするのだ」と迫られる今の大学院生の方々には誠に申し訳ない、いい加減な、良き時代の院生だったたと、思い出すごとに笑い出しそうになります。ですから、マグレで博士課程に入ったのちは、日露戦後の日本帝国主義の諸問題に見通しをつけたら、一九四五年以降の戦後史をやるぞ、と意気込んでいたのです。

但し、正面から取り上げなかった明治維新とは一体なんだったのか、というテーマについては当然気にかかり続けていました。また、一九六五年から家永教科書裁判が始まり、歴史科学運動としても、家永訴訟支援が一つの大きな柱となり、そこでの争点の一つが、年貢半減令とか五榜の高札、維新政府の歴史的位置づけという明治維新の評価問題であったため、支援運動を進める上でも、自分なりに納得する論理を実証的に確かめたいという気持ちが持続していました。

大学院の次は就職問題、今日のひどさも痛心の思いで見ているのですが、当時としても助手のポストは出来るだけ早く空けなければならない臨時ポスト、一九七三年、古文書のテストがなく、運良く入所出来た東京大学史料編纂所は、入ってみて初めて気がついたことに、最新の史料編纂年月日が廃藩置県当日の一八七一年（明治四）七月十四日、器用な研究者なら公務は公務、個人研究は個人研究と両立させるでしょうが、私のような不器用な者には到底無理、公務の余暇に研究するほかないと、研究対象時期を一気に五〇年も以前に遡らせ、古文書の読解力をつけること、近世史の基本である幕府と朝廷との関係如何など、近世史研究にとってのイロハからやり出さなければならなくなりました。このような私の個人史からすると、明治維新一五〇年は明治維新一〇〇年と、どうしても結びつけて考えさせられることになるのです。

二、幕末維新変革は世界史的大変革であること

五〇年前の明治維新百周年奉祝行事に反対する論理としても、明治維新で成立した外見的立憲主義の天皇制絶対主義こそが、日本帝国主義を必然化させたのだという論が横たわっており、それに対置するものこそ自由民権運動だと、お集まりの皆さんの中にも関わった方々がいらっしゃると存じますが、一九八一年の国会開設建白運動記念集会、一九八四年の激化事件一〇〇年記念集会などが行われました。

しかしながら、ご承知の通り、自由民権運動研究は今日では惨憺たるありさま、天皇制国家と共同して民衆的近代の可能性を抹殺していったのだという糾弾的論調が主流になっているようです。明治維新一〇〇年の時には、自由民権運動を対置することで対抗しようとしたのに、一五〇年ではそのような動きも主流にはならず、しかも五〇年前と同様、吉田松陰は対外侵略主義者だとか、西郷隆盛は征韓論を主張した張本人だったという使い古された批判のみが、また同様に繰り返されています。

先ほどお話しした家永訴訟の争点の一つに、アジアで最初の憲法は大日本帝国憲法なのか、あるい

はオスマン帝国の制定した憲法なのかがなり、支援運動上、史実確認作業をしながらも、私は、このような論じ方が歴史学的なものかどうか、気持ちの中では引っかかり続けていましたが、では、幕末維新変革とはなんだったかという、最も基本的な問いが少しも説明されないままに、明治維新一五〇年に関する論壇は目下進行しているように、私には見えるのです。

明治維新一〇〇年の時も、一般の日本人成人男女が歴史学に求めていたのは、欧米資本主義列強が全世界に進出し、インドもビルマもベトナムも中国も、その独立を維持することが不可能だったのに、何ゆえ日本だけが独立を維持し、植民地化されなかったのかという、あまりに当然の疑問への解答でした。しかも、国家の独立を維持するためには、その国家の基礎に国民を結集する核として国会を成立させ、立憲主義に基づき、如何なる租税も、どのような法律も、国会の議決なしに賦課し制定することを不可能にしたこと、このことは日本の帝国主義化以前の、独立した問題として、きちんと歴史学が解明しなければならない明治維新論の基本的問題でありました。

私は一九七三年、思いもかけない幕末史をやらされるハメに陥ったため、明治維新一〇〇年の際に、日本人成人男女から提起された問いを念頭に置きつつ、史実に基づき、どのような論理を組み立てることが出来るか、公務の中で自分なりの回答を探し始めたのです。

研究者には性格によって様々なタイプがあり、グランド・セオリーを不可欠とする人、最近流行の説をもって史実なるものを切り貼りしようとする人等々、長い研究者生活の中で色々なタイプの研究者に遭遇してきました。しかしながら私は、史実そのものに強烈な関心があり、権力の抑圧に抗し、主体的・能動的に動く人やその集団に、なんらレッテルを貼ることなく関心が惹かれるタイプ、そして歴史学という学問は、時代と共に進むのではなく、むしろその逆なのであって、新井白石をはじめ、過去の優れた歴史家たちのお仕事は繰り返し咀嚼し続けなければならないと思っている、非常に保守的タイプの研究者だと自認しています。

そのような私が、公務として編纂を命令されたのが、幸運にも井伊家史料の一八五八年（安政五）九月、安政大獄開始の時期でした。それまで一近代史研究者として、天皇と公家たちは世界の大勢に無知蒙昧な攘夷主義者と思い込んでいたのが、幕府側委員とハリスとの対話書を逐一送られ、熟読した上での、世界の大勢を承知した上での自己主張、しかも幕府の命令に従わなければ、法令違反だと取り締まればいい、朝廷は何ゆえ存続したのかわからない赤子の臍の緒のようなものだと思っていたのに、大名に直接勅書を下すという大それたことをしても、なんら取り締まる法令を幕府は幕初以来制定してはこなかったのだという、私のような近代史研究者にとっては、ビックリ仰天する朝幕関係の実態にぶつかってしまったのです。それまでの一知半解な近世史理解をすべて投げ捨て、史料のみに基づき、幕藩制国家なるものを自分にとって理解する作業から、幕末維新変革はどのように論理的につかまえることが出来るかの私の仕事は始まりました。

安政大獄期の朝幕関係に私なりの見通しをつけることが出来た次の作業が、今日でも最も理解困難な奉勅攘夷期の政治過程、次が薩英戦争・下関砲撃事件・連合艦隊摂海進入という一連の政治激動の中、万策尽きた孝明天皇の条約勅許による奉勅攘夷期の完全過去化、その次が薩長軍事同盟、大政奉還、王政復古クーデタ、戊辰・箱館戦争、太政官政府のもとで府藩県三治一致体制の展開、薩長土三藩親兵一万を結集しての廃藩置県の断行と中央集権的郡県制国家の創出、一八七三年(明治六)十月、征韓論をめぐっての太政官大分裂等々の政局史分析の課題が立て続けに出てきました。手許に年表を置かなければ頭を整理することが出来ないほどの政治激動の連続また連続です。これでは、政治に関与する人々は、殺されるか過労で死ぬか、人の尻にピッタリとくっつき、いわれたことをそつなくこなす人物だけがなんとか生き残れる異常な時代、しかもペリー来航からの政治変革プロセスに参加する人々は年毎に増え続け、最後には三千万から三千五百万の日本人の成人男女すべてが、なんらかの形で能動的に関与するようになっていく大変革ではなかったか、そのような印象を政局史研究を進めれば進めるほど深めているのが臍曲がりの私なのです。

この巨大な過渡期は、過渡期を過渡期の通史として一貫して捉え尽さなければ、私は理解不可能だと思うようになりました。天保期まで研究した近世史研究者が同じスタイルで分析しようとしてもつまらないものになるだけ、また中央集権的天皇制国家と地方自治制度という近代史的枠組みで近代史研究者が当該時代を分析しようとしても、当該時代の人々を蘇らせることは到底無理、お気に障る方がいらっしゃるかもしれませんが、これが私の正直な印象なのです。過渡期を過渡期の通史として捉え尽すこと、とすると、その範囲はごく狭くとってもペリー来航の一八五三年(嘉永六)から藩閥権力がついに認めざるを得なくなった一八八一年(明治十四)の国会開設詔勅発布まで、しかもその前史と後史をきちんと視野に入れなければ、この世界史的大変革は位置づけることは不可能だと、明治維新一五〇年を迎えて、私は思うようになっているのです。

三、王政復古の意味を正しく捉えること

私は一つ一つの政局史を分析し、それが抱えた様々な可能性、その可能性の中で唯一のものだけが現実性に転化し、転化した途端、全く予測し得なかった新たな矛盾を転化させた主体自身が抱え込む、この意味では、巨大な歴史的前進は個人にとっての歴史的悲劇になっていく、この過渡期の通史を、人に説得するのではなく、私に説得する作業を、一九七三年から今日までやってきました。この意味では、一九七〇年代後半から流行し始めた社会史にも、一九九〇年代から二〇〇〇年零年代に一世を風靡した国民国家論や「伝統の創造論」といった理論にも背を向けた臍曲がりの研究者として、マイペースで仕事をしてきたといえるでしょう。

私は人一倍、個々の政局史そのものに関心がありますが、他方で近代史研究者として出発した者として、あまりに目まぐるしく変化する政局史とは全く別個に明治維新定点観測地点を持つように心掛けました。関心は当初から抱いていたものの、よそ者が入るには極めて困難なフィールド・ワークにようやく一九九八年から入ることが出来ました。武家やサムライの介入なく、地域の豪農・豪商、そして一般民衆が主体的に維新変革に関与し続けた「夜明け前」地域、つまり東濃・南信地域です。こ

の地域の人々にとっては、大政奉還と王政復古クーデタは数百年続いてきた武家支配が終わり、天皇親政のもと、六六ヶ国二島（壱岐と対馬）の「御国《みくに》の御民《みたみ》」の時代、つまり御百姓の時代到来と捉えられたのです。「夜明け前」の主人公青山半蔵のモデルとなった、島崎藤村の父正樹は、大政奉還直後、それを寿ぐ長文の祝詞(1)を江戸の気吹舎に送りますが、その中で彼は、新政権が厳禁しなければならない第一の罪がミカドに刃向かう罪、第二の罪が外国と通ずる罪（＝外患罪）、そして第三の罪が百姓を虐げる罪だとし、彼はこの祝詞を木曾山林解放運動開始の宣言としたのでした。

私は武家の時代が終わり、しかも絶対に逆行はしないと、最も見事に断言出来た者は、気吹舎第三世、平田篤胤嫡孫の延胤であり、王政復古直後に彼が書き上げた「復古論」(2)だと評価しています。

彼は、こう断じるのです。

今度の復古は右に反し、万民元弘の覆轍を恐れ居るが上に、草莽より勤王の論起り、最初は浪人より始りて藩士に及び、藩士より大夫に至り、大夫より君侯に及び、終に草莽の発起尽力より日々に盛大になり、自然に復古したるなれば、万が一も上の思召は変ずるとも、万民の心が変ぜざれば、武家に政道の戻るべき道理なし、況や近来の形勢を見よ、能く治の得たりや否や、日々に乱れ果たるにあらずや。

こう延胤が断言できたのも当然のことです。薩長土のような藩権力に一切依拠することなく、下総や東濃・南信等の草莽門人をはじめとする全国の平田門人たちの活動に日夜接触し続け、この気運と活動は逆転されるものではないと、彼は確信を持つことが出来たのです。

気吹舎は一九世紀一桁代から活動し、「夜明け前」地域の人々の入門は一八五九年（安政六）の横浜開港の年から始まりますが、それは彼らが横浜で外国人商人と丁々発止と渡り合い、私的に巨利を得たものの、これが日本国家としての利益になるのかどうか、自分で考えることを迫られたからでした。まさに江戸の気吹舎に自ら出向いて入門する九〜十月、「無勅許開港路線」をめぐっての朝幕関係は抜き差しならない泥沼状態に突入したのです。

しかも、彼らの東濃・南信地域は領主階級・武家階級の威圧がほとんど感じられない地域、中津川は木曾福島関所番山村甚兵衛家の私領、山村家とその家中の財政は中津川の豪商にしっかりと握られており、尾張藩の支藩高須三万石の内一万五千石は南信に集中、伴野村の松尾多勢子家が主体とならない限り、年貢も集められない地域となっていました。

さらに、平田国学者の権威を確立するのが、一八六四年（元治元）十一月、武田耕雲斎をはじめとする筑波西上勢の信州行軍の際のこととなります。耕雲斎らは福島関所を抜くことは困難と、和田峠の激戦後は、伊那街道を一路南下、南信より三河の中馬街道から名古屋に出ようとしたのです。

しかも、伊那街道の要衝の地こそ、堀家飯田藩の飯田城下町、町のど真ん中を伊那街道が貫いており、やむを得ず、幕府への申し訳のため、焦土戦術を採り、飯田城下を焼き払って高台の飯田城に籠城することにしたのです(3)。当然のこと、城下は上へ下への大騒動、この危機的状況を大転換させたのが、座光寺村の北原稲雄・今村豊三郎兄弟、伴野村多勢子長男の松尾誠哉、そして中山道中津川宿の市岡正蔵（殷政《しげまさ》）・間半兵衛らの平田国学者の連係プレーでした。北原稲雄は西上勢中の平田門人を仲介に藤田小四郎と直談判、城下を迂回させると共に、「中馬街道西進は尾張藩との激突となる、中山道中津川には我々の同志がおり、無事に西に向かうことが出来る」と説得、そして中山道に出る清内路峠の関門を守る責任者二人に、飯田藩から「無事通過せしむべし」との指令を出させたのです。

しかしながら飯田藩は、その後、幕府から叱責されるや、責任者二人に切腹を命じる無理無体、このような武士階級の無能さ・無力さに対比しての平田国学の声望は地域全体を制圧、その直後から北信地域においても、平田国学は急速にその門人を拡大させることになりました。

この事態は、信州においてはチョボクレにも詠われることになりました。

御世が永々つづいておごり長じる、侍なまける、坊主はふざける、そこで天から正義の勇士を御集なされて、昔の真ごころ、日本魂の目出度御国におもどしなさるは、日本国中の神々などまで、もつれし世界をお直しなさるぞ、夫をばすこしも悟らぬやつめが、物ずきなんぞでしぬ気と思て、浪人共だと、呼捨なんぞは、御罪があたるぞ。(4)

と、そこで語られることになります。平田国学は、ここに東濃・南信地域においてしっかりとした地域勢力としての地位を確立したのです。

ここで、平田国学を研究する中で気づかされた問題を二つばかり述べさせて下さい。

第一が、本居宣長の科学的国学研究と平田国学の偏狭性なるものを、実態以上に強調する従来の論じ方についてです、

近代に入り、宗教と完全に分離した形での国文学研究の立場から、あと智恵的に回顧する場合にのみ、この対比は成り立つのですが、しかし篤胤の形成した復古神道神学の源泉は、宣長の『古事記伝』冒頭にある「直毘霊《なおびのみたま》」と神代巻末尾に付された服部中庸の「三代考」でした。『古事記伝』を介して宣長国学を学ぼうとするすべての国学者たちは、ひとしなみに、この「直毘霊」と「三大考」について、自分は如何なるスタンスをとり、日本の神々にどのように関わっていくのかが、鋭く問われたのであり、それは近代とは異質の、神々が生き生きと生存し続けていた「近世後期」という当時の日本社会での切実な設問でもありました。紀州の本居大平にしろ、鳥取の飯田年平にしろ、土佐の鹿持雅澄にしろ、長州の近藤芳樹にしろ、そして肥後の林桜園にしろ、平田篤胤が対応したのとは別の形となるにせよ、それは彼ら自身に迫られ、彼らの門弟に答えなければならない、回避出来ない宗教的課題でもあったと、私は思っているのです。

第二が、宣長の解明した儒仏二教に依存しない上代日本社会なるものが、幕府と諸藩が君臣の義・主従の義を家臣にたたき込む上で全面的に採用した朱子学哲学とは全く別個の論理から成立しているということです。宣長が確立した重要命題は、「天地は死物にして、心も、しわざもあるものにはあ

らず、心もありて、しわざもあるが如く思はるるは、みな神の御心にして、神の御しわざなり(5)」というものでした。他方、朱子学では、「天は先に成て、地は後に定まる、さありて後、神もあり人もあり、かかれば、神も人も天地の気を稟《うけ》てなりいづるものなり(6)」との理気説が大原則となっています。六六ヶ国二島の国々の御民《みたみ》と天孫たる天子との情義的共同体という、神武天皇期の「理想的いにしえ」と現実の将軍・大名の封建支配とを妥協させるものが、中世以来の混乱を鎮めた「みてしろ」神君家康公により朝廷尊崇・四夷平定が実現した、将軍家・大名家は天子の「みよさし」を戴いて人民を支配しているとの、職分委任論となりました。

しかしながら、それは、領主の土地を百姓は耕作することを許され、領主の恩恵によってこそ町人は商いを営むことが出来るのだ、という封建的領主的理解とは原理・原則の全く異なるものなのです。

文化文政期のように社会の安定していた時期はともかく、天保期に入り、一八三三～三四年・三六～三七年と、足掛け四年もの大凶作となり、人民の餓死するのも構わない大名・旗本が出てくる時期、この「みよさし」論、職分委任論は機能不全に陥ります。儒仏伝来以前の上代を「薄税寛刑(7)」の理想的社会とする篤胤高弟の生田萬が桑名藩柏崎陣屋を襲撃するのが一八三七年(天保八)六月、このような支配を日本の神々はどのような思いで凝視しているのか、その思いは心ある国学者たちの共通するもの、しかも幕府権力は一八三九年(天保十)五月、蛮社の獄の弾圧を開始し、平田門人の佐藤信淵も追われる身となり、さらに一八四〇年(天保十一)十二月、国学者平田篤胤には国許秋田へ追放・著述差し止めの処分が下されることになりました。

　しかし、一八四二年（天保十三）、儒学・朱子学の祖国たる大清帝国はイギリスに大敗し、儒学・朱子学の学問的権威は大幅に低落してしまうことになりました。しかも、仏教の祖国たるインド全域がイギリスの植民地になってしまったことも、日本人男女の知るところとなっていたのです。

　アヘン戦争直後、新義真言宗の僧侶から還俗、平田国学者となった佐久良東雄が非合法的に出版するのが篤胤の「出定笑語」と宣長の「秘本玉くしげ」、出板準備中に版木を没収されてしまうのが篤胤の「巫学談弊」であったこと[8]を見ても、上代復古思想が押さえられない時代潮流になり始めたと、私は見ているのです。

　なお、エピソード的な事件を一つ紹介しておきましょう。伊勢神宮林崎文庫に関して宣長は、「林崎のふみくらの詞」を一七八二年（天明二）十月に執筆し、その末尾に「いひたかの郡の御民本居宣長」と署名しました。

　宣長の門人たちは篤胤を介し、幕府右筆で能書家として著名な屋代弘賢に、宣長の文章を石碑に刻むための書を書いてもらうことにしました。一八二七年（文政十）一月に、この石碑が建てられるのですが[9]、そこには宣長の「いひたかの郡の御民」の九文字が書かれてはいません。いきさつとしては、屋代の書に門人たちが手を加えたことに、屋代が激しく抗議する一幕[10]があるのですが、殿村安守らがどのように手を加えたかが不明なので、詳細はわかりません。少なくとも私は、石碑末尾に「幕府内史局直事源弘賢書幷題額」と、幕府国家論の大原則に立って弘賢が自らの名乗りを書いた以上、「いひたかの郡の御民」とは如何にしても書式上書くことが出来ず、他の書き方をしたのに対し、門人がなんらかの手を加えてしまったため、弘賢を激怒させたものと、現段階では考えているのです。たかが「御民」、されど「御民」、この「御民思想」がどのように発展して王政復古を実現させたのか、思想史の問題でもあり、社会的政治史の問題でもあり、私としては強い関心を寄せているテーマの一つなのです。[11]

四、ペリー来航は武家支配の正統性全体に疑問符を付けたこと

先ほど、幕末維新変革には過渡期としての通史を確立する必要があること、そしてこの過渡期論には、その前史と後史の動きもしっかりと付けなければならないとの私の考えを述べました。そして、過渡期の通史の出発点は一八五三年（嘉永六）のペリー艦隊浦賀来航だとしました。

この来航に関しては、清国の対応と比較して、それなりにうまくやったのではないかとおっしゃるかたも大勢いらっしゃいます。ここにお集まりの方々はどのようなご意見をお持ちなのでしょうか？

私は、通史の論理とは、その局面局面のつじつまを合わせるものではなく、通史全体に貫かれる論理でなければならないと考えているのです。うまくやれた幕府なら、一八五八年（安政五）、条約勅許をなぜ京都の孝明天皇のもとに求めなければならなくなったのか、しかも一八六二年（文久二）には安政五ヶ国条約は違勅の条約であり、幕府はこれを破棄すると決断、その後、大政奉還まで幕府はこの立場を変えることはありませんでした。

これらの、表面的にはつじつまを合わせようにも合わせることの不可能な、繰り返される政局史的激変を通史として説明し抜けるのかどうか？　ある局面ではもっともらしく聞こえる説明も、他の政局の説明には適用することが出来ない「理論」ならば、それは通史の理論には成り得ない、私は個々の政局史を自分に説得する作業の際、このような私にとって使用不可能な多くの「理論」にぶつかり続けてきたのです。

さて私は、ペリー来航が突きつけた根本問題は、武家に百姓・町人を支配し、彼らを全くの無権利状態に置いたまま、年貢を取り、夫役を徴発し、御用金を際限なく掛け続ける権利があるのか？　ということだと見ているのです。

たった四艘のペリー艦隊に、幕府は自己の国際政治の基本中の基本、鎖国政策を維持し得ず、日本を開国せざるを得なくなった、このぶざま極まりない事態を、すでに公論世界の端緒的形成段階に入っていた日本全国三千万以上の男女の眼前に晒してしまった。この深刻極まりない事態は、言論の自由が許されている社会ならば、人民からの恐ろしい批判の声が挙がったことでしょう。その自由のない当時の人民、「それでサムライか」、口にこそ出さないまでも、目つきで、態度で示し、心あるサムライはいたたまれなくなったはずでした。

来航時の封建支配では、将軍と旗本・御家人、大名と家来のサムライたちの間では、上位者絶対優位のもと、君臣の義・主従の義が朱子学理論を道具に、ニカワのように武家・サムライの体と心の中に固着させられていました。家来は主君に忠義を尽くし、大名は将軍に忠義を尽くし、将軍は天子と朝廷を尊崇し四海の四夷を平定する、このロジック全体に黒々とした疑問符が付けられてしまったのです。しかも、この封建的関係の底には、石高制・身分制・軍役負担という身動き不可能な三位一体的制度が横たわっていたのです。

明治維新一五〇年に際しても、吉田松陰を批判すれば批判完了と思っている知識人が、五〇年前と同様、依然として多いようですが、この人民からの根本的問いかけを誰よりも鋭く理解出来、ではサムライは如何なるものにならなければならないのか、サムライの学問の基礎中の基礎である朱子学を根柢から読み返し始めたのが吉田松陰だと私は思っているのです。

彼はペリー来航の前日に江戸へ入り、ペリー艦隊の実態と幕府の対応を凝視し続けます。彼の結論は、幕府はペリー艦隊に関所破りを許してしまったとの根本的認識でした(12)。

江戸湾に入るすべての船は、浦賀番所によってその「通手形」と積荷・乗組員を徹底的に調べられた上で、初めて江戸や神奈川の諸港に入ることが出来ました。箱根が陸の関所なら、浦賀は海の関所、関所破りは男女共に磔《はりつけ》の極刑に処せられてきました。

しかるに、ペリー艦隊については、関所破りを咎めるどころか、盗賊を家に入れるようなことをしている、この事態は、幕府の人民支配は、なんら支配の正統性を持ち得ない暴力による支配にすぎないことを暴露してしまった、これが松陰のリアルな認識となりました。

しからば、幕府が、大名が、大名の家来のサムライが、人民支配の正統性を持ち得るためには、どのような武士とサムライに自己を変革しなければならないのか？　松陰は下田での密航失敗後、萩の野山獄で、松本村の松下村塾で、このことを考え続け、この疑問と解決へのヒントを、優れた長州藩下級武士たちに身をもって教え続けました。そして彼は、自己の刑死自体が門弟をサムライとして生き抜かせることだと、最も泰然自若として処刑に臨みました。

その結果、松下村塾の俊英中の俊英久坂玄瑞は、一八六二年（文久二）一月、同志の土佐勤王党首領武市半平太に、

諸侯恃《たの》むに足らず、公卿恃むに足らず、草莽武士糾合義挙の外は、迚も策無之事と私共同志中申合居候事に御座候、失敬ながら、尊藩も弊藩も滅亡しても大義なれば苦しからず、両藩共存候とも、恐多くも皇統綿々、万乗の君の御叡慮相貫不申ては、神州に衣食する甲斐は無之かと、友人共申居候事に御座候。(13)

と断言するまでに至ります。サムライの忠誠の対象は、もはや主君・君公ではなく、叡慮に理念化された日本国家そのもの、その独立を五ヶ国条約からの強行的離脱、各国がそれを許さない場合には、対外戦争をも辞さないとのサムライ的論理をつくり、それを実践しようとするのです。

全国的に見れば、一八六〇年（安政七）三月三日、桜田門外の変以降、君臣の義・主従の義の強制を拒み、諸藩軍事改革派同士の横の連携による「処士横議」の時代に突入しますが、しかしながら、

これが如何に困難を極める幕末期の課題だったかも、全国二六〇余の諸藩すべてにおいて明らかになることとでした。その矛盾の最も集中した水戸藩は、全体随一の優れたサムライのほとんどすべてを殺すこととなりました。

幕末政局は、私は極めて論理的に展開していったとの少数意見の持ち主です。「巨大な無意味の時代」だとの主張に、最も強く反対し続けてきました。ペリー来航までの将軍・譜代結合が、全大名総力結集をめざす安政改革に変わり、「英仏連合艦隊不日江戸湾襲来」が万やむを得ない「無勅許開港路線」の強行になるも、一八六〇年（安政七）の桜田門外の変で挫折、和宮降嫁によって幕府は公武合体制の再構築を図るも、外様雄藩島津久光の率兵上京と三度の勅使江戸下向で奉勅攘夷期が到来、しかしこの体制の抱えた根本的問題が、対外的軍事対決を可能とするには封建体制の抜本的変革と人民的エネルギーの解放だということが明々白々となるに及んで、朝廷内の秩序改変を嫌悪する孝明天皇が、八・一八クーデタの発起者となってしまいました。

しかも、この根本的問題は、破約攘夷の推進藩長州にも降りかかってきたのです。砲撃への欧米軍事力のあまりに当然な報復は、長州世禄サムライの弱体さを白日のもとに曝し出し、背に腹は代えられず、高杉晋作と久坂玄瑞は、百姓・町人・僧侶・神職・被差別部落民が主体の奇兵隊を組織せざるを得ず、それは瞬く間に諸隊勢力に発展、この軍事力こそが一八六四年末から六五年初頭の長州藩内乱の主力部隊となり、藩主が組織した長州藩「官軍」を撃破して藩内革命を実現してしまったのです。

他方、幕府と異なり、英国海軍に対して支配三ヶ国のサムライ・人民を総動員して薩英戦争を戦い抜いた薩摩藩主体勢力誠忠組は、沖永良部島に流罪となっていた西郷隆盛を薩摩藩京都藩邸の責任者とさせ、西郷と大久保利通は百以上の外城のサムライをしっかりと含み込んだ強力な洋式士族軍団を編成、朝廷・雄藩直結体制を京都で創り出そうとしますが、優秀な宮廷政治家一橋慶喜にことごとく潰され、ついに一八六五年（慶応元）十月五日の条約勅許すらも慶喜ペースで実現されてしまったことにより、「非義の勅命は勅命に非ず」[14]と、叡慮の上位に条理と公論と「皇国」とを据えた薩長軍事同盟を一八六六年（慶応二）一月に締結、薩長両藩は、幕末政局では他の諸藩とは隔絶した、万国対峙を実現しようとする軍事大藩に成長し、協力して第二次長州征伐を完敗させることにより、西国諸藩の動向を決定、王政復古クーデタの前提を作り出したのです。

五、王政復古後の新政府に突きつけられた新国家形成の課題

王政復古が実現し、「広く会議を興し万機公論に決すべし」と約束する朝廷親政体制により、武家の時代が終わり、これからは百姓の時代となると期待したのは、「夜明け前」地域の人々のみならず、過重な封建負担を無権利のままに課せられてきた九〇パーセント以上の日本人民でした。但し、気吹舎の平田銕胤も平田延胤も、身分は秋田藩のサムライ、王政復古後のサムライの位置づけについては、延胤は「真の君臣とは王臣のこと、主従の君臣は乱世の余風、天下の公道にあらず」[15]と断言、諸藩の

サムライは王臣としての性格を強めることになります。

平田国学的構造では、諸藩から超越した太政官政府のもと、府藩県三治一致体制に基づき、緩やかな国家的まとまりをつける中で、百姓・町人の生活を改善していくこととなり、当然そこでは神祇尊崇が課題になりますが、彼らの主張する祭政一致とは、宣命・祝詞その他の文言の中に、天子の第一の務めは青人草《あおひとぐさ》を繁栄させることだと謳われているので、祭りごとを真っ先に優先させるべきだという、むしろ朝政の在り方を祭祀によって規制しようとするものだったのです(16)。

しかし、太政官政府の立場からすれば、幕府から没収出来たのは八百万石未満、なんとしても国家の財政的基盤を確立するには、租税は一文たりともまけることは出来ず、逆に旧幕期の安石代《やすこくだい》制度を廃止して、米価を時価相場に引き上げ、さらに可能な限り直轄地を増加させねばならないということになりました。しかも、新政府のもとに中央直轄軍を編成しなければなりません。

ここにおいて、長州藩は薩摩藩とは正反対の方向をとることになりました。西郷隆盛は中央政府に出仕せず、国に戻り、一八六九～七〇年、ドラスティックな藩政改革の指導者となり、外城士を含めて士族数四万七千人という、全国に比類のない膨大な士族を強力な洋式士族軍団として完成させ、その結果、西郷の藩内での声望は島津久光派を圧倒する絶大なものになるのでした。

他方、中央政府において上意下達式の官僚制的軍隊を編成する責任者になった人物こそ、諸隊の自発性に依拠し、四境戦争と戊辰・箱館戦争を勝利させた大村益次郎だったのです。その彼は、今度は国家権力の暴力装置として徹底的な官僚制的国軍を組織する立場に、客観的に立たされたのです。

一八六九年（明治二）九月より始動する長州藩諸隊の解体作業は、その理由として、諸隊維持の財源となってきた長州戦争での占領地である石見国一国と豊前国比企郡が今般直轄県にされてしまったので、財政上諸隊を維持することが困難となり、したがって諸隊をすべて解散し、新たに四箇大隊を編成、中央政府に供したいとの名目のもと実行され出しますが、これは俗にいう「マッチ・ポンプ」なのです。中央政府の木戸孝允や大村益次郎・伊藤博文・井上馨らが、太政官政府の基盤強化のために直轄県化を推進、これを機に諸隊を解体、権力的に再編しようとしたものです。彼らは、外圧に抗し、また幕府という旧国家権力と闘い抜くため、背に腹は代えられず、人民の自発性に基づく武装化を進めざるを得ず、その旺盛な戦闘力に依拠し、かつ薩摩と軍事的に提携する中で、幕府という旧国家権力を打倒することが出来ましたが、その後はむしろ、この自主的自律的武装力が制御不能になるのを恐れるようになりました。ここに新国家権力のもとでの地域掌握という新たな課題が喫緊の課題として、幕末尊攘運動の震源地たる長州の地において、鋭く提起されてきたのです。

しかしながら、諸隊の隊員からすれば、郷土防衛のための命を賭しての参加、それまでの同志的で隊中平等原則が貫かれてきた諸隊の在り方が、在地性を剝奪され、上意下達、長官の絶対的支配、徹底した軍事的合理性のみが上から命令される四箇大隊編成に賛成出来る訳がありません。しかも諸隊には、幕末期からの尊王攘夷主義思想が強烈にみなぎっているのです。

一八六三年（文久三）以降、防長二州の地域に根差す形で発展してきた諸隊勢力は、彼らなりの国家と地域との関係論を作り上げてきたのです。諸隊弾圧に抗議する彼らの声明には、(17)

君側の姦吏・賊臣を退け、良善の士を挙げ、壅蔽《ようへい》を抜去し、君臣の間上情下通し、下情上達仕、毫厘《ごうり》も危疑の憂無く、君は元首、臣は耳目鼻口四肢百体の如く、一身一体となり、藩内一民も其所を得ざる者無き事を欲す、此の如くなれば則ち天朝の藩屏、諸藩の模範、仮令百万の夷賊輩襲来致候とも、瞬息の間に撃破し、我皇国をして泰山の安《やすき》に置んと日夜苦慮焦思罷在候、

とは彼らの真情であり、彼らの地域論だと、私は見ているのです。

しかも、一八六九年（明治二）から七〇年は全国的大凶作、七〇年に入ると脱隊した諸隊員は百姓一揆を組織することまでも試みます。萩の世禄士族有志隊の干城隊までもが脱隊騒動に同調的動きを示す中、山口に滞在していた木戸孝允は長府に脱出、長州藩支藩兵力と政府に差し出している長州兵を動員、苦戦の末、脱隊騒動をようやく鎮圧、しかし大楽源太郎や富永有隣をはじめ、騒動関係者は各地に逃亡、幕末期に低落した朝廷の威信と反比例に「正義藩長州」の威信は、東濃・南信の平田国学者の面々を含めて、日本全国を圧するほどのものでしたが、この脱隊騒動の結果、その評判は惨憺たるものになってしまい、一八七〇年（明治三）九月、木戸は、

当時において必其忠臣義士、世の見る所と異なるもの有り、人望も無之事と察せられ申候、人望の帰する所は、則ち後世より見る所にして、現実に六ツケ敷事と相考えられ申候、(18)

と書通することとなるのでした。

大村の遺意を継いだ山田顕義の、中央政府直轄軍編成の必死の試みも全く成功せず、下策[19]とされた薩長土三藩親兵一万人の東京への結集によって、中央政府の威信強化と政策貫徹を実現しようとする中、最も強く廃藩置県・中央集権的郡県制国家創出の必要性を力説するのが、参議広沢真臣をも暗殺された長州出身官僚だったことは、理の当然のこととなるでしょう。

六、民選議院設立建白は幕末維新変革の第二段階突入宣言

緩やかな形での全国統一化をめざした試みは、現実には求心力よりも遠心力が働くこととなり、結局薩長土肥四藩の軍事力に依拠した廃藩置県断行と中央集権的郡県制国家創出に結果しました。万国対峙実現を妨げているものが藩の存在だと明言した以上、廃藩後は万国対峙実現に責任を持つものは、薩長土肥旧四藩連合政権となります。

しかしながら、三条実美も岩倉具視も西郷隆盛も木戸孝允も大久保利通も、絶大な期待を寄せた条約改正予備交渉を目的とした遣米欧使節団は、全くその期待を実現出来ないまま、一八七三年（明治六）に帰国せざるを得ず、条約改正を諸外国に呑ませるための、司法制度改革をはじめとする国内の急進的文明開化政策も、従来の租税負担に民費が加重されるだけと人民には映り、一八七二年（明治五）

から七三年、近世以来未曾有の大規模な新政府反対一揆が西日本の各地で続発、しかも廃藩後、秩禄を支給され続けているものの、藩自身がなくされたため、藩の常備軍としての常職を剝奪された全国四〇万人の士族の不満は、この農民一揆への共感と同調という事態を産み出してきました。

一八七三年（明治六）十月二十四日〜二十五日の征韓論をめぐっての太政官大分裂は、廃藩置県の帰結なのであり、辞職参議が鹿児島・高知・佐賀の面々であったことは、良かれ悪しかれ、それなりの地域要求が反映したものだと私は考えているのです。

他方、岩倉・大久保政権は、一八六六年（慶応二）一月以降、強力に日本の政治をリードしてきた薩長軍事同盟路線を放棄し、国家権力集中によってしか新しい日本国家を作り上げることは出来ない、士族層を国家権力の中に取り込むことは、上意下達式官僚制軍隊編成に矛盾し、しかも地租改正で旧貢租と同額の収入を国家が獲得しても、欧米国家並みの国家は形成出来ず、不足分は士族の秩禄削減とその廃止によってしか補塡出来ないと考える方向に踏み出し始めました。

しかしながら、依拠し得る軍事力は一八七三年（明治六）六月、徴兵令により東京鎮台管区に入営した二千の新兵（当時は「生兵」と呼ばれていた）のみ、残りの鎮台兵・分営兵はすべて士族壮兵なのです。

西郷隆盛は虚名の参議ポストを捨てて郷里に戻り、外圧に抗して日本の独立を保障する担い手は士族にあると、封建的主従制を払拭した「国家の善士」養成に全力を投入します。彼にとっては、王政復古クーデタ、戊辰・箱館戦争、廃藩置県の軍事力となった「御親兵」、それらすべての主体をなした鹿児島県士族軍隊は、他に協同・協力を求める必要のない、自足自立した軍事力と見なされていたのです。

しかしながら、土佐派は全く異なった対応をしました。この、前が全く見えなくなってしまった一八七四年（明治七）一月十七日、板垣退助らの下野参議たちは、日本全国の士族・百姓・町人に向かって民選議院設立が急務だと呼びかけたのです。

薩長軍事同盟の音を立てての大崩壊により、ここに初めて様々な政治連携・連合の可能性が作り出されたのです。この建白は、新しい政治の方向性、その闘うべき相手を、全国の士族層と豪農商両者に、ものの見事に提示したものになりました。

第一に、闘う相手が誰かを極めて明瞭なネーミングで釘づけにしました。相手は「有司専制」政府なのです。

第二に、闘う正統性を極めて明瞭に論理づけたのです。この「有司専制」政府は、これまで国が日本人男女に約束してきた「広く会議を興し万機公論に決すべし」との誓約をはじめとする諸々の会議体・公論・公議の諸約束をすべて放棄している、各地域の主体性が民選議院に結集され、その民選議院が基礎になってこそ、初めて国家が国家として成立し安定するのだ、との論理です。

第三に、租税を納入している納税者は、民選議院に代表者を送り込む権利があり、その権利を剝奪されたままの課税は不当・不法なものだと主張するのです。この“No Taxation without Representation”思想は、納税者たる百姓が直面させられている地租改正問題と直結することになります。

建白者たちの、薩長土のみならず、三府六〇県の人民が民選議院に代表されなければならないとの主張は、全国各地域そのものの主体性がなければ、「公論」に基づいた国家は形成不可能だということを意味します。薩長軍事同盟の鉄の結合による上からの政治指導というタガが吹き飛んでしまったことで、全国各地の地域の主体性が政治の前面に舞り出で、幕末期の「公論世界の端緒的形成」段階は、民選議院設立建白書をめぐる国内の大論争の過程で、「公論世界の形成」段階に大きく前進し、各種の日刊新聞は一八七四~七五年において、日本社会にしっかりと定着することになります。

岩倉・大久保政権は、全国各地の士族層の動向ならびに全国各府県の豪農商の動向の両者をにらみつつ、国家権力を握り続けるため、機会主義的・場当たり主義的に対応せざるを得なくなりました。佐賀の乱を鎮圧する一方で、二月六日には早くも台湾出兵を決定、外征によって士族層の耳目を惹きつけようとします。他方では、府県豪農商層の民選議院設立要求に対しては、五月二日、「議院憲法」を公布、全国人民の代議人を召集し、公議輿論をもって法律を制定する方向を確定すべく、まず人民代表の資格をもって地方長官を召集、人民に替わって「協同公議」させると約束、九月開催を予定せざるを得ませんでした。

しかも、この「議院憲法」は、民選議院設立建白に対応すると共に、大久保利通と異なり、内治優先主義原則を崩さず、また憲法と法律を確立することによってこそ、初めて国家は安定するとの意見を堅持し続け、一八七四年（明治七）四月に参議を辞任した長州閥首領木戸孝允の主張を具体化するものでもありました。薩長軍事同盟は大久保と木戸との間でも崩壊してしまったのであり、ここに板垣・木戸結合という政治連携の可能性が出現したのです。

おわりに

紙幅の関係で、一八七四年（明治七）一月以降の、幕末維新から見ると極めて興味深い展開については具体的にお話することが出来ません。これまでの自由民権運動研究が、これほどにダイナミックな明治一桁代の分析をなぜ怠ってきたのか、私には全く不可解であることだけを、ここで述べておきましょう。

岩倉・大久保政権は、この危機的状況を綱渡り的に渡り切り、琉球島民殺害問題ならびに日朝国交樹立問題という二大外交案件を士族層の介入なしに解決し、地租改正反対運動に一定の譲歩をしつつ、西郷隆盛を擁する鹿児島私学校の大反乱を、徴兵制軍隊をフル動員することによって壊滅させました。この藩閥政権を支える徴兵制軍隊中の虎の子部隊であり、西南戦争を最も勇敢に闘い抜いた戦士集団が近衛歩兵・近衛砲兵の兵士たちでした。彼らは一年以上の軍隊服務の上、上官がその優秀さを認めて推薦し、しかも本人が天皇陛下のため、さらに五年間も服務することを進んで求めた青年たちでした。その彼らの中の近衛砲兵が、今の有司専制の藩閥政府は「我がいのち捧げるに足る祖国を代表してはいない」と、一八七八年（明治十一）八月二十三日深夜、政府重臣殺害を狙う反乱を起こしたのです。いわゆる竹橋事件がこれであり、主謀者と見なされた五三名もの兵士が東京越中島において銃殺されました。一八七四年（明治七）一月に展開し始めた幕末維新変革第二段階の自由民権運動の思想は、軍隊内部にまで深々と浸透していったのです。この衝撃で陸軍卿山県有朋は、重度の脳病に陥り、十一月八日まで政務を執ることが不可能になりました。[20] この年の五月十四日、不世出の権力政治家大久保利通が暗殺され、八月二十三日には最も信頼していた近衛兵士に反乱を起こされた有司専制政府は、全国各地からの士族民権・豪農民権・都市知識人民権、そして兵士民権に如何に対処・対応出来るのかどうか、明治十年代前半の全国的国会開設運動は、私は一八五三年のペリー来航以来の幕末維新変革運動の潮流の中においてのみ、通史の中に位置づけられる、これが私の明治維新一五〇年に際しての確信となっています。

注

（1）『国立歴史民俗博物館研究報告』第一二二号（二〇〇五年）二〇〇頁。
（2）「復古論」は『明治文化全集』第二二巻「雑史編」（日本評論社、一九二九年）に収められている。本論が平田延胤の著述であることは、図録『明治維新と平田国学』（国立歴史民俗博物館、二〇〇四年）六三頁に明らかである。
（3）この経緯の詳細は、宮地正人「平田国学と中津川の自由民権」（中山道中津川歴史文化研究会編『街道の歴史と文化』第一九号〈二〇一四年〉所収）を見られたい。
（4）このチョボクレに関しては、宮地正人「風説留「筑波颪」に見る水戸浪士通過時の中津川」（注（3）『街道の歴史と文化』第二二号〈二〇一八年〉）を見られたい。

(5) 沼田順義「級長戸之風」(『日本思想闘諍史料』第七巻〈東方書院、一九三〇年〉所収)三七〇頁。
(6) 同右、三七六頁。
(7) 生田萬は天保期に著した「古学二千文」に平田国学に基づく日本歴史の流れを述べ、儒仏伝来以前の時代を、この「薄税寛刑」の四文字にまとめられる理想世界として描き出したが、生田萬の乱がやや過去のものになった一八五二年(嘉永五)六月、気吹舎は本書を刊行、明治初年に至るまで、気吹舎出板物の中でのベスト・セラーとなった。その数字に関しては、注(2)図録三九頁を見られたい。
(8) 佐久良東雄の出板活動の詳細については、宮地正人「色川三中をめぐる江戸と地域の文化人」(『土浦市立博物館紀要』第二六号〈二〇一六年〉所収)を見られたい。
(9) 本居の詞ならびに碑の写真は『林崎のふみくらの詞』(皇學館大学、一九九三年)にある。
(10) 注(1)一六四頁。
(11) 一八六三年(文久三)八月十八日、間半兵衛秀矩は、山村家財政救助のための御用金拠出を拒否し、孝明天皇の大和行幸に山村甚兵衛が出兵するならば、数千両でも支援するだろうとの「主客転倒」の建言下書において、「愚民小民とは乍申、銘々御百姓共の儀、乍恐御地頭様御預の御百姓にて、元より御民は忝くも大君の御民に候得ば、私の驕奢のために金銀米銭貪被遊候ては神慮如何可有之哉」と言い切っている。注(1)一九七頁に全文が翻刻されている。
(12) 吉田松陰は野山獄から村塾に戻されるも、獄中からの「孟子」講義を継続、尽心章句下八(岩波文庫『孟子』下三九二頁)の「孟子」曰く、古《いにしえ》の関《せきしょ》を為《つく》りしは、将に以て暴《ぼう》を禦《ふせ》がせんとせるも、今の関《せきしょ》を為《つく》るは、将に以て暴を為《な》さんとするなり」に関し、自らの経験を次のように述べるのである(岩波文庫『講孟余話』二四六〜二四七頁)。「余孟子の読を受てより二十年、此章の如きは従来看て尋常の説話とす。癸丑の歳江戸にあり。米虜の変を目撃し、大に此章に感慨することあり。相模の浦賀は江戸最要の海関にして、二百年来天下諸国の船舶運漕の者、其厳法を畏憚せざるはなし。今乃ち虜舶の出入に至ては、其法甚だ寛縦にして絶て譏察せず、絶て征税せず、盗を揖し門に入れ、賊を延き堂に登すと同じ。然らば則ち向きの厳法は適《ただ》に暴を為す所以にして、今の寛法は又暴を禦ぐ所以に非るなり」。

(13) 日本史籍協会編『武市瑞山関係文書』第一巻（一九一六年）六〇頁。
(14) 鹿児島県維新史料編纂所編『鹿児島県史料　忠義公史料』第四巻（一九七七年）三頁。
(15) 国立歴史民俗博物館所属「気吹舎史料」冊49。この言葉は延胤が一八五九年（安政六）八月、「反汗秘録の後にしるす」として書きつけたものである。
(16) 宮地正人『歴史のなかの『夜明け前』――平田国学の幕末維新』（吉川弘文館、二〇一五年）二二七～二二八頁を見られたい。
(17) 本声明は、脱走騒動隊員が一八七〇年（明治三）二月十五日以降、浜田県に入って訴えた文書の中にある。『奇兵隊反乱史料　脱退暴動一件紀事材料』（マツノ書店、一九八一年）一〇四頁。
(18)『松菊木戸公伝』上巻（一九二七年）一三三四頁。
(19) 一八七〇年（明治三）二月二十七日、高知藩知事山内豊範自ら鹿児島に至り、知事島津忠義に面し、倶に提携して朝廷を輔翼し国体を維持することを謀った時、上策・中策・下策の三案を示したが、下策とは「薩長土三藩盟約を堅し私を去り公に就き朝廷を輔翼、国脉を維持すること、是策の下也」というものであった。長州脱退騒動がかろうじて鎮圧された直後の鹿児島行きであった。『肥後藩国事史料』第一〇巻（一九三二年）三九九頁。
(20) 伊藤之雄『山県有朋――愚直な権力者の生涯』（文藝春秋、二〇〇九年）一七三頁には、「四週間の転地療養」を出願、意外に長引き、一八七八年（明治一一）十一月七日、ようやく陸軍省に復帰した、とある。東京大学史料編纂所所属「太政官達書」第九冊（一〇五六・一二六・九）には、手書の九月十二日付け官省院使府県宛て太政大臣三条実美達書が綴られており、「山県陸軍卿病気療養中」、文部卿西郷従道が陸軍卿を兼勤すると述べられている。四週間とすれば十月中旬復帰予定となるが、「病気平癒に付兼勤被免」と達せられるのが十一月八日のことである。

第二部

世界史の中の明治維新

第三章　世界史の中の明治維新
――日本の開国・開港が促進した「交通革命」

小風秀雅

はじめに――課題の設定

本稿の課題は、明治維新が展開した一九世紀中葉の世界史的環境が如何なるものであり、その中で日本が如何なる役割を果たしたのか、を考察することである。

明治維新は、国内的契機と国際的契機が密接に関係しつつ展開したことから、研究も、両者の関係・連動性を軸の一つとして進展してきた。しかし、その場合の国際的視点とは、主にウェスタン・インパクトの視点であり、発展段階論に基づく日本の後進性が措定され、「強大な外圧」や世界経済への従属的組み込み、不平等条約の押しつけなどの受動的側面が強調された。

一九七〇年代以降、世界経済との関係に関する研究が進むと、国際的契機への着目も変化するようになった。(1)自由貿易帝国主義論や近代世界システム論など世界経済の構造的把握を目指す欧米の研究も、「世界史の中の日本」という視点に影響を与えた。これらは、外圧を世界資本主義という抽象的把握でなく、欧米列強という具体的な歴史的存在として捉え、列強の利害を踏まえて外圧の性格ないし歴史的段階を論ずる、新たな視角となった(2)。

この動向において注目すべきことは、明治維新は、極東が世界経済の周辺に位置づけられ、近代世界システムが世界を包摂する最終段階に発生した変革であった、ということである。この点について、ウォーラステインは、一九世紀中葉は「イギリスの対外膨張の決定的な段階(3)」であったとしている。近代世界システム論では、「世界経済」の中核部（ヨーロッパ）による「外部」世界（周辺地域）の「内部」化のプロセスは、外延部・組み込み・周辺（半周辺）化の時代に段階分けされるが、日本が開国・開港によって外延部に組み込まれたことにより、近代世界システムは世界を一体化させたのである。

しかし、日本の「開国」は、アジアを東進してきたヨーロッパ列強ではなく、太平洋の西進を目指すアメリカによって実現された。なぜイギリスではなくアメリカだったのか。そして日本の開国には、どのような世界史的意味があったのだろうか。本稿では、この問題を、交通革命との関係から考察してみたい。

交通革命(4)とは、一八四〇年代以降一八七〇年代にかけて進展した汽船・鉄道・電信分野における急激な技術革新によって世界の交通・通信ネットワークが一変し、世界の一体化が促進された事象であり、不平等条約(5)に象徴される近代国際法の世界化という政治的・制度的要因による世界の一体化と並んで、グローバル世界の成立を支えた重要な経済的・技術的要因であった。

本稿では、交通革命の進展において、日本が果たした役割について考察することにより、明治維新という変革がグローバル世界の形成という世界史的変革と同時に進行したことを明らかにしてみたい。

一、開国――太平洋横断航路の開設

ペリー派遣のアメリカの意図

まず、開国から見ていきたい。

日米和親条約でアメリカが獲得した条項は、①自国船員の生命財産の保護（外交法権）、②薪水の補給、③船舶修理の寄港地、貯炭所の設置、であった、この点から、アメリカが日本に開国を求めた理由としては、これまで、(1)アメリカ太平洋の捕鯨業の利益、(2)燃料用石炭の補給、(3)対中貿易ルートの確保、(4)通商の開始、などが挙げられてきた。しかし、この内(1)から(3)は別々の理由ではなく、太平洋横断汽船航路の開設という一つの目的を三つの側面から見たものであった。石炭の補給は対中貿易ルートとなる太平洋汽船航路のための燃料確保を意味しており、捕鯨業の利益とは難破船乗組員の生命・安全を保証することに含まれ、広く言えば日本近海における船舶の安全航行の保障を意味していたと考えることができる。

アメリカの意図が太平洋航路の開設と通商の開始にあり、この内、対中貿易ルートすなわち太平洋横断航路の確保が最も重要な要因であったことは、石井孝(6)、三谷博(7)らの研究で、すでに指摘されている。太平洋航路の開設を目指すアメリカの主目的は中国との通商ルートの実現であり、日本との通商ではなかった。

では、なぜアメリカは太平洋横断航路の開設のために日本に開国を求めたのであろうか。アメリカの研究では、マニフェスト・デスティニー（西漸《せいぜん》は明白な運命）の延長線上で説明されることが一般であるが[8]、アメリカ史の視点から太平洋横断航路の問題を考えていては、その世界史的意味は理解できないであろう。太平洋横断汽船航路の開設と日本の開国はどのような歴史的意味を持っていたのか、という点は、世界史の文脈の中で未だ明確にされていない。

また、航路開設の目的は東アジアとの通商の拡大であるから、航路と通商の二つは同じことを別の面から指摘しているようにも思われる。しかし、アメリカはフィルモア大統領の国書で通商を要求し、日本側も通商までの譲歩を検討していたのにもかかわらず[9]、ペリーは交渉の冒頭で通商要求を撤回しているのである。

ペリーが通商の要求を取り下げたことについて、石井孝は、ペリーが「薪水供給・漂流民救助を第一義とし」、「日本市場を重視していなかった」と指摘[10]し、三谷博は、日本を列国交通の中に引き出す功業を米と自己が担うことが第一、米人航海者の権利確保が第二、通商はその後であったとしている[11]。しかしこれらの指摘は、重要度の違いを整理したにとどまり、この段階におけるアメリカの外交戦略の意図を十分に汲み取ったものとは言い難い。ここでは、通商が外された理由ではなく、権利確保が第一とされた理由こそが、和親条約を理解する上で重要な鍵なのである。なぜペリーは和親条約で満足したのだろうか。この疑問が残るということは、日本の開国の世界史的意味が十分に解明されていないということを意味している。

和親条約締結には、通商条約とは異なるアメリカ固有の戦略的意義があった点に注目すべきであろう。なぜ太平洋横断航路の開設に際して日本の開国が求められたのだろうか。

海のクレヴァス

アメリカが対日開国の使節派遣を検討し始めた一八五〇年頃における世界の海上交通ルートは、概略以下のようなものであった。

大西洋を横断する汽船定期航路は、すでに一八四〇年代に開設され、定期的な交通ルートとして発展を続けていた。また、ヨーロッパからアジアに航海するルートとしては、一六世紀の大航海時代以来、地中海からスエズ地峡や中東地域を陸上横断してインド洋に出るか、アフリカ南端の喜望峰を海路迂回してインド洋に出て、東南アジア・東アジアに達する東回りのルートがあった。列強は、一八四〇年代に前者のルートに開設していた汽船定期航路を徐々に東へ延伸させて、アジア経営を本格化させていった。また、喜望峰ルートは、中国茶の輸送ルートとして活況を呈していた。

それに対して、ヨーロッパからアメリカ大陸へと進む西回りルートについては、大西洋を横断したあと、北米大陸を陸路で横断するか、中米の地峡地帯を陸路横断して再び海路で西海岸に到達するか、南米大陸を海路周回してアメリカ西海岸に達する三つのルートがあったが、さらにその先の太平洋を越えるルートはなかなか開かれなかった。こうした状況について、服部之総は、太平洋は「超ゆべからざる地表の大クレヴァスだった[12]」と表現している。

太平洋海域の調査探検は、一八世紀以来たびたび試みられ、その地理的実態はかなりの程度明らかになってきていたし、一九世紀には捕鯨船やヤンキー・クリッパーなどの帆船がこの海域で活発に活動していた。しかし、アメリカの西海岸から太平洋を西進して東アジアと結ぶ交通インフラとしての海運ルートは未だ開拓されておらず、世界の交通ルートは、ヨーロッパから東に進むと、極東、すなわち中国で行き止まりとなり、アメリカに向けて西に進むと、アメリカ西海岸で行き止まりとなる。つまり世界交通網は、極東と極西を腕の両端として中心にヨーロッパが位置する、ちょうど弥次郎兵衛のような「扁平[13]」な構造をしていたのである。

この弥次郎兵衛型の交通網は、中心に位置するヨーロッパに有利である一方、世界の西の果てに位置づけられるアメリカにとっては、地理的に不利であった。アメリカは一八四四年に中国と望廈《ぼうか》条約を締結し、東アジア進出の足掛かりを得ていたが、太平洋を横断するアジアとの直航航路はなく、中国に進出するためには、大西洋、喜望峰、インド洋を経由するしかなかった。中国の開国により、東アジアへの進出が欧米列強の共通の関心となった時、アメリカの不利は現実のものとなった。

しかも、この東回りルートの主導権を握っていたのはイギリスであり、本国（頭脳）、インド（胴体）、シンガポール（肘関節）、香港（手首）、上海（指）と続く東洋航路は、イギリスのアジア進出の触手に例えられた。アメリカは、地理的な不利に加えて、外交的にも出遅れていたのである。

汽船による大圏航路

太平洋横断航路の開設に対する関心が急速に高まったのは、一八四六〜四八年のアメリカ・メキシコ戦争によって西海岸のカリフォルニアを領有し、太平洋を西にアジアへ向かう根拠地を得たことがきっかけであった。太平洋横断ルートの航路の開設により、弥次郎兵衛の両端である極東の中国と極西のカリフォルニアは直接結びつき、イギリスの後塵を拝して東回りルートに割り込む必要がなくなるだけでなく、航海距離の大幅な短縮により、一転してアメリカが地理的優位を占めることが可能になるのである。

こうして、アメリカの東アジア進出の航路、しかも当時の最新鋭技術であった外洋汽船による定期航路が求められるようになったのである。汽船は自然条件に比較的左右されずに、年間を通じて定期的な航海が可能であった。一方、帆船は季節風や海流に影響されるだけでなく、出航および到着の期日も不正確であり、年間の航海数も少なかった。定期性、正確性、頻繁性において、汽船は帆船を上回っていた。(14)

一八四八年五月四日、下院海軍委員トーマス・キングは、アメリカ西海岸から上海・広東に至る汽船航路の開設を求める報告で、こう述べている。(15)

（中国との）いっそう広範な通商を建設するためには、いまや交通の正確・迅速のみが必要である。……太平洋岸の我が領土の拡張は、終局的に、いまやヨーロッパとなしているくらい中国シナと交通することを、我が国の力で可能にした。しかし、このことを完遂するために、われわれは、大陸を横断する電線を拡張し、サンフランシスコまたはモンテレイから上海・広東に至る汽船航路を開設しなければならない。

この提案は政府に注目され、ポーク大統領は一八四八年十二月五日の教書で、カリフォルニアがアジア・太平洋との豊かな貿易を掌握するに違いない、と述べている。

しかし、太平洋を越えて東アジアに達する「正確・迅速」な航路を開設するには、汽船航路であるだけでなく、その特徴を生かせる最短距離の大圏航路が利用される必要があった。

大圏航路は、一八四〇年代にアメリカ海軍のマシュー・モーリーの航路調査によって提唱されるようになった。モーリーは、「太平洋に関しては平面の地図は捨て去るべきで、球体の方が望ましい」と提案した。[16] 帆船にとっては、大圏航路は東の卓越風によって荒れるので特に西航に不利であり、貿易風帯のハワイ経由が有利であったが、汽船にとってはアラスカ沖を経由するルートが、中国に向かう最短の航路であった。帆船にとって自然的条件である風と海流が問題だったのに対して、汽船にとっては、地理的条件である航路の距離が問題であったのである。

地球儀上の試算ではあるが、サンフランシスコ―上海間を直航する大圏航路は約一万キロで、ハワイ経由の大圏航路に比して二〇〇〇キロ（一七％）ほど短く、サンフランシスコ―横浜間は直航航路で八三〇〇キロ、ハワイ経由より一七〇〇キロ（一七％）ほど短い。大圏航路がどこを通過するのか、

図１　米中間の大圏航路

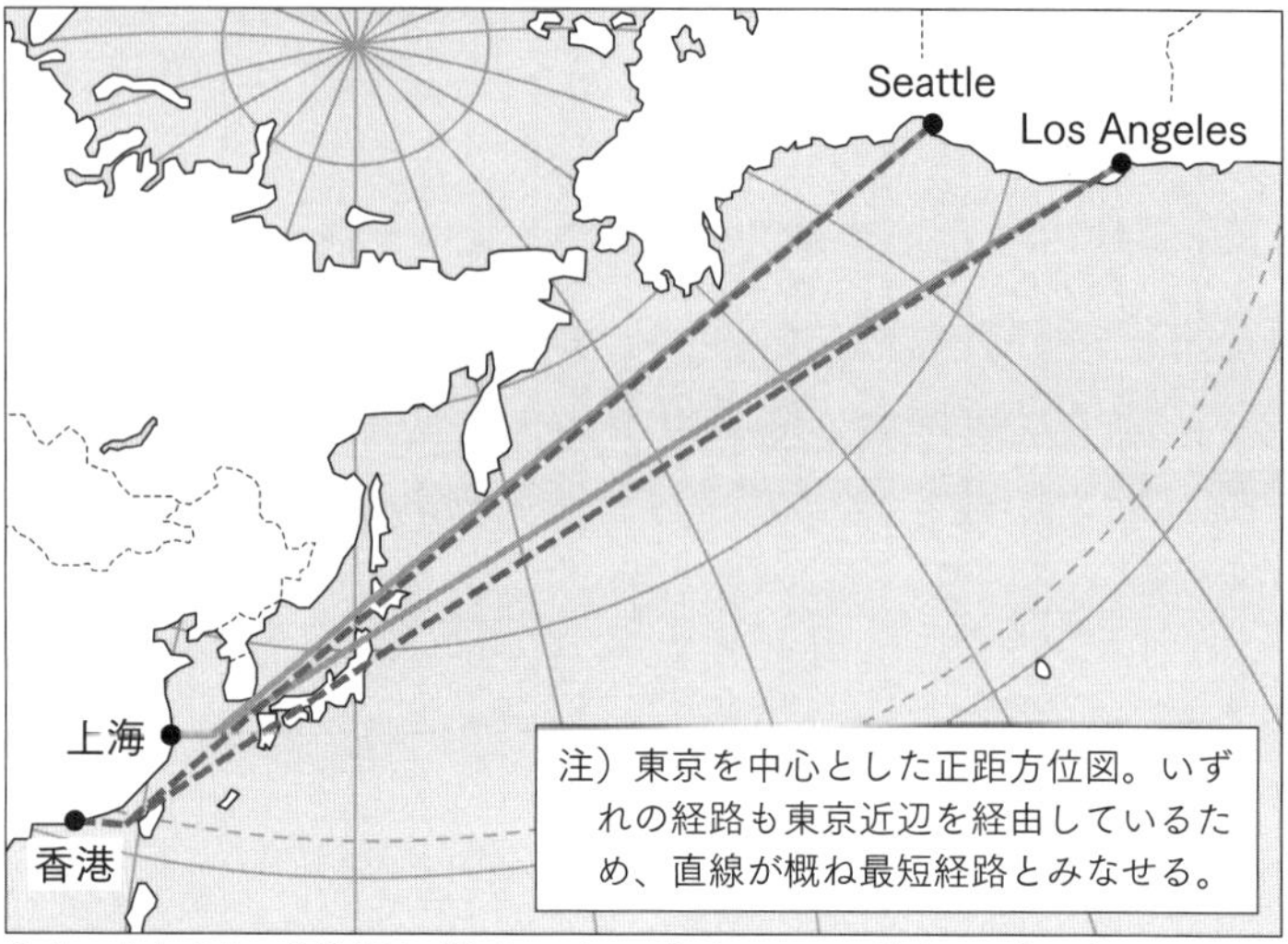
Seattle
Los Angeles
上海
香港
注）東京を中心とした正距方位図。いずれの経路も東京近辺を経由しているため、直線が概ね最短経路とみなせる。

出典：赤倉康寛・竹村慎治「北東アジア―北米コンテナ航路の日本近海における通航海域の把握・分析」（『運輸政策研究』Vol.14 No.1, 2011 Spring.）をもとに作成。

図２　キングが提案した大圏航路

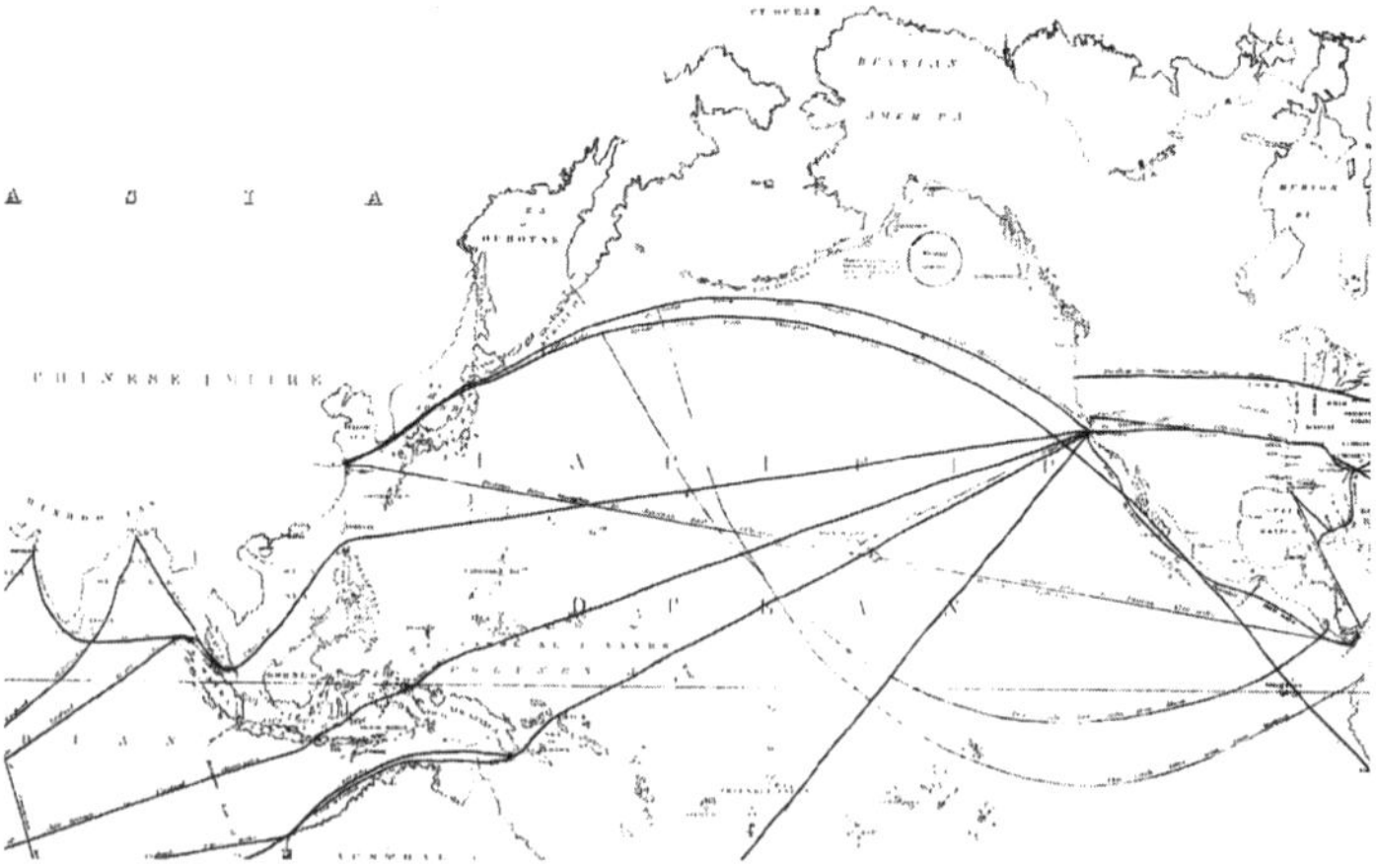

出典：Thomas Butler King, *"Steam Communication with China, and the Sandwich Islands."*, May 4, 1848. 30th Congress, 1st Session. R.Ex.Report No.596. 付属地図（モーリー作成）。

正距方位図法による地図を確認しよう。アメリカ西海岸のロサンゼルスとシアトル、中国の上海と香港を最短距離で結ぶルートは、すべて日本列島の真上を通っていることがわかる（図1）。キングは、対中汽船航路として大圏航路の開設を論じており、津軽海峡を通過して日本海を経由し、対馬海峡を通過して上海に至る航路、また冬季の寒気を避ける航路として琉球諸島東方を通過するルートを示している（図2）。つまり、鎖国日本を避ける航路は効率が悪いのであり、太平洋横断航路の開設には、日本の開国が不可欠なのである。

日本産石炭への注目

汽船、大圏航路と並んで、太平洋横断航路の開設に不可欠な第三の要素として、燃料用石炭が挙げられる。キングは日本について触れていないが、日本はこの航路上に位置するほとんど唯一の寄港地であり、また唯一の良質な石炭の供給地であった。汽船定期航路の維持に、石炭の確保が不可欠である以上、東アジアで唯一入手できる日本の石炭に対する関心が高まったのは、当然のことである。[17]日本で優良な石炭が産出することは、日本の開国前にすでに列強の間で知られていた。シーボルトが著書『日本』の中で、「褐炭・石炭は時経たば重要なる貿易品となるべし[18]」と記していることは当時もよく知られており、ペリー自身も『日本遠征記』で、日本の石炭の意義について「両半球間の通商と云ふことに照らしてみるとこの石炭の価値は、以上に列挙したあらゆる鉱山物（金銀銅鉄など――筆者注）のうち一番重要である」と記している。[19]

ペリーの前任者として、遣日特使に任命された東インド艦隊司令長官ジョン・オーリックに出された訓令（一八五一年六月十日）では、汽船航路の早期開設が大統領の意見であるとして、以下の三点が日本派遣の目的であるとし、その筆頭に挙げられたのが、石炭の確保であった。[20]

1、対中貿易に従事するアメリカ汽船に日本の石炭購入を許すこと

2、日本沿岸で難破したアメリカ船の船員や財産を保護する義務を日本が負うこと

3、アメリカ船が日本の港で積荷を販売または交換する権利を認めること

石炭購入を実現するという具体的な要求が第一に掲げられた点について、石井孝は、ペリーへの訓令では食糧や水が挙げられているのに対して「もっぱら石炭だけである[21]」と限定的に評価しているが、むしろアメリカの本音が石炭にあることを率直に示したものと考えるべきであろう。この点について、訓令を発した国務長官ダニエル・ウェブスターは、次のように説明している。[22]

大統領の見解は、カリフォルニアから中国へ走る汽船航路を早期に確立することによって、世界のすべての国々を結ぶ巨大な鎖の最後の環を、企業心に富むわが国の商人たちに提供できるような方策がただちに講ぜられるべきである、というものである。この計画を促進するためには、わが国の蒸気船が往復の航海で必要とする石炭を、彼の国民から購入できる許可を日本の皇帝から得ることが望ましい（傍線筆者）。

日本では石炭は豊富なので、必要な通商のために、我が国の汽船に適切な価格で供給することに

異議を唱える合理的な理由はない。

傍線部が太平洋横断航路を意味していることは明らかであるが、それが「世界のすべての国々を結ぶ巨大な鎖の最後の環」となるということは、弥次郎兵衛の両端である極東の中国と極西のカリフォルニアを結びつけることを意味していた。そして、石炭の確保はこの汽船航路を維持発展させるために不可欠な条件だったのである。

オーリックの更迭後、遣日特使に任じられたペリーに示された三つの交渉条件では、生命・財産の保護が第一となり、石炭について、第二項に「食料・薪水・燃料その他の購入、あるいは船舶の修理のために日本の一つないし複数の港に寄港することの許可を得ること。もし本島に石炭貯蔵所を設ける許可が得られない場合、近海の小さな無人島の一つにこれを設ける許可を得ることが強く望まれる[23]」と直接的な表現は控えられているが、一八五二年十一月十三日にペリーに与えられたフィルモア大統領の国書には、石炭に対するアメリカの要求が、明確に記されている[24]。

われわれは日本帝国内に石炭と食料がきわめて豊富にあることを知っている。わが国の蒸気船は大洋を横断する際に多量の石炭を焚いているが、石炭をはるかアメリカより積んでいくのは不便である。われわれは、わが蒸気船およびその他の船舶が日本に停泊し、石炭、食料、水の供給を受けることが許されるよう願っている。わが船舶はこれらの物に対して金銭または陛下の臣民が好む物によって対価を支払うであろう。

国書の大半は、日本の開国を求めるアメリカの立場を、通商、難破船員に対する人道的処遇の点から抽象的・儀礼的に説明したものであるが、唯一この個所だけは、石炭の入手という極めて具体的な要求が記されているのである。

日米和親条約の締結

よく知られているように、ペリーはそれまでの交渉とは正反対の強硬な交渉姿勢で日本に臨んだが、強硬な姿勢とは裏腹にその要求は微温的であった。ペリーは、和親条約締結の第一回交渉の三月八日（和暦二月十日）に、通商の要求を「交易は国之利益には候へ共、人命に相拘り候と申には無之候へば、最早此上交易之儀は強て相願申間敷候[25]」として、早々に撤回に同意している[26]。加藤祐三によれば[27]、和親条約のアメリカ側草案は望厦条約から不適当な条項を削除したいわば縮小版で、付加されたものはないだけでなく、通商そのものが交渉の議題であるため、通商関係の条項が草案から削除されてしまっていた。望厦条約に含まれていた和親と通商の二つの要素の内、事実上和親のみがペリーの要求となったのである。そもそも通商を求める意図は希薄であったのである。

この点を指摘した加藤は、交渉は和親のみでよいとの態度を示したものとしている[28]。とするならば、なぜ和親のみでよいとペリーが考えたのか、が問われなければならない。

これまでの分析で、アメリカの最大の狙いが、和親による大圏航路の安全確保と寄港地の獲得にあったことは、明らかであろう。開港地として下田と箱館が指定されたのも、予想される大圏航路である津軽海峡ルートおよび太平洋沿岸ルートの寄港地として最適であったからである[29]。

和親条約は、通商を規定せずに和親と寄港地の開港を取り決めただけであったので、列強の中でも、通商を求めて東進してきたイギリスやフランスにとっては、必要性に欠けていた。そのため、この両国は和親条約を締結していない。しかしアメリカにとっては、アジア進出の死命を制する対中航路を実現する上で、日米和親条約は絶対に必要な条約であった。和親条約の段階では、アメリカと英仏の利害は異なっていたのであり、日本沿岸の航海の安全を希求するアメリカにとっては、最も切実な条約だったのである[30]。

つまりペリー艦隊の派遣は、充分に成果を挙げたのであった。アメリカは所期の目的を達成した。「和親条約はそれだけで立派な存在理由を持っていた[31]」のである。

二、世界周回ルートの形成

西回りルート＝「カリフォルニア・ルート」への期待

これまでの検討により、ペリー来航の目的は、太平洋横断航路開設のために不可欠であった航路の安全と燃料である石炭の確保にあったことが見えてきた。しかし、そうしたアメリカの意図を超えて、日本の開国は世界の交通網に革命的な変化をもたらした。和親条約の締結により、アメリカがアジアに対する進出ルートを開拓しただけではなく、世界の交通ルートを一変させる条件が整い始めたのである。

この点について、上海の英字紙『ノース・チャイナ・ヘラルド』は、日米和親条約の意義について、一八五四年十一月十一日に次のように解説している。(32)

二つの重要な港町が通商に扉を開き、石炭貯蔵所も確保されている。国際的権利も認められ、日本沿岸は遭難した捕鯨船員や難破船乗組員にとって、もはや恐ろしい悪名高い海岸ではない。太平洋横断航路建設計画は、ペリー提督遠征の成果を示す好例となろう。そして合衆国からさらにヨーロッパに至るカリフォルニア・ルートの開設は、二つの交通機関と規制の行き届いた競争とにより、P&O郵船会社による独占の危険を除くのに時宜を得たものとなるかもしれない。計画中の蒸気船航路で太平洋を横断する者は、その生涯の公職を過ごし終えた旧友ペリー提督を思い起こすことであろう。

この記事で注目すべき点は二つある。第一は、日本の開国によって日本沿岸の危険が除去され、アメリカにとって太平洋横断ルートの開設の実現可能性が大きく切り開かれたこと、第二は、「二つの交通機関」すなわち鉄道と海運からなる「カリフォルニア・ルート」の開設により、新たにヨーロッパからアメリカを経由する西回りルートが開拓され、イギリスが主導権を握っていた東回りルートの優位性が低下することである。

特に第二の点については、アメリカの西漸の視点からだけでは見えにくいだけに、重要である。文中にあるP&O郵船とは、イギリスの東洋航路（東回りルート）最大の汽船会社であり、イギリスのアジア経営の動脈として、政府の手厚い補助が与えられていた。その会社の「独占の危険を除く」ということは、東アジアにおける東回りルートの優位、すなわちイギリスの優位を崩すことにほかならない。

こうして、東アジアは、それまでの東回りルートに加えて西回りの「カリフォルニア・ルート」の二本のルートで世界と結ばれることとなるのである。東西から地球を抱えるように触手を伸ばし、先端の東アジアでその指先が絡み合う二本のルートは、世界の交通ネットワークを一変させ、極東はもう世界の東の端ではなくなる。日本の開国を機に、世界の一体化、グローバル世界の形成が開始されたのである。これは、一八世紀の大西洋革命に対して一九世紀の太平洋革命とも言い得る世界史的変革であり、「開国」はその一環として理解する必要がある。(33)

日本の開国は、この変革の可能性を開いたが、「カリフォルニア・ルート」が実現するためには、太平洋横断汽船航路と大陸横断鉄道という、共に未完成の二つの交通機関を建設する必要があった。以下、その過程を見ていきたい。

間に定期航路を開設したことで、西回りルートが実現した。

太平洋横断航路の開設

太平洋横断航路は、日本の開国によって、ただちにアジアへの新ルートとして実現したわけではない。日米和親条約締結から一三年後の一八六七年、アメリカの太平洋郵船がサンフランシスコ―香港間に定期航路を開設したことで、西回りルートが実現した。

太平洋横断航路は、アメリカ西部開拓の労働力としての中国人移民を輸送するために、一八六〇年代前半から不定期に運航されていたが、定期航路の開設の契機となったのは、一八六五年二月十六日の中国郵便法の公布であった。法案の成立を受けてアメリカの郵政長官ウィリアム・デニソンは、一八六五年二月十六日、太平洋郵船と、東洋航路に関する契約を締結した。一八四八年に設立された同社は、カリフォルニアとパナマ間に航路を開き、ゴールド・ラッシュを輸送面から支えていたが、大陸横断鉄道の建設が進む中、太平洋横断航路への転換を図っていた。太平洋郵船は一八六七年一月一日にコロラド号（外輪船）を第一船として、サンフランシスコ―横浜・香港間に定期航路を開設した。一八六七年七月十六日の『ニューヨーク・タイムズ』は次のように記している。[34]

わがアメリカがその地理的状況から大きな恩恵を受けたのは、日本の開国にあたって単に外交的役割を果たした点（わが国は十分な役割を果たしたが）よりは、日本と迅速で定期的な通信を開始するという大事業でリードできた点にある。パシフィック・メール社の先見性、機敏さ、精力的な目標は、帝国の開国に伴って起こるはずの大貿易でアメリカが大きく先発するのに役立った。

このリードをわれわれは維持しなければならない。

大陸横断鉄道の建設

東回りで極東に行く場合は、大西洋を横断するだけアメリカはヨーロッパに対して不利であるが、太平洋を横断する場合は圧倒的に有利であった。しかし、その有利を実現するには、東海岸と西海岸を繋ぐ大陸横断鉄道ルートが必要であった。

それまで、アメリカの東海岸から西海岸に移動するには、帆船で南米大陸南端のケープホーンを迂回するか、中米の地峡を陸路横断するか、さもなければ陸路でアメリカ大陸を横断するしかなかった。しかし、ケープホーン経由は約四〜六カ月、パナマ地峡横断ルートは汽船を利用して一カ月を要した。一八五〇年当時のアメリカ海軍委員会は、太平洋横断航路が開設された場合、カリフォルニアから中国までの航海日数三〇日にアメリカの東海岸（ニューヨーク）からパナマ地峡を経由して西海岸までの三〇日を加えて六〇日弱と試算しているが、服部の計算によれば、イギリスのP&O社は、スエズ地峡経由で上海・ロンドン間を五九日で結んでいるので、両ルートの所要日数は同一であった。[35] その後、一八五五年にパナマ地峡鉄道が開通したため、この区間は三週間に短縮されたが、ヨーロッパに対して優位を獲得したとは言い難い状況であった。

優位の獲得には、大陸横断鉄道の開通が必要であった。一八四五年一月、連邦議会で大陸横断鉄道建設を提案したアイザ・ホイットニーは、鉄道が完成すればニューヨークからカリフォルニアまで三

〜四日で行けるとし、アメリカから中国までは、海路で一〇〇日から一五〇日を要するが、大陸横断鉄道を建設して太平洋横断航路と併用すれば、三〇日に短縮できると主張している。[36]

一八五〇年代になると、大陸横断鉄道建設に関する関連法案が提出されるようになり、五四年までに九本の路線計画が提案された。連邦議会は調査費を計上して三ルートを検討し、結局ネブラスカ準州のオマハからカリフォルニアのサクラメントに至る中央部の路線が選ばれ、一八六二年七月一日、太平洋鉄道法が制定され、ユニオン・パシフィック社がオマハから西に、セントラル・パシフィック社はサクラメントから東に建設を進めていくこととなった。両社の敷設競争は激しく、ユタ準州でレールの無い路線敷が並行する事態となった。そのため、一八六九年に議会は合流点をユタ准州西部のプロモントリー・ポイント付近と定め、一八六九年五月十日に線路の連結を祝う式典が開催された。こうして北アメリカ最初の大陸横断鉄道が開通したのである。

一八六九年十月十八日の時刻表によれば、サンフランシスコからオマハまでは四日と四時間、ニューヨークまでは七日（週一便の特急は六日）であった。三〜四日は無理であったが、画期的な短縮であったことは間違いない。

さらに両社は、「インドへの道」に乗り出した。一八七四年にオクシデンタル・アンド・オリエンタル汽船を設立し、イギリスのホワイト・スター社の汽船（スクリュー船）を傭船して、香港・横浜―サンフランシスコ線を開航した。[37]同社は、一八七六年には太平洋郵船よりも八日短い一六日一〇時間で太平洋を横断する記録を樹立し、太平洋航路の主導権をめぐって太平洋郵船と競争を繰り広げることになるのである。

その後も大陸横断鉄道は続々と建設されていった。これらの鉄道は、それぞれ太平洋横断航路と接続して、東アジアへとルートを延ばしていった。鉄道と連絡した汽船会社には、日本の日本郵船のシアトル航路（一八九六年開設）や東洋汽船のサンフランシスコ航路（一八九六年開設）、大阪商船のタコマ航路（一九〇九年開設）なども含まれていた。

こうして、「カリフォルニア・ルート」は多元化しつつ、拡充されていったのである。

一変する東回り航路と最短の世界周回ルート

一方、東回り航路においても、一八六九年十一月にスエズ運河が開通して、それまでスエズ地峡によって分断されていたヨーロッパ―アジア間航路が合体し、直航航路が実現した。

スエズ運河の開通により、横浜―ロンドン間は、喜望峰経由ルートの一万四五〇〇海里から一万一〇〇〇海里と二四％短縮された。航海日数も、クリッパー（大型高速帆船）では、ロンドン―横浜間で約四カ月が必要であったが、スエズ運河の開通によって二カ月に短縮された。また、これまでのスエズルートは、スエズ地峡横断の際に、汽船から鉄道に貨物を積み替えねばならず、その手間と貨物の損傷の危険があったが、運河の開通によってその難問は解消された。

こうして改善された東回りルートは、同年に形成されたカリフォルニア・ルート＝西回りルートと東アジアの三港（香港・上海・横浜）で結合することにより、最短の世界周回ルートが実現したのである。

新たな世界交通網が形成されたことにより、ロンドン—横浜間の移動日数は、スエズ経由の東回りルートで二カ月、太平洋経由の西回りルートで一カ月となり、「八〇日間世界一周」が実現した。[38] ジュール・ベルヌがこの小説を執筆したのは一八七二年のことであるが、その直前の一八七一年十一月、岩倉使節団は東回りで米欧回覧に出発した。出発の際、三条実美太政大臣は、「行けや、海に火輪を転じ陸に汽車を輾し、万里馳駆英名を四方に宣揚し無恙帰朝を祈る」との壮行の辞を述べたが、これは単なる修辞的な表現ではなく、火輪（汽船）と汽車によって形成されたばかりの世界周回ルートを利用する旅の歴史的画期性を祝ったものだったのである。

注目すべきは、東回りルートと西回りルートは、交通路としての特徴が異なっていたことである。スエズ運河の開通によって直航航路が成立した東回りルートは、積替え無しの貨物の直接輸送が可能であり、汽船による大量・高速輸送が可能であった、一方、西回りルートは鉄道と海運の連絡輸送が必要であったが、欧亜間の所要日数は東回りの半分であり、情報やヒトの移動手段として優れていた。ヨーロッパ列強は、この特徴の異なる二本のルートを駆使してアジア進出を加速したのであるが、そのことは、両ルートが結びつく東アジアにとっても、ヨーロッパと同様の利便性を享受することが可能になったことを意味していたのである。

汽船の時代

スエズ運河開通による汽船の強みは、最も遠方で距離の短縮度の小さかった東アジア航路において最大限に発揮された。茶、絹製品を中心とする運賃負担力の高い高価格品の多い中国貿易では汽船の高運賃はほとんど問題とならず、航海時間の半減のメリットが十分に発揮され、当時最盛期にあったクリッパー（大型快速帆船）に打撃を与えたのである。[39] さらに、紅海の自然的・地理的条件からこの短距離ルートを利用できたのは汽船のみであり、対アジア航路におけるスエズ運河経由ルートへの転換と帆船から汽船へのシフトが急速に進んだ。

中国航路用のクリッパーの建造は一八六九年で終了し、一八六〇年代に一世を風靡したティークリッパー・レースは一八七二年が最後となり、帆船による中国茶の積み取りも一八八一年には消滅した。[40] 生糸貿易においても新たな汽船会社が参入し、こぞってスエズ運河を利用した。[41]

こうして汽船建造ブームが到来した。汽船進出の要因として指摘されているのが、鉄に替わる鋼の使用による汽船の大型化と一八六〇年代後半における二段膨張エンジンの発明による出力の増大と燃料効率の向上により、燃料消費量が六割減少したことである。この技術革新によって、燃料費の低減と貨物積載力の増大が実現し、航行性能や経済性の点で帆船に対する優位が確立するに至り、アジア航路における汽船会社は一挙に二〇社以上に急増した。

スエズ運河の通行船舶数は一八七〇年の四八六隻（四三万七〇〇〇トン）から、一八八〇年には二〇二六隻（三〇五万七〇〇〇トン）に激増して通過能力の限界に達し、[42] ヘッドライトの導入による夜間航行の実施や、数次にわたる拡幅、浚渫《しゅんせつ》、直線化などの改良工事を余儀なくされている。この結果、アジア航路の海運運賃は下落し、アジア向けは一八七八年には一八七〇年の三分の一から四分の一の水準に落ち込み、喜望峰経由の帆船の運賃とほぼ同水準となった。[43]また、ヨーロッパ向け運賃においては、定期船の重要貨物である生糸、茶などをはじめとする高級貨物運賃は下落を続け、[44]一〇年間で五～七割の減少を見た。一八七九年の横浜イギリス領事報告には次のように記されている。[45]

帆船数が減少したのは、日本向け荷主が喜望峰経由の帆船よりはスエズ運河経由の汽船で商品を輸送することを進めたことが主因と見なされる。その結果、一八七八年には二二隻一五三五八トンの帆船がイギリス本国から来航したのに、昨年の来航数はわずか九隻五〇七九トンであり、一三隻、一〇二七九トンの減少を見たのである。

上海でも一八七九年から帆船の入港が急減し、一八八〇年には全体の一割を割り込んでいる。以上、汽船の性能向上とスエズ運河の開通により、世界の海運状況は一変し、汽船中心の新たな国際海運市場が誕生したのであった。

三、日本の石炭への世界的関心

「創造主が人類の幸福のために日本の地下に埋めておいてくれた」石炭

交通革命が進展する中で、日本炭に対する関心が高まったのは、当然のことである。[46] 東アジアで唯一、日本で産出される良質の石炭は、交通革命の進展上、極めて重要な意味を持っていた。欧米の汽船にとって、復航用の石炭を東アジアで安定的に確保できることは、航路の維持・発展に重要であった。

オランダは、長崎周辺で産出される良質の石炭の輸出を取り扱うことにより、自国の影響力の拡大を狙っていた。[47] イギリスも、アヘン戦争の際に汽船軍艦の燃料として、長崎のオランダ船や中国船から石炭を購入したこともあり、[48] 日本炭に関心を寄せていた。

イギリスの歴史・地理学者マクファーレンは、アメリカの日本遠征について論じた『日本』において、日本の石炭の重要性について次のように記している。同書はペリー出発の四カ月前に刊行されており、日本の開国に対するイギリスの関心の高さを物語っている書でもある。[49]

石炭は蒸気船にはなくてはならないものである。石炭こそが世界を一つに繋ぐエネルギーであり、アメリカはこの資源に強い関心を示している。現在計画されている日本遠征も、日本での石炭購入の許可を日本の皇帝から得ることだとはっきり言っている。シーボルトは採掘された厚い石炭の塊を目撃している。掘り出されているのは瀝青炭で、それをコークスに変えて使っている。この石炭は商業の発展に大きな役割を果たすに違いない。まさに創造主が人類の幸福のために日本の地下に埋めておいてくれたようなものだ。この石炭がなければ、蒸気機関による世界のリンクが切れてしまうのだ。そういう観点からみれば、日本の石炭は他の貴金属よりも価値があるともいえる。

遠洋航路用の石炭は、火力が強力で燃焼効率が良く、また大量かつなるべく安価に入手できる必要があったが、そうした良質の日本炭の供給がなければ、マクファーレンの言う「蒸気機関による世界のリンク」は実現が困難であったのである。すなわち、日本の石炭は交通革命にとって生命線ともいうべき重大な価値を有しており、東アジア進出を意図する列強に共通した関心事であった。

列強の中で、日本炭の確保に最も強い関心を寄せたのが、東アジアで最大の勢力を保持していたイギリスであった。一八五〇年代におけるイギリスは、中国での権益の擁護を重視しており、太平天国や第二次アヘン戦争、クリミア戦争やセポイの反乱などに手を取られて、積極的な対日戦略を展開し得なかった。しかし、日本が開港し、定期航路が開設されるに及んで、イギリスは石炭への強い関心を隠さなくなった。一八六〇年、駐日公使オールコックは、汽走軍艦の燃料確保のために九州の石炭調査に技師を派遣したいとの申し入れをし、幕府に即座に拒絶されたものの、(50)それを確保することの重要性について主張し続けた。[51]

石炭のほとんどは長崎から輸出され、長崎港における「輸出貿易の最も重要な部門[52]」であると評価された。一八六六年の長崎イギリス領事報告には、石炭供給の拡大について以下のように記述されている。[53]

この鉱物（石炭）は明らかに非常に重要で、本港の輸出貿易における重要な特徴になりつつある。日本人が炭鉱で働き始めたのはつい最近のことであり、長崎の近隣の、高島、唐津、平戸、肥前などの炭鉱から大量に供給されている。従来は手掘りであったが、機械化が進めば、中国や日本の港に充分供給される産出量が期待され、軍艦用に使用されることが充分考えられる。平均価格は、英炭が最低でも一八～二〇ドルであるのに対し、一トン当たり五～六・五ドルである。

文中の軍艦用とは、最高品質の石炭を意味しており、イギリスのカーディフ炭が代表的であったが、高島などの石炭はそれに匹敵すると評価されていたのである。

特に高島炭は注目の的であった。高島炭は炭質が均一で熱量が高いため、日本炭として最高品質であっただけでなく、カーディフ炭には及ばないものの、イングランド炭やウエールズ炭に匹敵し、オーストラリア炭や中国炭より良質で、長崎の石炭貿易の最上級品と評価されていた。[54]

高島炭は、P＆Oやフランス郵船、太平洋郵船などの定期汽船会社が積極的に買い入れただけでなく、イギリス以外の列強であるフランス、アメリカ、ドイツ、ロシアなどの軍艦用燃料として長崎で独占的に販売された。

上海・香港市場の動向

日本炭は、国内市場のみならず、東アジアの石炭市場を席巻した。

東アジアの海運市場は一八七〇年代に急速に活性化し、燃料用石炭に対する需要も急拡大したが、これを支えたのが日本炭であった。日本炭は、輸送距離が短くかつ需要を満たすだけの産出量があったため、比較的安価に供給できたのであった。日本炭の輸出港は長崎が圧倒的で、その大半が東アジア最大の港湾であった上海向けであった(55)。

上海市場における石炭供給の状況を見てみると、一八六〇年代前半には、上海における輸入石炭の過半がイギリス炭であり、次いでシドニーを中心とするオーストラリア炭が続き、この両者で九割を占めていた。この段階では、東アジアで優良な石炭が入手できなかったため、イギリス本国ないしオーストラリアから輸送されていたと考えられる。

しかし一八六六年になると、日本炭の本格的な輸入が開始されて、イギリス・オーストラリア炭の優位は次第に低下し（表1）、さらに七〇年には日本炭はイギリス炭を凌駕し、七三年にはオーストラリア炭を抑えて四割を占め、翌七四年には五割を超えた。この間、特にイギリス炭の減少が著しかった。輸送コストが割高であることや急増する需要に対応できなかったことがイギリス炭のシェア低

表1　上海石炭市場における輸移入量（単位：トン、％）

年次	イギリス	アメリカ	オーストラリア	日本	中国	他とも計	日本炭の比率(％)
1865	51,325	11,217	28,689	—	—	91,231	—
1866	60,705	10,879	51,861	9,373	6,190	139,008	6.7
1870	17,210	5,705	27,730	23,009	5,759	80,013	28.8
1875	10,552	3,450	34,981	79,127	15,683	143,793	55.0
1880	7,406		16,651	148,013	10,944	183,314	80.7
1885	6,631	717	29,532	164,443	2,132	257,833	63.8
1890	2,793	256	11,680	222,255	10,474	247,458	89.8
1895	4,170	500	26,634	340,511	39,324	413,532	82.3
1900	—	—	—	450,790	53,781	594,181	75.9

出典：1865～1870年は杉山伸也「幕末、明治初期における石炭輸出の動向と上海石炭市場」26、27頁、1875年はCommercial reports from Her Majesty's consuls in China ,1877、Shanghai, p.23. IUP. 1880年は隅谷三喜男『日本石炭産業分析』（岩波書店、1966年）186頁、1885年は『通商彙編』上半期292、337頁、同下半期135頁、1890年以降は王力「近代上海における石炭の移輸入と消費事情」21頁。

注　：1885年の日本炭は三池と高島年間輸入量とその他の九州雑炭の上半期分38,139トンの合計で、九州雑炭の下半期は含まれていない。『通商彙編』明治18年下半期135頁によれば，雑種炭として、年間92,517トンがあるがこの大半が九州雑炭だと思われる。

下の原因であると考えられる。

この点について、一八七四年の上海イギリス領事報告には次のように記されている。(56)

石炭貿易について最も注意すべきは、日本炭の輸入量が大きく、しかも年々大幅に増加していることである。上海の全石炭輸入における過半が長崎近傍の高島産である。外国製の機械が使用され、年間産出額は連年急増している。その上、長崎上海間運賃は一トンあたり一ドルに低下している。

輸入の増加はもっぱら日本炭によるものであり、一八七八年には輸入炭のほぼ八割が日本炭となった（表1）。一八八一年の外務省編『通商彙編』には次のように記されている。(57)

此品ノ需用年ヲ逐テ益盛ナルハ実ニ予想ノ外ニ出ツルト謂ヘク之ヲ明治六年ニ比較スルニ殆ト其二倍ヲ増セリ而シテ欧米其他ヨリ輸シ来ルモノハ之レカタメ圧セラレテ大ニ其数ヲ減シ……上海輸入ノ石炭ハ本邦ノ産其十中ノ八九ヲ占メタリ

さらに一八九〇年には九割に達して、上海石炭市場における圧倒的優位を確立した。以後一九一〇年代に至るまで、日本炭は上海の輸入炭市場において八割前後を占め続けている。

当時の上海市場における石炭供給の大半が日本炭であったことについて、一八九四年六月二十八日付けの在上海日本総領事館報告「上海ニ於ケル石炭ノ景況」においても、次のように記されている。(58)

本邦産ハ需要ノ十分八ヲ占メ、若シャ一旦此産品ニ於テ欠乏ヲ告ケンニハ実ニ支那近海ノ航海業ニ向テ非常ナル障碍ヲ与ヘ、随テ運送業ノ不便ヲ感ズルニ至ルベキ程大切ナル位置ヲ東洋ニ於テ占有シタルハ、全ク我商賈ノ勉強ト熱心ノ成果ナリト言フモ蓋シ過言ニ非ラザルベシ

汽船海運市場における燃料炭供給に日本炭が果たした役割については、上海市場における日本炭のシェアの高さからも、その重要性が確認できるのである。

上海と同じく、香港に対する日本炭の輸出も増加した。長崎港からの高島炭の石炭輸出先を見ると、一八七五年から香港が増加し、七六年には上海に匹敵する輸出先になっている。さらに一八八〇年代

表2　香港市場における日本炭の比率の推移（単位：トン、％）

年次	日本炭	英国炭	豪州炭	東京炭	他とも計	日本炭比率(％)
1890	403,118	16,811	29,002	350	452,331	89.1
1892	417,928	8,226	17,424	36,612	480,190	87.1
1894	468,764	41,100	10,324	89,400	613,488	76.4
1896	490,851	29,300	31,475	87,700	640,076	76.7
1898	617,044	121,419	28,199	120,100	890,682	69.3

出典：1890年は『通商報告』2385号、1891〜1895年は『通商彙纂』46号・1頁、1896年は同67号・12頁、1898年は同123号・33〜35頁。

には香港への輸出が急増して上海を凌駕し、一八八三年には香港向けが上海向けの二倍に達し、その後も上海を上回り、平均で一・七倍に達している（表2）。

以後一八九〇年代において、香港市場における日本炭のシェアは東京炭の増加などによって低下傾向を示しつつも、七〜八割のシェアを占め続けたのである。

以上、日本は、東アジアにおける汽船海運市場の拡大に伴って、アジア各地への石炭供給基地としての機能を急速に強化していった。市場の過半を占めた日本炭の供給がなければ、一九世紀後半における世界的汽船海運網の急速な発展はあり得なかったように思われる。

おわりに――日本の開国・開港とグローバル世界の形成

以上、日本の開国・開港は、世界の通商ネットワークに組み込まれた、という受動的な側面のみに注目すべきではないことを、二点にわたって指摘してきた。

第一に、日本の開国によって、太平洋横断汽船ルートを開設する可能性が切り開かれたことである。日本の開国は、それまで極東の日本とアメリカ西海岸を結ぶルートの開設に寄与し、世界の交通網は「偏平」な構造から端のない円形の構造へと変化した。開国は、新たに成立した世界周回ルートによって世界の一体化を急速に進展させ、アジアにおけるヨーロッパのプレゼンスを相対化する契機となったのである。こうした点について、日本自身は意識していなかったにせよ、列強が日本の開国・開港を求める圧力の重要な要因となっていたのであり、日本の開国こそが太平洋横断航路開設の可能性を開き、交通革命の実現をもたらしたといえよう。

第二に、世界周回ルートの発展は、東アジアにおける汽船の燃料用石炭の供給如何にかかっていたが、開港により輸出可能となった日本炭が、一八七〇年代以降、東アジア最大の石炭補給市場であった上海において独占的な地位を占め、東アジアにおける石炭供給の圧倒的部分を担ったことで、アジアを起点とする汽船定期航路網の維持・発展を支えたことである。日本の石炭輸出は、交通革命を燃料供給面から支えて世界交通網の発展を促進したのであり、日本貿易史の側面からだけ論ずべきものではないことが明らかになったと思われる。

交通革命は、当時の最新技術であった汽船と電信という交通・情報面における技術革新により、欧米の東アジア進出を加速させ、アジアを世界経済の一環に組み込む力となった。その中にあって日本の開国・開港は、交通革命を実現するための重要な一環であり、一九世紀における世界の一体化を推進する上で最も重要な事象の一つとなったのである。

注

（1）関口尚志・石井寛治編『世界市場と幕末開港』（東京大学出版会、一九八二年）を参照。
（2）拙稿「『帝国』と明治維新」（明治維新史学会編『講座明治維新12　明治維新史研究の諸潮』有志舎、二〇一八年）を参照。
（3）ウォーラステイン著、川北稔訳『近代世界システム』Ⅳ（名古屋大学出版会、二〇一三年）一二二頁。
（4）拙稿「十九世紀における交通革命と日本の開国・開港」（『交通史研究』七八号）を参照。
（5）不平等条約については、拙稿「19世紀世界システムのサブシステムとしての不平等条約体」（『東アジア近代史』一三号）、同前掲「『帝国』と明治維新」を参照。
（6）石井孝『日本開国史』（吉川弘文館、一九七二年）。
（7）三谷博『ペリー来航』（吉川弘文館、二〇〇三年）。
（8）ジョン・ペリー著、北太平洋国際関係史研究会訳『西へ！アメリカ人の太平洋開拓史』（PHP研究所、一九九八年）一二九頁。
（9）前掲三谷『ペリー来航』、一七一頁。
（10）前掲石井『日本開国史』、九一頁。
（11）前掲三谷『ペリー来航』、一七五頁。
（12）服部之総「汽船が太平洋を横断するまで」は、『中央公論』昭和六年十一月号に掲載後、『黒船前後』（大畑書店、一九三三年）に所収。本稿では、『黒船前後・志士と経済』（岩波文庫、一九八一年）を参照。引用部分は四〇頁。
（13）同右、三九頁。
（14）拙著『帝国主義下の日本海運――国際競争と対外自立』（山川出版社、一九九五年）を参照
（15）前掲石井『日本開国史』、二二一～二二二頁。
（16）前掲ジョン・ペリー『西へ！』、一二九頁。
（17）石炭については、拙稿「十九世紀における交通革命と日本の開国・開港」（『交通史研究』七八号）を参照。

（18）『シーボルト日本交通貿易史』（呉秀三訳『異国叢書』一九二九年、一九六六年復刻、雄松堂書店）三一五頁。
（19）ペリー来航直後の石炭供給については、西澤美穂子『和親条約と日蘭関係』（吉川弘文館、二〇一三年、八四頁）を参照。
（20）32nd Congress, 1st Session. S.Ex.Doc.No.59,pp.80-82. 前掲石井『日本開国史』三一頁。ペリーの日本派遣については、拙稿「アメリカの対日開国戦略について――太平洋横断汽船航路の開設と日本の開国」（『交通史研究』八八号）を参照。
（21）石井『日本開国史』、三一頁。
（22）"The American Expedition to Japan." *Times* [London, England] 12 May 1852. *The Times Digital Archive.* www.gale.com/uk/c/the-times-digital-archive. 横井勝彦『アジアの海の大英帝国』（同文館、一九八八年）一〇七頁。
（23）Mr. C. M. Conrad, Secretary of state, to Mr. J. P. Kennedy, Secretary of the Navy, Nov.5.1852. 33rd Congress. 21session. S.Ex.Doc, No.34, pp.4-9. サミュエル・モリソン著、座本勝之訳『伝記ペリー提督の日本開国』（双葉社、二〇〇〇年）二八四頁。
（24）オフィス宮崎編訳『ペリー艦隊日本遠征記』上（万来舎、二〇〇九年）五六四頁。
（25）『大日本維新史料』第二編三（維新史料編纂会、一九三八年）七四五頁。
（26）田保橋潔『近代日本外国関係史』（刀江書院、一九三〇年）六七二頁。フィルモア大統領も、一八五二年十二月六日の年末教書において、交渉は生命・財産の保護だけが目的とし、通商を求めたことに触れていない。Millard Fillmore, "Third Annual Message", December 6, 1852. Online by Gerhard Peters and John T. Woolley, *The American Presidency Project.* http://www.presidency.ucsb.edu/ws/?pid=29493.
（27）加藤祐三『黒船前後の世界』（岩波書店、一九八五年）三五六頁。
（28）同右、三五八頁。
（29）木原悦子訳『ペリー提督日本遠征日記』（小学館、一九九六年）一七六頁。
（30）日本近海の安全の保障は、列強中で唯一日本と国境を接するロシアにとっては重要であった。またオランダは、先発国としての優位を失わないためにも、アメリカと同等の条約を締結する必要性があった。和親条約の検討については、近刊別稿を参照。
（31）前掲服部「汽船が太平洋を横断するまで」、五一頁。

(32) 国際ニュース事典出版委員会編『外国新聞に見る日本』①本編（毎日コミュニケーションズ、一九八九年）二七～二八頁。
(33) 前掲拙稿「十九世紀における交通革命と日本の開国・開港」。
(34) 前掲『外国新聞に見る日本』①本編、三八七頁。
(35) 前掲服部「汽船が太平洋を横断するまで」、四八頁。
(36) 前掲ジョン・ペリー『西へ！』、二〇一頁。
(37) "Japan" *Times* [London, England] 11 January 1873. The Times Digital Archive. 前掲『外国新聞に見る日本』①本編、六一七頁。
(38) イギリスの旅行会社トマス・クックは、一八七二年に西回りでの世界一周ツアーを実施している（ピアーズ・ブレンドン著、石井昭夫訳『トマス・クック物語』中央公論社、一九九五年）。また、八〇日間世界一周競争も実施された（マシュー・グッドマン著、金原瑞人・井上里訳『ヴェルヌの『八十日間世界一周』に挑む』柏書房、二〇一三年）。
(39) ダニエル・R・ヘッドリク著、原田勝正・多田博一・老川慶喜訳『帝国の手先——ヨーロッパ膨張と技術』（日本経済評論社、一九八九年）一八五頁。
(40) 黒田英雄『世界海運史』（成山堂書店、一九六七年）七〇頁。
(41) A・J・H・レイサム著、川勝平太訳『アジア・アフリカと国際経済1865—1914』（日本評論社、一九八七年）一二三頁。
(42) 前掲ヘッドリク『帝国の手先』、一八五頁。
(43) D.R.Macgregor, *The China Bird*, 1961,Chato and Windus,London,p.174.
(44) B.M.Deakin, *Shipping Conference*, 1973, Cambridge University Press, p.22.
(45) Commercial Reports from Her Majesty's Consuls in Japan,1879,Yokohama,p.42, *in Irish University Press Area Studies Series, British Parliamentary Papers* (Shannon: Irish University Press, 1971.以下IUPと略称)
(46) 石炭については、杉山伸也「幕末、明治初期における石炭輸出の動向と上海石炭市場」（『社会経済史学』四三巻六号）、長野暹「幕末期～明治三〇年における石炭貿易」（秀村選三他編『近代経済の歴史的基盤』ミネルヴァ書房、一九七七年所収）、などを参照。しかし、いずれも貿易史的視点からの研究であり、交通革命との関連に触れた研究はほとんどない。この点については、拙稿「19世紀における『交通革命』の進展と日本炭の役割」(『高島炭鉱調査報告書』長崎市、二〇一六年)を参照。
(47) 今津健治「九州に於ける近代産業の成立」(『日本近代化と九州』平凡社、一九七二年、二七六頁)。
(48) 武野要子「高島炭坑と佐賀藩」(秀村選三ほか編『近代経済の歴史的基盤』ミネルヴァ書房、一九七七年)。
(49) チャールズ.マックファーレン著、渡辺惣樹訳『日本一八五二』(草思社、二〇一〇年)二二三頁。
(50)『大日本古文書　幕末外国関係文書之三十四』三四~三七頁、一五九~一六〇頁。
(51) オールコックは長崎旅行の途次、佐賀藩の炭鉱を強引に視察し、長崎貿易の幕府独占を批判している。『大君の都』中(岩波文庫、一九六二年)三四〇~三四四頁。
(52) Commercial Reports from Her Majesty's Consuls in Japan, 1871, Nagasaki, p.26. IUP.
(53) Commercial Reports from Her Majesty's Consuls in Japan, 1866, Nagasaki, p.238. IUP.
(54) Commercial Reports from Her Majesty's Consuls in Japan, 1882, Nagasaki, p.38. IUP.
一八八二年の長崎イギリス領事報告には、「同炭は、アジアにおける最高級品質の船舶用石炭と証明されている」と記されている。
Commercial Reports from Her Majesty's Consuls in Japan, 1882, Nagasaki, p.38. IUP.
(55) 前掲杉山論文、拙稿のほか、山下直登「日本資本主義確立期における東アジア石炭市場と三井物産」(『エネルギー史研究ノート』八号)、王力「近代上海における石炭の移輸入と消費事情」(『史泉』一〇三号)などを参照。
(56) Commercial Reports from Her Majesty's Consuls in China ,1874,Shanghai, p.131. IUP.
(57)『通商彙編』一八八一年、二〇七頁(不二出版復刻版『通商彙纂』第一巻、二一九頁)。
(58)『通商彙纂』七号、一八九四年、四六~四七頁(不二出版復刻版『通商彙纂』第二〇巻、三九〇~三九一頁)。

第四章　西欧型近代国家モデルとの対峙
——北一輝と孫文の「革命」構想から

八ヶ代美佳

はじめに

明治維新については、以前より中国の近代化に対する影響の大きさが指摘されてきた。ただしそれは、戊戌変法《ぼじゅつへんぽう》(1)や光緒新政《こうしょしんせい》(2)といった、清朝政府が主導する君主立憲制導入への動きに向けられた指摘が主である。対して、中華民国成立の契機となった辛亥革命については、むしろこれらの君主立憲制導入への動きを否定する、明治維新と対照的な事象として、取り上げられているように思われる。

しかし一九世紀という時間軸の中で見た時、明治維新と辛亥革命には、ある共通点が指摘できる。それはこれら二つが、日中両国の近代国家建設における画期となる出来事だったことである。

一九世紀は、近代国際法に基づく西欧型の国際秩序、いわゆる「万国公法《ばんこくこうほう》」秩序(3)にのっとり、産業革命を背景とした西欧列強諸国が、中国・日本・朝鮮・ベトナムなどの国へ本格的に進出した時代である。逆にこれらのアジア諸国の立場からすれば、「万国公法」秩序との対峙《たいじ》を迫られ、またこの秩序に組み込まれていった時代が、一九世紀であるともいえる。

そしてこの「万国公法」によれば、当時の世界の国や地域は、「文明国」「半未開国（半文明国）」(4)「未開国」(5)の三つに区分されていた。この内、完全な国際法上の主体――主権国家たる「文明国」と見なされたのは、ヨーロッパ諸国と南北アメリカ諸国のみである。西欧において発達し、西欧諸国をモデルとして作られた「万国公法」のもとでは、西欧文明を有する国だけが主権国家たる「文明国」と見なされていた。

このような状況下において、「半未開国（半文明国）」に分類された日本や中国では、西欧列強と対等に渡り合うための近代国家建設が叫ばれ始めた。日本の尊王攘夷運動であり、中国の革命運動である。明治維新と辛亥革命は、これらの運動の結果として起こった出来事であった。それゆえに、この維新と革命は、共に近代国家建設をその終局目的としていたといえよう。

ところが、両国における近代国家建設にあたっては、西欧諸国が近代化を果たした時とは異なる前提が存在していた。それは、「文明国」である西欧諸国が、近代化の成功例――いうなれば「西洋型近代国家モデル」として、すでに示されていたことである。意識的か無意識的かは別として、西欧諸国の脅威に晒される中で目前にモデルが存在する以上、両国が近代国家を建設するにあたり、そのモデルから多大な影響を受けたことは想像に難くない。

つまり一九世紀の日中両国は、一からの近代化を模索するのではなく、「西洋型近代国家モデル」が存在する中で、近代化を進めるという状況に置かれていたのである。

このような状況の中、日本と中国において、近代化の方法を懸命に模索する二人の革命家が現れた。北一輝《きたいっき》と孫文《そんぶん》である。

本稿では、彼らの革命に関する資料の比較分析を通して、「西欧型近代国家モデル」に直面する中で、近代化（近代国家建設）を図る方法やその問題点について、思想的側面から考えてみたい(6)。

一、北一輝の「革命」前夜

北一輝と孫文は「西欧型近代国家モデル」に対峙する中で、いかに自国の「近代化」を描いたのか。本節では、現実の革命（中国革命）を経験する以前の北の革命構想を追う。

北一輝の国家と国民

北一輝の革命構想を分析するにあたり、まず、彼独自の国家観について言及しておく。

彼は、一九〇六年（明治三十九）に出版した処女作『国体論及び純正社会主義』（以下『国体論』と略記する）において、是れ国家とは進化的生物（『生物進化論と社会哲学』に於《お》て個体を定義したる所を見よ）にして国体と云《い》ひ政体と云ひ其《そ》の生物の成長に従ひて進化し、人為的に進化の過程を截然《せつぜん》と区画する能《あた》はざる者なればなり。[7]

と述べて、国家人格実在論を提唱する。

国家とは法的擬制《ぎせい》によって人格を与えられた存在ではない。人類を分子とする実在の人格を持つ有機体である。そして生物が長い歴史をかけて進化していくように、国家も不変ではなく、その国体や政体は時代を追って進化していくというのである。

このような国家観を持つ北は、「国体」という言葉について、

国体とは国家の本体と云ふことにして統治権の主体たるか若《も》しくは主権に統治さるる客体たるかの国家本質の決定なり。[8]

と定義した上で、この「国体」の違いに着目し、《国家》[9]の発展段階を大きく二つに区分する。それが「家長国」と「公民国家」である。

北のいう「家長国」は、《国家》が統治される客体であった時代、君主が自己の目的と利益のために、土地と人民を自身の所有物とした中世（現在の区分でいえば近世）までの国体を指す。彼はこの時代の

《国家》は、奴隷が人として扱われなかったのと同じように、法律上も、また実態としても、君主の利益のために存在する物格として扱われていたと述べる。

一方の「公民国家」は、《国家》が統治権の主体となる時代、「家長国」において支配者であった君主をも《国家》の分子として包含《ほうがん》し、《国家》の人格を法律上の人格としても認めるようになった、近代に出現する国体を指す。北は、この時代の《国家》は、目的の存する所・利益の帰属する所として名実共に、主権の本体と認められたと述べる。

このような、《国家》が統治される客体の段階にあるのか、あるいは名実共に統治権の主体と見なされる段階にあるのかという違いは、国家を実在の人格を持つ有機体と捉える北にとって、非常に大きなものであった。それゆえに彼は、中世までの「家長国」と近代以降の「公民国家」では、「国体」――国家の本質そのものが異なると論じるのである。

では、この「家長国」から「公民国家」への進化は、どのようにして可能となるのか。北は国民を「国家の分子」と呼び、次のように論じる。

実に公民国家の国体には、国家自身が生存進化の目的と理想とを有することを国家の分子が意識するまでに社会の進化なかるべからず。即ち国家の分子が自己を国家の部分として考へ、決して自己其者《そのもの》の利益を終局目的として他の分子を自己の手段として取扱ふべからずとするまでの道徳的法律的進化なかるべからず。(10)

彼はここで、国家が何であるのかを知り、自身が国家の一部分であると自覚すること――北はこれを「国家意識の覚醒」と称した――、また自己そのものの利益を最終目的として、他の分子を自己の手段として取り扱ってはいけないと考えるほどに、道徳的・法律的に進化することを、国民に求めている。北の考える「公民国家」に至るには、「国家の分子」である国民の道徳的・法律的進化が不可欠であった。

そして、このような認識を持つ彼は、

而《しか》して国家対国家の競争によりて覚醒せる国家の人格が攘夷論の野蛮なる形式の下に長き間の統治の客体たる地位を脱して「大日本帝国」と云ひ「国家の為《た》めに」として国家に目的の存することを掲げ、国家が利益の帰属すべき権利の主体たることを表白《ひょうはく》するに至れるなり。(11)

と論じて、当時の日本を「公民国家」に進化したものと評価し、その契機として「維新革命」を挙げる。彼のいう「維新革命」とは、明治維新のことである。

革命としての明治維新

なぜ彼は明治維新を「維新革命」と呼んだのか。その答えは『国体論』における次の二つの文章の中で示されている。

個人の権威が始めは社会の一分子に実現せられたる者より平等観の拡張によりて少数の分子に実現を及ぼし、更に平等観を全社会の分子に拡張せしめて茲《ここ》に仏蘭西《フランス》革命となり維新革命となり、『個人の自由は他の如何《いか》なる個人と雖《いえど》も犯す能はず』と云へる民主々義の世となれり。(12)

同一なる平等観は社会の進化と共に武士平民の一般階級にまで拡張して国民全部が国家なりと云ふ国家主義国民主義の進化に至れるなり。……維新革命とは国家の全部に国家意識の発展拡張せる民主々義が旧社会の貴族主義に対する打破なり。(13)

北によれば、「家長国」時代において社会の一分子によってのみ実現されていた個人の権威が、平等観の拡張によって全社会の分子に伝播《でんぱ》し、その結果、国民全体に「国家意識の覚醒」が広がり、「国体」そのものを変更する革命が起こるという。フランス革命や明治維新がそれである。そして、これらの革命によって、《国家》はその人格が法律上の人格としても認められる「公民国家」へと進化し、「個人の自由は他の如何なる個人と雖も犯す能はず」といえる民主主義の世となるというのである。

北にとって、「家長国」から「公民国家」へ、国家の本質を変える契機となったという点において、明治維新はまさしく「革命」であった。

とはいえ、彼はこの「維新革命」の勃発によって、即座に自身の理想とする国家が成立したとは考えていない。それは次の文章からも見て取れる。

故に吾人《ごじん》は考ふ――維新革命は貴族主義に対する破壊的一面のみの奏功《そうこう》にして、民主々義の建設的本色は実に『万機公論《ばんきこうろん》による』の宣言、西南佐賀の反乱、而して憲法要求の大運動によりて得たる明治二十三年の『大日本帝国憲法』にありと。(14)

北は一八九〇年(明治二十三)の『大日本帝国憲法』施行を民主主義の建設における画期と捉え、これにより「維新革命は一段落を画《かく》し」(15)たと賞賛する。なぜなら前述したように、彼にとって、《国家》自身が統治権の主体となる時代、君主をも《国家》の分子として包含し、《国家》の人格を法律上の人格としても認めるようになった時代の国体こそが「公民国家」だからである。(16)彼にとって『大日本帝国憲法』は、「国家意識の覚醒」が日本国民全体へ広がり定着したことの証明にほかならなかった。

それゆえに北は、「維新革命」後もなお、無数の「黄金貴族」や「経済的大名」らが自己の利益のために《国家》を私的に動かしており、経済上の維新革命は未だ成し遂げられていないと現状への苦言を呈しつつも、

実に維新革命の理想を実現せんとする経済的維新革命は殆《ほと》んど普通選挙権其のことにて足る。(17)

と断言する。国民全体に「国家意識の覚醒」が広がり定着した日本において、一般民衆が投票という形で国家の意志を体現する機会を得れば、国体は自ずから経済的にも「公民国家」へと進化し、平等と自由に基づく社会になると信じたのである。

中国への眼差し

北のこのような見解は、辛亥革命の勃発と共に中国に渡った彼が、一九一五年（大正四）から翌年にかけて執筆した『支那革命外史』（以下『外史』と略記する）の前半部にも見て取れる。彼は『外史』の「八　南京政府崩壊の経過」において、

不肖《ふしょう》は実に此国家大典の樹立せし際に於て支那の覚醒が深き根拠を有するを見たり。(18)

と述べて、一九一二年（民国元）の『中華民国臨時約法』制定を、中国国民の「国家意識の覚醒」を示すものとして高く評価する。そしてその上で、「七　南京政府設立の真相」において、

仏蘭西が幾多の変乱を経しにせよ、日本が万機公論に決すべきを二十三年間口約に止めたりしにせよ、支那の将来を観ずる者は仮令《たとえ》時に反動の波浪に洗はるゝ事のありとも日本に東洋的立憲政

ある如く支那に東洋的共和政の動かすべからざることを思念せざるべからず。[19]

と論じる。

前述したように、《国家》の人格を法律上の人格としても認めるようになった時代の国体が「公民国家」だと考える北からすれば、《国家》の主権を法的に保護する「憲法」の制定は、国民の「国家意識の覚醒」の広がりと定着を証明するものにほかならなかった。だからこそ彼は、『国体論』の中で、『大日本帝国憲法』制定下の日本で普通選挙を導入すれば、国体は自ずから経済的にも「公民国家」へ進化すると説明したのと同様に、『中華民国臨時約法』を制定した中国では、たとえ時に反動があったとしても、必ず東洋的共和政[20]を確立できると論じたのである。

ここに『外史』前半部と『国体論』との共通性が見て取れる。

『国体論』および『外史』前半部における北は、平等観の拡張を背景に、「国家意識の覚醒」を果たした国民による革命を前提として「公民国家」の成立を説く。そして「公民国家」においては、国民の「国家意識の覚醒」の広がりと定着を証左する「憲法」が制定され、君主をも《国家》の分子として包含し《国家》の人格を法律上の人格として保障する段階へ至るのである。

この段階に至って初めて、一個人の利益のために他の個人が犠牲にされてはならないと国民が自覚する民主主義の世となると北は考えていたといえる。

二、孫文の「革命」前夜

以上、北の見解を見てきたが、一方の孫文は、現実の革命を経験する以前、自国における近代国家建設をどのように描いたのか。

孫文の国家と国民

彼は一九〇六年（光緒三十二）、『中国同盟会革命方略』の「軍政府宣言」[21]の中で、新国家建設の順序について次のように規定している。

革命後、まず実施されるのは「軍法の治」である。「軍法の治」は三年を期限とし、軍政府[22]の統括のもと、政治上・風習上の弊害を取り除く段階にあたる。

次の段階が「約法の治」である。「約法の治」は軍法解除のあと、軍政府が人民に地方自治権を戻す段階であり、六年を期限としている。また、地方議会議員と地方行政官はすべて人民によって選挙されるようになる。ただし「軍法の治」同様に、中央は軍政府が統括し、軍政府の人民に対する権利義務と人民の政府に対する権利義務は、すべて約法によって規定される。

次の段階が「憲法の治」である。「憲法の治」では、軍政府による兵権（軍隊を指揮して統率する権利）・行政権の掌握が解除され、国民公選の大総統と議員によって組織された国家機関が国の政治を担い、憲法が制定される。

孫文は、「軍法の治」「約法の治」「憲法の治」の三段階――いわゆる「三序」構想――を規定することで、中国における「民主立憲制」の確立を目指したのである。

そしてこのような近代国家建設に至るために、孫文が必要としたのが「国民革命」であった。彼は「軍政府宣言」の中で、

おもうに明代や太平天国のような前代の革命は、異民族を駆除して〔祖国を異民族支配から〕解放することだけを自らの役目とし、この他に何も変えなかった。今日我等は前代の革命と異なり、韃虜《だつりょ》〔満洲族〕を駆除して中華を回復するだけでなく、国体と民生をも人民と協力して変革しなければならない。そのための方法は多岐にわたるが、これを一貫する精神は自由・平等・博愛である。ゆえに前代は英雄革命であり、今日は国民革命である。いわゆる国民革命とは、一国の人民が皆自由・平等・博愛の精神を持つこと、すなわち皆が革命の責任を負うことであり、軍政府はただその枢機《すうき》となるにすぎない(23)。

と述べている。

満洲族による異民族政府を打倒して、漢民族の国家を回復するだけでは足りない。君主国から民主国への国体の変革と民生の変革が必要であるとし、これらを変革する方法として、中国における「国

民革命」の実行が提示される。孫文は「軍政府宣言」において、自由・平等・博愛の精神を持ち、主体的に革命の責任を負い得る国民の姿を描いたのである。

北と孫文と「西欧型近代国家モデル」

以上を鑑みると、近代と前代（北の論では「中世」）で国体が異なると捉え、この国体の変革のためには武力による「革命」が必要であると主張していること、また近代革命および近代国家を主体的に担い得る、自由観・平等観を持つ自律的な「個人」として当時の自国の国民を描いていること、という二点において、両者の見解は一致していたといえよう。

そしてこれら両者の共通点は、本稿の「はじめに」で提示した「西欧型近代国家モデル」にも繋がる。

当時の日本や中国が近代化の成功例として着目した「文明国」と呼ばれた国々を見ると、その共通点として、法治国家であることや議会制を採用していること、あるいは人権が保障されていることなどが挙げられる。

そして、これら共通点の形成される契機としてのヨーロッパ近代の幕開けは、封建的な身分制からの解放を求めて起こった「市民革命」に始まる。そしてこの「市民革命」を通して出現する、自己自身の意志に従って行動し、またその責任に耐え得る、自律的あるいは理性的な「個人」としての「国民」が、ヨーロッパ近代を支える論理的前提であったと考えられる。

この観点からすれば、現実の革命を経験する以前の北と孫文は、いわば西洋の近代化をなぞらえる形で、日本・中国における革命や新国家建設を説いていたといえよう。ただし厳密にいえば、この時点での孫文が想定する国家構想には、「西欧型近代国家モデル」と異なる要素が含まれている。

孫文は一九〇六年（光緒三十二）十二月二日、『民報』創刊一周年記念の祝賀大会の演説において、

選挙について言えば、少し口の上手な者は国民と結託して選挙運動をするが、学問・思想の高尚な者は、かえってみな口下手で国民の支持を得ることができない。アメリカの議会には往々にして愚鈍・無知の者が混じっており、その歴史は実に滑稽である。(24)

と述べてアメリカの議会制を批判し、前述した「憲法の治」における、「五権憲法」の導入を提唱する。この「五権憲法」の五権とは、従来の「司法」「立法」「行政」の三権に、試験によって官吏を登用する「考選権」と、監督弾劾の仕事を行う「糾察権《きゅうさつ》」を新たに加えたものである。孫文は、選ばれるべき優秀な人物が議員になれないのは、アメリカの選挙システムそのものに問題があるからだと考えていた。そのため、選挙や委任によって官吏を登用するのではなく、「考選権」を専門に司る独立機関を設立すること、行政府の監視機関を立法府から独立させることによって、諸外国で見られるような議会の腐敗を防ごうとしたのである。

この点において、孫文の場合、「西欧型近代国家モデル」を絶対的な目標としてみていたわけではないのがわかる。とはいえ、「西欧型近代国家モデル」を完全に否定せず、これを改良する形で中国の近代国家建設を論じたことを見れば、この時点においては孫文も、北一輝同様に「西欧型近代国家モデル」の枠から抜け出すことはできていなかった。

彼らが自国に合った形での近代化の方法を模索し始めるのは、中国における実際の革命を経験した、そのあとのことになる。

三、北一輝と孫文の革命の模索

本節では、現実の革命を経験したあとの両者の考えを追い、彼らが主張をどのように変化させたのかについて分析する。

北一輝の国民観・革命観の変容

本節で取り上げる『支那革命外史』は、革命から満一〇年の年に出版された北の二冊目の著書である。彼は一九一五年(大正四)十月から十二月にかけて「一　緒言」から「八　南京政府崩壊の経過」を書き、その後は執筆を中断している。[25] そして翌年の四月に執筆を再開して「九　投降将軍袁世凱」から「二十　英独の元寇襲来」を書き上げるが、この執筆を中断したわずか数ヶ月前後で、それ以前

と全く異なる主張を展開する。(26)

では、どのように主張が変わったのか。それは北が「革命」の本質について述べている一節に、何よりも顕著に表れている。

北は「十五　君主政と共和政の本義」において、革命が起こる理由として、旧統一的権力を否定し打破し得る「思考の自由」と、その自由思考を実行し得る程度にまで旧専制力を打ち壊す「実行の自由」を挙げ、次のように述べている。

是れ社会的解体の意味に於ける自由なり。従つて革命とは自由を得んが為めに来るものに非ずして、自由を与へられたるが故に起るものなりとも考へ得べし。(27)

「思考の自由」「実行の自由」は、抑圧力を失った旧政治形態が崩壊する社会的解体の結果として生じる。これが革命の起こりであり、自由を得ようとして革命が起こるのではないと、北は説明する。

さらに、ここで描かれている自由は、これまで『国体論』の中で彼が想定したような、一個人の利益のために他の個人が犠牲にされてはならないと自覚する理性的な国民が持つ自由、「国家意識の覚醒」を果たした国民による革命を前提に、「公民国家」の段階に至って初めて保障される自律的な自由ではない。

理性を遥かに上回るような、感情的で原始的な、一切の統制が利かない自由、旧政治形態が崩壊する社会的解体の結果として生まれた、本質的に自己抑止力を持たない破壊衝動を伴う自由である。それゆえに北は、この自由を「是れ野蛮人及び動物の生れながらに有する本能的自由」[28]と定義し、この生物的本能と政治的社会組織が両立し得ない時、民衆は衝動的に社会組織を破壊する、それが「革命」であると論じる。

ここで、彼の革命観が大きく変わっていることがわかる。『外史』後半部での北は、国民の「国家意識の覚醒」との関係ではなく、国民が持つ自由との関係で革命の勃発を説くのである。

このような北の革命に対する捉え方の変化は、『外史』後半部で語られる彼の国家観からも見て取れる。

北は「十五　君主政と共和政の本義」において、

四億万民が各自権利の主体にして君主と其の代官とのために存する物格にあらずとの覚醒は、実に中世的君主政治を排除して近代的共和政治を樹立し得べき根基にあらずして何ぞ。[29]

と説明する。

近代を「家長国」からの脱却とする見方は『国体論』以来のものであるが、これまでと異なる点は、近代における《国家》について、各々自らが権利の主体であると目覚めた国民との関係で論じていることである。

ここから、『外史』後半部では、国家が何であるのかを知り、自身が国家の一部分であると自覚する「国家意識の覚醒」ではなく、国民個人の権利意識の覚醒が、近代国家成立の前提として描かれていることがわかる。

つまり、抑圧力を失った旧政治形態が崩壊する社会的解体の結果として「思考の自由」「実行の自由」といった「本能的自由」が生まれるのであり、これによって国民が各自権利の主体として覚醒する。そしてそのように覚醒した国民が、一部の君主と貴族の利益のために存在する物格として扱われていた「家長国」時代に見切りをつけるのである。

このように考えを改めた北は、同章において次のように論じている。

何となれば近代的統一とは自由の基礎の上に建てられたる専制にして、又自由を保護すべき為めの統一なればなり。是れ中世的統一貴族的専制との相異なり。其の国家組織の基礎が自由民なるか、或る所有者に属する経済的物件たる人類なるかゞ近代的統一と中世的専制とを段画する者なり。(30)

ここで描かれている近代国家は、『国体論』や『外史』前半部に見られるような、「国家意識の覚醒」を果たした国民による「革命」を前提とするものではない。「本能的自由」の発露により「家長国」

を破壊し、各々自らが権利の主体であると目覚めた国民によって求められたものである。そして、「国家意識の覚醒」を果たした国民による「革命」を前提としていないがゆえに、北はこの近代国家について、自由を制御するための専制と自由を保護するための統一が必要だと説くのである。

このような『外史』後半部に見られる北の国民観・革命観の変化は、現実の革命を経験したことによるものであった。では同様に現実の革命を経験した孫文はどうであったのか。次に第二革命[31]のあと、中華革命党を結党した時期の孫文の革命構想を見ていく。

孫文の国民観・革命観の変容

孫文は一九一四年（民国三）、「中華革命党総章」において、共和国家建設の順序として「軍政」「訓政」「憲政」の三つの時期を想定し、次のように説明している。

第一段階の軍政時期は、積極的な武力により、一切の障害を排除して、民国の基礎を定める。第二段階の訓政時期は、文明的な管理により、軍民を監督・引率して、地方自治を建設する。第三段階の憲政時期は、地方自治が完備するのを待って、国民より代表を選挙して憲政委員会を組織し、憲法を制定する。憲法が頒布される日こそ、革命が成功する時である。[32]

この内容を鑑みれば、使われている言葉自体は異なるものの、この三つの時期は「軍政府宣言」で示された「軍法の治」「約法の治」「憲法の治」に相当する。そのため一見すると「軍政府宣言」の頃から、孫文の主張にはそれ程変化がないようにも思える。

しかし彼は、この内の革命軍が蜂起してから憲法発布に至るまでの時期[33]を新たに「革命時期」と名づけ、

この時期の内は、軍隊・国家のあらゆるまつりごとの一切は、すべて本党に帰してその党員が完全に責任を負い、困難に立ち向かい、同胞のために限りない幸福を生みだす[34]。

と説明する。憲法発布に至るまで、革命党に国家を統治するすべての権限があると明示したのである。この点において、孫文の革命構想がより具体的になっていることがわかる。

しかし、孫文の「中華革命党総章」に見られる変化は、「軍政府宣言」の内容を具体化しただけのものではない。第七条には、党内への不純分子の混入を防ぐという名目で、

本党に入党する者はすべて、必ず自己の生命・自由・権利を犠牲にして、革命の成功を図ることを条件として、誓約・宣誓し、永久に〔これを〕遵守しなければならない[35]。

とする文言が付されている。

当文言は、革命党の方針を示すものであるが、この「中華革命党総章」を提唱する前に、孫文は南洋革命党の同士に対して、

以前の党〔国民党〕が散漫不統一の病にかかっていたことを鑑みると、今度の立党〔中華革命党〕にあたっては、党首の命令に服従することが特に重要である。それぞれ誓約書を準備し、生命や自由の権利を犠牲にすることを誓い、命令に服従し、職務に忠誠を尽くし、生死を共にすることを誓わなければならない。(36)

と述べた書簡を送っている。「中華革命党総章」第七条に見られる「誓約・宣誓」は、この誓約書について述べたものと考えられる。

さらに、現存する中華革命党入党誓約書の写し(37)には、次のように孫文への絶対服従を求める一文が入っている。

立誓約人△△△は中国の存亡の危機を救い、人民の困苦を救うため、自己の生命・自由・権利を犠牲にして、孫先生の革命再挙に付き従う。民権と民生の両主義を達成し、五権憲法を創制し、政治を公明ならしめ、人民の暮らしを豊かにする。国家を強固にし、世界の平和を維持する。特に誠意をもって謹んで左の如く誓う。

一、宗旨を実行する。二、命令に服従する。三、職務に忠誠を尽くす。四、秘密を厳守する。五、生死を共にすることを誓う。

これより永久にこの誓約を守り、死に至っても変えない。もし二心ある時は甘んじて極刑を受ける。(38)

これまで述べてきたことをこの誓約書の内容と照らし合わせると、「中華革命党総章」第七条は、党首である孫文に対する絶対服従を誓約した上での条文であるとわかる。そして、ここから言外に、第七条では党員が自己の生命・自由・権利を犠牲にして党首に従うよう求められているのが読み取れる。これは、明らかな「軍政府宣言」との違いである。

さらに注目したいのは、ここで孫文が自覚的に、自由を規制しなければ革命は成功しないと述べている点である。この点において、孫文の主張は、「近代的統一」を「自由の基礎の上に建てられたる専制」と称した北の主張と近似している。

ただし、この一九一四年（民国三）の段階では、孫文の言及する自由が、北のいう「本能的自由」にあたるのか、あるいは一個人の利益のために他の個人が犠牲にされてはならないと自覚する、理性的な国民が持つ自律的な自由にあたるのかは判断しづらい。孫文の自由観が明確に示されるのは、晩年に入ってからである。

孫文は一九二四年（民国十三）、『三民主義』講演の「民権主義」第二講において、「自由とは、簡

単にいえば一つの集団の中で思いのままに動くことである」[39]と述べ、その上で、

中国人は何故ばらばらな砂なのか？　何によってばらばらな砂にされたのか？それは各人の自由があまりに多すぎたからだ。中国人の自由があまりに多すぎたから、中国は革命を行わなければならない……我らは自由があまりに多すぎたために、団体も抵抗力もなく、ばらばらな砂である。そしてばらばらな砂であるために、外国の帝国主義の侵略を受けても、列強の経済商戦の圧迫を受けても、現在の我らは抵抗することができないのだ。将来外国の圧迫に抵抗することができるようになろうと思うならば、各人の有り余る自由を打破し、「セメント」を砂に加えて一塊の強固な石を造るように、我らもまた極めて強固な団体を結成しなければならない。[40]

と論じる。当発言から、孫文がここで言及している自由が、北のいう「本能的自由」と本質的に同じものであると想定し得る。

さらに、中国人民は元来自由であって、他国の外圧を受けても一つにまとまり抵抗し得ないと述べていること、そしてそれゆえに、革命によって彼らの自由を打破し、強固な団体を作り上げなければならないと説いていることを見れば、孫文がここで想定している国民もまた、彼が辛亥革命以前に描いた、「自由・平等・博愛の精神を持ち『国民革命』の主体としてその責任を負い得る国民」でなくなっているのがわかる。

北と同様に、孫文もまた、現実の革命を経験する前と後で、国民観・革命観が大きく変化しているのである。

なぜ、両者の国民観・革命観にこのような変化が生じたのか。それは彼らが、近代革命の主役が「本能的自由」に目覚めた大勢の民衆である、という厳然たる事実に直面したためである。

北や孫文が見た現実の革命は、立憲制を主体的に担い得る国民によりもたらされるものではなく、旧体制の崩壊を引き金とした人の自由や欲望の解放により起こっていた。彼らは、近代革命および近代国家を主体的に担い得る自由観・平等観を持つ自律的な「個人」の不在に気づいたのである。

おわりに

現実の革命を経験した北と孫文が直面した新たな問題――革命および近代国家を主体的に担い得る、自由観・平等観を持つ自律的な「個人」の不在――は、どのようにして乗り越えられるのか。

おそらく論理上、二つの方向性を提示できる。すなわち、自律的な「個人」の創出を図るか、あるいは自律的な「個人」を前提としない国家の構築を図るかである。

では、彼らはどちらの道を選んだのか。

孫文については、一九二四年（民国十三）年、『三民主義』講演の「民族主義」第五講における次の言葉から、その答えが伺える。

私の考えでは、中国国民と国家機構との関係は、まず家族があり、次に宗族に至り、それから国族になる。この組織は一級一級と大きくなり、筋道が立っていて乱れがなく、大小機構の関係は〔この組織の〕なかにおいて非常に実情に即している。もし宗族を単位として、なかの組織を改良し、再びこれを結合して国族とすれば、外国が個人を単位としているのに比べて、はるかに容易に繋がりを持つことができるだろう。(41)

彼はここで「国族」という概念を提唱している。「宗族」を結合して、直接民族を国家と結びつけられれば、中国は個人を単位とする外国よりも遥かに強固な国家を作ることができると訴えるのである。

ここから、孫文の選択は後者——自律的な「個人」を前提としない近代国家の建設——であったことがわかる。

一方、北については、孫文ほど明確に資料の中から答えが見出せない。

しかし彼は、『外史』後半部の「十七　武断的統一と日英戦争」において、自由的覚醒による「国家的信念」を「近代国家の凡《すべ》てを作りたるもの」と定義(42)している。

この自由的覚醒による「国家的信念」が何であるのか、北は『外史』の中で明確に定義していないが、「十七　武断的統一と日英戦争」には、彼等〔フランス国民〕は自由の覚醒によりて国家が王貴族の私有財産に非ずして彼等自身の責任に存する信念に赤熱《せきねつ》したり。(43)

と述べた一文もある。ここから、彼のいう「国家的信念」とは、国家を背負う信念であり、国民が自身の責任において担うべきものであるということが読み取れる。(44)つまり、『外史』後半部でも北は、近代国家を主体的に担い得る自律的な「個人」の創出を諦めてはいなかった。この点において、北は前者を選択したと考えられる。

ところで、この選択の違い——北が前者を選択し、孫文が後者を選択したこと——は、近代国家建設期の日本と中国の選択とも重なる。

これは単なる偶然であろうか。この点についての詳細な分析が今後の課題である。

注

（1）一八九八年（光緒二十四）に光緒《こうしょ》帝の信任を得た康有為《こうゆうい》・梁啓超《りょうけいちょう》ら変法派によって行われた政治改革。

（2）一九〇一年（光緒二十七）を起点とした、西太后《せいたいごう》を中心とする清朝政府によって行われた政治改革。

（3）三十年戦争の講和会議、ウェストファリア会議（一六四八年）によってその原型が成立したとされる。なお、シューマン（Frederick L. Schuman）により、①「国家主権の概念」、②「国際法の原理」③「力の均衡の政策」がこの秩序の礎であると定義されている。

(4) 本稿で取り上げた日本や中国のほか、トルコ・ペルシア・シャム・朝鮮などが該当する。「半未開国（半文明国）」とされたのは、「未開国」よりも遥かに強力な国家機構を持ち、またある程度社会的発展を遂げていると見なされた国である。その反面、国内法の整備は「文明国」のレベルにまで達していないため、「文明国」が自国の国民を保護するために、領事裁判権承認などの不平等条約を結ぶ対象とされた。また、この不平等条約締結を拒否するか、あるいは一度結んだ不平等条約を遵守しない場合には、「文明国」による武力制圧が正当化されていた。

(5)「文明国」「半未開国（半文明国）」以外のすべての国が該当する。「未開国」とされた国は、たとえそこに人が住み、独自の国家が形成されていたとしても、国際法上は「無主の地」と見なされ、「文明国」の先占（先占取得）の対象とされた。

(6) 思想的側面からの考察を試みるにあたり、北一輝と孫文を素材として選んだ理由は、次の二点による。

一点目は、両者が国家レベルで世に影響を及ぼす人物であったことである。

孫文についてはいうまでもないだろう。近年では中華革命党時代の独裁主義的な志向性や中国人民に対する愚民観などが注視され、評価が分かれるところもあるが、今もなお中国で「国父」と称される人物である。五月一日の労働節と十月一日の国慶節には、中華人民共和国建国の父である毛沢東《もうたくとう》と向かい合う形で、孫文の肖像画が天安門広場に登場する。これは、現在の中国に対する彼の功績の大きさを示しているといえる。

一方の北一輝については、孫文ほどの世界的知名度はないものの、一九一九年（大正八）に出版した『国家改造案原理大綱』（のちに『日本改造法案大綱』と改題・加筆）が、急進的な思想を持った青年将校らに深い感銘を与えたことで知られる。また、一九三六年（昭和十一）に彼らが起こした二・二六事件では、事件に直接関与していなかったにもかかわらず、北は理論的指導者として軍法会議にかけられ処刑されている。これは、北一輝の革命構想がいかに当時の政府から危険なものと見なされ、注視されていたのかを証明するものであろう。

二点目は、両者共に辛亥革命に始まる中国の動乱を経験し、またその経験を糧として革命構想を変化させていったことである。

孫文は、一八九四年（光緒二十）にハワイで興中会《こうちゅうかい》を組織して以来、常に中国における革命の実行を訴え、革命に身を投じ続けた。ところが皮肉にも、孫文は辛亥革命の渦中にはいなかった。一九一一年（宣統三）十月に武昌起義《ぶしょうきぎ》を発端とする辛亥革命が起こった時、彼は革命干渉を阻止するための諸外国遊説中で、アメリカ合衆国に滞在していたのである。

しかし、辛亥革命のあと、孫文帰国後も中国の混迷は続いた。宣統帝《せんとうてい》の退位と引き換えに臨時大総統に就任した袁世凱《えんせいがい》が、国会の反対を無視して「善後借款《ぜんごしゃっかん》」の締結を強行し、これに反発する国民党（孫文を理事長とする、中国同盟会を母体として結成された政党）を弾圧したのである。孫文ら国民党は討袁を目的とした第二革命を起こしたが、「善後借款」によって軍事力を強化した袁世凱には歯が立たなかった。孫文や黄興《こうこう》らは亡命を余儀なくされ、第二革命は失敗に終わる。結果として、袁世凱は国民党を解散させて軍事独裁体制を強化していった。孫文は、これに対抗する中華革命党を一九一四年（民国三）に結成、再び革命を唱えることになる。

本稿の第三節で取り上げるのは、この中華革命党結党時期の資料である。この中華革命党結党は、先行研究において、第二革命失敗に対する反省から、従来の中国同盟会の体制を見直し、これを克服・止揚しようとしたものであると理解されている（高橋良和「中華革命党結党時における孫＝黄決裂の意味について」〈『名古屋大学東洋史研究報告』七、名古屋大学東洋史研究会、一九八一年十月、五三頁参照〉）。

一方の北一輝は、一九〇五年（明治三十八）に東京で結成された孫文を総理とする政治結社中国同盟会に入党していた数少ない日本人の中の一人である。辛亥革命の勃発に際して、宋教仁《そうきょうじん》の電報を受けて中国へと急行し、一九一三年（大正二）四月に清国上海駐在日本総領事より三年間の国外退去処分を下されるまで、革命の渦中にある中国に滞在し、その目で現実の革命を見続けた。彼が一九一五年（大正四）から翌年にかけて執筆した『支那革命外史』は、その体験を糧として書かれたものである。

（7）北輝次郎『国体論及び純正社会主義』「第四編　所謂国体論の復古的革命主義」第九章（『北一輝著作集　第一巻　国体論及び純正社会主義』みすず書房、一九五九年、二一三頁）。
（8）注7前掲書、「第四編　所謂国体論の復古的革命主義」第九章、二三六頁。
（9）以下、北の論の中で《国家》と記載した場合、断りがない限り、「実在の人格」としての国家を指すものとする。
（10）注7前掲書、「第四編　所謂国体論の復古的革命主義」第十四章、三四八頁。

(11) 注7前掲書、「第四編　所謂国体論の復古的革命主義」第九章、二四五頁。
(12) 注7前掲書、「第参編　生物進化論と社会哲学」第八章、一九一頁。
(13) 注7前掲書、「第四編　所謂国体論の復古的革命主義」第十四章、三四九〜三五〇頁。
(14) 注7前掲書、「第四編　所謂国体論の復古的革命主義」第十四章、三五四〜三五五頁。
(15) 注7前掲書、「第四編　所謂国体論の復古的革命主義」第九章、二四五頁。
(16) 北は『大日本帝国憲法』第五条（「天皇ハ帝国議会ノ協賛ヲ以テ立法権ヲ行フ」）と第七十三条（「将来此ノ憲法ノ条項ヲ改正スルノ必要アルトキハ勅命ヲ以テ議案ヲ帝国議会ノ議ニ付スヘシ」）を根拠として、国家の利益のために国家の統治権を運用する「最高機関」が国家の特権ある一分子の天皇と平等な分子である議会によって組織されていると指摘し、これを君民共治の正当性を担保するものとして高く評価した。注7前掲書、「第四編　所謂国体論の復古的革命主義」第九章、二三一〜二三二、二四六〜二四七頁。
(17) 注7前掲書、「第五編　社会主義の啓蒙運動」第十五章、三八九頁。
(18) 北一輝『支那革命外史』「八　南京政府崩壊の経過」（『北一輝著作集　第二巻　支那革命外史 国家改造案原理大綱　日本改造法案大綱』みすず書房、一九五九年、六三頁）。
(19) 注18前掲書、「七　南京政府設立の真相」、五八頁。
(20) 北は「七　南京政府設立の真相」において、

則ち大総統は米国の責任制と反し自ら政治を為さず内閣をして責を負はしめ単に栄誉の国柱として立つ事と、米国的連邦に非ずして統一的中央集権制なるべしと云ふ二大原則の下に編纂されたる、寧ろ仏国の其れに近き支那自らの共和政体なり。（注18前掲書、「七　南京政府設立の真相」、五八頁）

と論じる。

この一文から彼のいう東洋的共和政が、実際の行政権を内閣が握り、大統領を栄誉の国柱として政治から切り離す議院内閣制と、統一的中央政権制をとる政体だとわかる。

(21) 一九〇六年（光緒三十二）秋冬、孫文が黄興・章太炎《しょうたいえん》（章炳麟《しょうへいりん》）と共に東京で作成した文書集『革命方略』の巻頭に置かれたもの。当時の『革命方略』には「招軍章程」「招降清朝兵勇条件」の二編は含まれておらず、これらは一九〇八年の河口起義のあとで、孫文・胡漢民《こかんみん》・汪精衛《おうせいえい》（汪兆銘《おうちょうめい》）の三人によってシンガポールで増訂された。なお、孫文はこの「軍政府宣言」の中で、今後中国が採るべき方策として、のちの三民主義に繋がる「韃虜〔満洲族〕の駆除」・「中華の恢復《かいふく》」・「民国の建立」・「地権の平均」の四項目を挙げている。

(22) 「軍法の治」で軍政府を担う存在について、孫文は『中国同盟会革命方略』の「軍政府宣言」の中で明言していない。しかし、彼が党首を務めた同盟会が、当時から革命の実現を目指して各地で活動していたことを考えれば、「軍法の治」において描かれる「正義の軍隊」を主導するのは同盟会であり、革命の成功後は、同盟会が軍政府を主導するものと想定される。

(23) 「中国同盟会革命方略　軍政府宣言」（『孫中山全集』第一巻、中華書局、一九八一年、二九六頁）。

(24) 注23前掲書、孫中山「在東京《民報》創刊周年慶祝大会的演説」、三三〇頁。

(25) 執筆を中断した理由については、政府当局者に頒布するため『外史』前半部の印刷を急いでいた最中に第三革命が起こり、来日した革命派の重鎮である譚人鳳《たんじんほう》と、大隈内閣の交渉を実現させようと奔走していたためであると、北自身が『外史』の「序文」で説明している。注18前掲書、「支那革命外史序」、一頁。

(26) 北の主張が変化した理由については、早くから宮本氏が「彼〔北〕の『法華経』受容による心理状態の大きな転回の反映」（宮本盛太郎『北一輝研究』有斐閣、一九七五年、一四九頁）によるものと説明されており、先行研究では概ねこの見解が支持されている。

(27) 注18前掲書、「十五　君主政と共和政の本義」、一四四頁。

(28) 注18前掲書、「十五　君主政と共和政の本義」、一四四頁。

(29) 注18前掲書、「十五　君主政と共和政の本義」、一四九頁。

(30) 注18前掲書、「十五　君主政と共和政の本義」、一四六頁。

(31) 注6参照。

(32)「中華革命党総章」（羅家倫主編『革命文献第五輯』中央文物供応社、一九五四年、五七一～五七二頁）。
(33)「軍政」期および「訓政」期に該当する。
(34)注32前掲書、「中華革命党総章」、五七二頁。
(35)注32前掲書、「中華革命党総章」、五七二頁。
(36)孫中山「致南洋革命党人函」（『孫中山全集』第三巻、中華書局、一九八四年、八一頁）。
(37)清末から中華民国初期にかけて、孫文ら革命派を支援した、神戸華僑・王敬祥《おうけいしょう》に関わる一連の資料群『王敬祥関係文書』（兵庫県立歴史博物館所蔵）に含まれている。
(38)神戸大学附属図書館監修デジタルアーカイブ『王敬祥関係文書』、「中華革命党入党誓約書抄件」（〇〇七四）、一九一四年九月一日。
(39)孫中山「三民主義・民権主義」第二講（一九二四年三月十六日、『孫中山全集』第九巻、中華書局、一九八六年、二七二頁）。
(40)注39前掲書、「三民主義・民権主義」第二講、二八一頁。
(41)注39前掲書、「三民主義・民族主義」第五講（一九二四年二月二十四日）、二三八頁。
(42)注18前掲書、「十七　武断的統一と日英戦争」、一七二頁。
(43)注18前掲書、「十七　武断的統一と日英戦争」、一七〇頁。
(44)同様の主張は、『国体論』の「第弐編　社会主義の倫理的理想」における次の一節にも見て取れる。

即ち貴族階級に経済的に従属せし維新以前に於ては貴族等の利益の為めにする支配に服従すべき政治的義務を有し、貴族等の幸福の為めに努力すべき道徳的義務を有して——「忠君」を個人の責任とせしに反し、今日は法理上国家の土地及び資本（何となれば国家は国家の利益の為めに個人の凡ての財産を吸収すべき最高の所有権を有するを以て）に経済的に従属するを以て、国民は国家の利益の為めにする支配に服従すべき政治的義務を有し、国家の幸福に努力すべき道徳的義務を有して——「愛国」を個人の責任とするに至れる如し（注7前掲書、「第弐編　社会主義の倫理的理想」第四章、九一頁）。

第三部
維新の思考

第五章　明治維新々論——王政復古と島崎藤村

田中希生

はじめに

一九三五年に完成した島崎藤村の『夜明け前』が、作家のみならず、多くの歴史家を惹き付けてきたのは言《い》を俟《ま》たない(1)。彼がこの作品で提示した「夜明け」は、王政復古というより、自由民権運動の頃だが(2)、もちろん、前者を軽視するということではない。復古を待望した一部の先覚者、先進的な地域を除き、号令と共に一斉に訪れるべき朝はいまだ来たらず、たとえば木曽路がそうであるように、草莽の夜はまだ続いていたということ、そしてこの時空の差異が物語るように、広く時代のもたらす一貫はあれ、維新の理想は多様であり、また思い思いに描かれたそれは十分には決して実現しなかったということでもある。藤村は、平田篤胤派神学者の父を単に肯定したのではない。限られた視野でしか世を見られなかったがゆえの——むろん誰とて同じ限界を持つ——父の狂気を、歴史の必然としして描いた。彼は、同時代の数多の歴史家に先んじて、一様であるべき日本の国土にあった、宿命的な差異としての歴史を示したのである。

藤村のいう「夜明け」を経て、維新の理想が描くいくつかの線分の一つは、純文学に結晶した。彼は、間違いなくその尖端にいた。未完の維新を背負って生まれた純文学[3]の道を選んだ彼が、過去を見つめて得た実感、すなわち夜とそれに続く朝とを疑う者はなく、また同時代の権力者や学者の描く一様のそれとは異なる、維新史に秘められたもう一つの物語の歴史性に、人は感銘を覚え、共感を与えてきたのである。

だが近年、事情は変わった。もとを正せば、論者の内にさほど共通理解があるとはいえない「封建」の語で、藤村のいう「夜」が翻訳されてきたこと[4]、そして戦後、この語がマルクス主義的な理解——階級闘争史観——で定義され、研究が積み重ねられたことにより、一九九〇年代以降の主義の無惨な瓦解と共に、すべてがあやふやになってしまったのである[5]。

遠山茂樹の『明治維新』（一九五一年）以来、一九七〇年前後の原口清や下山三郎を頂点に、維新を絶対主義天皇制の実現過程と見る三二年テーゼ由来の視座は、実証的な裏付けを得てますます鞏固になった。だが主義瓦解後は、どのような体制であれ革命という画期を要請する、この主義の主要な関心から離れた自由な史料の博捜に基づく維新史の研究が進むと共に[6]、そもそも維新史の解明という目的を持たない、細緻だが個別的な維新期の実証研究が量産される相対化の道を歩むことになった[7]。

ならば絶対はどこへ行ったのか？　相対化の波に飲まれたかに見えるこの観点は、しかし巧妙に維持されていると見なければならない。一九八〇年代以降、ベネディクト・アンダーソンの国民国家論やエリック・ホブズボームの「創られた伝統」論の流行を背景に、天皇制が体現していたはずの絶対なるものの虚構性、その虚構性自体に権力性を見出す論調が、半ば相対化された維新史の地図の反対側の半分を占めるようになった。[8]マルクス主義時代の実証的な絶対主義天皇制研究を、これら虚構論が継承したのである。

こうした研究史の動向は、必然的に次のような結果を伴う。前者における維新の相対化は、近世社会との連続性を強調する傾向を生む。また、後者の見出す絶対なるものの虚構性は、近代を歴史の自然な発展というよりは実体を欠いた、その意味で過去と断絶した作為的なものとして強調する傾向を生む。

いったい、近世・近代は連続しているのか、それとも断絶しているのか？　相対なのか、絶対なのか？　専門的にいえば、前者は実証主義的な研究であり、後者は構成主義的な研究であって、理論が異なる以上、対立は不可避にも見える。だが、結論だけを取り出せるなら、棲み分けは可能であり、異なる傾向を束ねる一つの線分を描くこともできる。要するに、実態的な水準（政治・経済的実体）での近世・近代のどこまでも日本的な連続性と、認識論的な水準（文化・思想的潮流）における作為的な断絶を西欧化＝近代化の語で把握しようとするおなじみの視座は、結局は、どのような道をたどっても、日本の非近代性という一言に帰着する。結果的には、最も無難に見えた丸山眞男のごとき近代主義だけが、知識人の変わらぬ唯一の選択肢になって君臨することになる。

ミシェル・フーコーは、人間を「経験的＝超越論的二重体」と呼んだ。その意味で、今日の研究はまさに人間的なものである。人間をそのように語らねばならぬ苛立ちと孤独とを、ニーチェの徒である私は彼と共有する。われわれは、もっと別種の視座を提供できなければならない。

藤村は、五十年にわたる長い作家活動の中で、五つの長編小説を著した。一九〇六年の『破戒』を皮切りに、『春』（一九〇八年）、『家』（一九一〇年）、『新生』（一九一九年）、そして『夜明け前』である。穢多《えた》が出自の教師丑松を主人公とする処女小説および父がモデルの青山半蔵を主人公とする『夜明け前』を除けば、すべて作家自身を主要な登場人物とする私小説であり、封建的な家《イヘ》の因習に起因する自身の苦悩を主要なモチーフにしていることは、一読して明らかであろう。だが、先述した維新の画期性を相対化する昨今の研究史の中、近世・近代の実態的な差異は平準化される傾向があり、近世は多分に近代化され、一方で近代は近世化された。むろん、家《イヘ》の通念もまた、その傾向を免れない。今日、この傾向の最尖端にある歴史研究から見れば、藤村は、ありもしない近世に悩むありもしない近代的自我を代表する奇妙な作家ということになってしまう。

別の例を挙げておこう。藤村と並ぶ文豪志賀直哉が、父直温との葛藤に苦しんだことはよく知られている。近世社会の因習に子を捕えんとする父と、そこからの逃走を企図する近代的自我に目覚めた子という、伝統的な封建／革命の構図は理解しやすいが、仮に近世封建制の前提が崩れるなら、やはりありもしない家制度という檻を自ら作ってその内部で懊悩するにすぎないという、極めて現代的な非難が妥当に見え始める。(9)

しかし、藤村にせよ志賀にせよ、前者は近世を通じて代々馬籠《まごめ》（岐阜県中津川市）の本陣・庄屋・

問屋を務めた島崎家第十七代当主正樹の事実上の後継者として、また後者は譜代六万石相馬中村藩の家老を務めた家の跡取りとして、家の重責を一身に背負わねばならなかった男たちである。その彼らが得体の知れぬ小説家を志すということの社会的な意味は、身分制を失って久しい現代人の想像を遥かに絶している。

畢竟、彼らの作品は、しょせんは作家のものした虚構なのか。あるいは、たとえ事実の一片が込められているにもせよ、時代にも社会にも敷衍できない個人的な体験の内に囲い込んでおけばいいのか。だが、こうした極端な姿勢は、ひるがえってあらかじめ共同体に向けられた公文書以外のほとんどの史料をどこにも還元不可能な個別性の内に閉ざすことに繫がる。もし、今日の歴史研究が正しいなら――そして私は、着実なこれら実証研究を単に否定したいわけではないのだ――改めて藤村らの直面した、近世にも近代にも行き場のない奇妙な苦悩について、これを把握し直し、歴史に再配置する必要に迫られていると思われるのである。別言するなら、藤村の感じた「夜」とはいったい何を意味していたのか――ここから考察を開始するのが、適当であるように思われる。

一、夜の到来

かつて、東洋史家の内藤湖南は次のように言っていた。

大体今日の日本を知る為に日本の歴史を研究するには、古代の歴史を研究する必要は殆どありませぬ、応仁の乱以後の歴史を知つて居つたらそれで沢山です。それ以前の事は外国の歴史と同じ位にしか感ぜられませせぬが、応仁の乱以後は我々の真の身体骨肉に直接触れた歴史であつて、これを本当に知つて居れば、それで日本歴史は十分だと言つていゝのであります。

（「応仁の乱に就て」[10]）

この発言は、古代史家や中世史家から見れば暴言に近く、学者の反発を買いそうな表現の強さに目を奪われがちである。実際、おそらく本意と思われる点が理解されないまま、反動だけが、戦後の研究史に刻まれてきたといっていい。一度同業者の眼鏡を外し、単に歴史の証言として見ればどうか。この発言は一九二一年、すなわち、皇祖皇宗の遺訓と奉じる大日本帝国憲法を掲げていた時代のものだ。この点を考慮すれば、意味はずっと深長である。彼は応仁の乱に日本史上最大の画期を置き、乱以後の歴史と近代とを地続きのものと考えていることになるが、一方の乱以前の歴史を外国のそれとまで言い切っている。つまり「神武創業」以来、日本史を貫いているはずの「万世一系」の国体を、果敢にも分断しているのである。もちろん、天皇の血脈が前後を跨いでいるのは確かだから、その断絶を主張したいのではない。彼が示唆したいのは、乱以前と以後とで、国体をめぐって、血脈とは質の異なる別の重要な原理が存在したということであり、乱はその別の何かの途絶と新しい原理の始まりを意味しているのである。

むろん、門外漢と断ってなされた彼の示唆には、時代的制約と共に専門的限界がある。マルクス主義が主流を占める戦後は、天皇制自体が丸ごと批判対象であり、制度内部の質的変化を時代を画すほど大きなものとして捉えたことはほとんどなかった。また、主義退潮後の近年は、そも前提となる時代区分の内部でしか研究が蓄積されていない。その意味で、この示唆は、百年にわたって、それ以上追究されることのなかった孤独な問いだった。しかしここには、われわれが通常それと意識している、万世一系の天皇を頂点とする皇国史観とも、何人かの権力者中心の時代区分とも異なる、別種の物語の可能性がある。

また、併せて気にかかるのは、国語辞典の『大言海』（一九三二年）が、乱の時代の社会を表現する「下剋上」なる語を次のように説明していたことである。

下剋上……此語、でもくらしいトモ解スベシ、下トシテ、上ニ剋ツコト。臣トシテ、君ヲ凌グコト。

下剋上を近代民主主義と重ねるこの見解は風変わりだが、あまりに近代化されたこの説明は、中世史の用語としての「下剋上」を考察する立場からは怪しげでも、かえって戦前の人々が近代なるものをいかに考えていたかを暗示している。その意味で、近代人の誤解と見るべきでも、研究的に未熟な理解と見るべきでもなく、内藤のそれと同じく歴史の重要な一証言である。これら二つの見解を合わせるなら、応仁の乱には、のちに迎える近代と関わる重要な論点が隠されていることになる。

藤村の考えた「夜」について考察する足がかりとして、われわれは応仁の乱を選ぼうと思う。

ところで、いわゆる戦国時代を扱うに先だって、もう一つの論点に目配りするのがよさそうである。それは《死》について、である。というのも、戦乱は確実に人々の命を奪うからであり、死の不安が社会を覆わなかったと考えるのは困難だからである。通常、国家はおのれの正統性を担保するために、民衆からできる限り死を遠ざけねばならず、死者に対してはその慰霊や鎮魂に努めねばならない（そのありかたは、祭祀・宗教・警察・司法・医療・衛生・防災・軍備など時代と共に変化しつつ多岐にわたる）。人に死を命じるにせよ、それとも人から死を遠ざけるにせよ、死に厳然たる一線を引く、これが国家の一貫した使命なのである。だが、狭小な日本列島において、激しい内乱状態のまま百五十年間安定するという極めて特異な状況は、国家からその役割を奪うと同時に、民衆には死の可能性と直接対峙することを要請する。幾世代にもわたって、自然な死以上の死が折り重ねられ、生者はおそらく独自の死の作法を彫琢せざるを得なくなるのである。

一四三二年（永享四）、一条兼良邸で行われた闘鶏のためにできた人だかりが、六代将軍足利義教の逆鱗に触れ、洛中の鶏がみな洛外へ追放されるという、奇怪な事件が起こった。古来、鶏は時告げ鳥、天照大神の眷属《けんぞく》として神聖視されたもので、闘鶏もまた、神聖な意味を持った。反対に、籤引きに運命を委ねたこともある義教は、そうした聖性を恐れぬ果敢な合理主義者だった。一四四一年（嘉吉元）に、将軍は無惨な死を遂げることになるのだが、その三年後の一四四四年（文安元）三月には、またも鶏をめぐる事件が起こった。熊野の阿須賀王子《あすかおうじ》で雌鶏が鳴いたのである。この怪異は風聞としてではなく、ただちに京都に注進された。同年の『康富記』四月二十四日条には、この怪異をめぐって次のような記述がある。

依招引、晩行向飯尾肥前入道方、申云、熊野皇子阿須嘉之社鶏之雌鳴之間、怪異之由注進之、先例如何、又可為慎歟之由、有問題、予申云、於先例者当座無覚悟、諸社之内有先例歟之由覚候、可引見之由返答了、為怪異之段ハ尚書之文《第六》、牝鶏ハ無レ晨《あしたす》ルコト、牝鶏ノ晨《あしたする》ハ惟《これ》家之索《つくる》也、如此之由語了、神宮者有其例歟、如何、

寺社行政に関わる奉行人だった飯尾肥前入道永祥為種から、この怪異をいかに解釈するかについて、中原康富に問い合わせがあった。彼はただちには答えず、調査ののちにこう答えている。中国の『尚書』《しょうしょ》（書経）によれば、雌鶏が雄鶏のように夜明けを告げて鳴く時、その家は滅びる、と。『尚書』の記載にある雌鶏の雄鳴《おなき》とは、妲己《だっき》を愛妾とする殷《いん》の紂王《ちゅうおう》に対して、これを打倒した周《しゅう》の武王《ぶおう》の吐いた一種の比喩である。だが、日本のそれは比喩ではなく実際の現象である。伊勢の先例までは調査しきれていないというが、ともあれ太陽を神聖視することの厚い日本における鶏の位置は、低いものでは決してあり得ず、当時の京都の不穏な気分をよく表している。

朝を告げる鶏をめぐる奇妙な混乱の中、決定的な事態が訪れる。世にいう応仁の乱である。初めは

幕府宿老の後継争いに端を発した武家社会内部の小競り合いと見られた。しかし、小競り合いは時を置かず列島規模に拡大、あらゆる既存の秩序の崩壊する、戦国時代と呼ばれる特異な状況を出現させる。

内藤は同じ講演で、乱当時関白だった一条兼良の『樵談《しょうだん》治要《ちよう》』から、次の一節を引用している。

> 昔より天下の乱るゝことは侍れど、足がるといふことは旧記などにもしるさゞる名目也。平家のかぶろといふ事をことめづらしきためしに申侍れ。此たびはじめて出来れる足がるは、超過したる悪党也。其故に洛中洛外の諸社、諸寺、五山十刹、公家、門跡の滅亡はかれらが所行也。かたきのたて籠たらん所にをきては力なし、さもなき所々を打やぶり、或は火をかけて財宝をみ(見)さくる事は、ひとへにひる強盗といふべし。かゝるためしは先代未聞のこと也。

兼良のごとき当代一流の知識人が、この乱をして、他の乱に冠絶すると見せていたのは、ひとえに足軽の登場であり、それによってもたらされた絶対的な破壊である。敵のいるところはともかく、無関係な場所まで破壊し、火をかけては財宝を略奪する足軽は真昼の強盗に喩えられ、寺社仏閣、公卿門跡はことごとく焼亡した。

得体の知れぬ足軽が破壊したのは、もっぱら物理的・物体的なものである。彼らの関心はそこにしかない。だが、知識人にとってはそうではなかった。そこには、物体の生滅以上の意味があった。足軽の無理解が焼き払ったものの中には、内裏や賀茂皇大神宮など、奈良朝より引き継がれてきた皇室の祭祀（すなわち国家祭祀）において、決して欠かすことのできないものが含まれていたのである（「応仁以降諸社祭祀悉廃ス」『賀茂史略』）。乱直前、後花園《ごはなぞの》天皇の一四六二年（寛正三）を最後に新嘗祭《にいなめさい》は中断していたし、一世一度の祭典である大嘗祭もまた、一四六六年（文正元）の後土御門《ごつちみかど》天皇を最後に廃絶してしまう。伊勢の遷宮も停止し、同時に、祈年祭《としごいのまつり》、賢所御神楽《かしこどころみかぐら》、四方拝《しほうはい》、小朝拝《こちょうはい》、元日《がんにちの》節会《せちえ》、白馬《あおうまの》節会、踏歌《とうかの》節会、節折《よおり》、大祓《おおはらえ》、月次祭奉幣《つきなみさいほうへい》、賀茂祭等々、重要な国家祭祀の多くがこの時点で廃絶した（その復興は、江戸時代中期の霊元《れいげん》上皇の時代や明治期を待たねばならない[11]）。それは、単に制度の破壊というだけではない。天皇家や藤原氏に継承され、分有されてきた死をめぐる伝統的・虚構的な叡智の致命的な喪失であり、兼良が嘆いたように、物理的な破壊以上の古い精神の破壊、暗黒時代の到来というほかなかった。この時、一条家の文書七百合が京都の街路に散乱したというが、足軽にとってはそれも掠める価値なき紙切れにすぎなかったからである。

唯物論的な見地に立つ足軽から見れば、無が本来あるべき無に還ったにすぎない。そんなものは、初めから存在しなかった。だが、権力者にとってはこの無＝虚構こそ権力の源泉なのだ。足利時代の反省のうえに、天皇を頂点とする階段状の秩序構造を堅持する近世水戸学が逆説的に語っていることだが、また近年の権門体制論を前提する限りかえって強調すべきだが、室町幕府宿老間の権力闘争が意図せずもたらした天皇祭祀失効は、同時に、宿老はもとより将軍以下民衆に至るまで、すべての秩序の致命的な崩壊、群雄の割拠状態を招いたのである。兼良が当時を称して、周王朝の滅亡した中国の「戦国」になぞらえたのも、決して誇張とはいえなかった。彼にとって、祭祀廃絶は王朝滅亡に匹敵するほど大きな意味を持ったのであり、この種の国家認識を簡単に切り捨てることはできない。乱といえば、のちに勢力間抗争に発展する権力闘争の一事例として、その他のことは闘争の余波としてしか見たがらない歴史学者の浅慮の外で、われわれは祭祀失効をめぐる彼の悲憤を重く受け止めねばならない。今日の学者の語りたがる表立った勢力間抗争とは別のところに、この乱の意義があった。

おそらく、先の東洋史家が見ていた国体の途絶、それは乱によって生じた祭祀廃絶である。つまり彼は、乱時点で天皇の血脈より祭祀のほうが重視されていると見ているし、ひるがえって祭祀に国体の中心を見ていたと考えていい。そして、われわれの「骨肉に直接触れた」新しい日本は、権力者の思惑を離れ、目先の欲望を満たす以外の意味性を欠いた、足軽の破壊がもたらした空虚のうえに芽吹いたと、彼は言いたいのである。

祭祀とは父祖への祈りであり、氏族とは同じ血脈というより祭祀を共有することによってこそ氏族である。なぜなら、生者にとって死はどこまでも虚構的に見えるからであり、血肉によってのみ表現すべきものではないからである。だから祈りは、氏族の来歴を虚実併せて物語る叙事詩に似た形をとった。しかし、少なくとも奈良朝以来、日本でただひとり国産み神話と繋がる祭祀を誇示した家系である天皇のそれは、同時に国家祭祀となる。承久の乱を起こした順徳《じゅんとく》天皇が「禁中作法先神事」(『禁秘抄』)といい、あらゆる儀礼に祭祀を優先させたように、毎年の新嘗祭と、代替わりの際に必須の大嘗祭に代表される祭祀の継続は、天皇統治の正統性を保証する重要なものだった。

確かに、北畠親房《きたばたけちかふさ》の『神皇正統記《じんのうしょうとうき》』が朱子学を念頭に置いているのは明らかである。帝位の継承が一度でも行われれば、それを「正統」と見なす観点（『資治通鑑綱目凡例』）を朱熹《しゅき》が提示していたのはよく知られている。祭祀の質や実践性を問題にしない、血の継承回数という物体的な量に還元するこのシンプルで抽象的な規定は、それだけに国境を越えた、文字どおり帝国的な影響力を持った。そうした正統論――仏法の衰えた時代には道統論としても機能する――から見れば、皇統一系を誇示する日本の皇室は傑出した存在といわざるを得ない。しかし、「童蒙《どうもう》」（物事の道理をまだよく知らない者）のために書かれた『正統記』の時点で、天皇家の祭祀＝精神より、血脈の持続＝身体（『正統記』の言葉でいえば「継体《けいてい》」）のほうが重視されたとは考えないようにしよう。親房の本来の意図は、数多の天皇の中でいかなる者が天照大神《あまてらすおほみかみ》より受け継ぐ正統《しょうとう》に値するかを論じることであり、天皇の血を直接的に受け継いでいれば、その濃度に依存しつつも、誰でも帝位に就けるという観点とはかけ離れている。そもそも南北朝期までは、依然、身体性と精神性の両者は一体だった。『正統記』の表現でいえば、「神代より継体正統のたが《違》はせ給はぬ一はし」（光孝《こうこう》天皇条）である。正統性はあくまで精神の側にこそあった。それどころか、肉体の死後もその存在を認める「如在之儀」に示されているように、もともと天皇身体は、祭祀によって、断続的にしか継承されない自然身体とは区別される、それよりも遥かに長い期間持続する特殊な精神性を有していた（折口信夫はこれを天皇霊と呼んだ[12]）。問題は、国産み神話と繋がる天照大神以来の祭祀（神意）を受け継いでいるか否かであり、本質的には、朱熹の言うような累代と経年の問題ではなかった。

ともれ国家は、もっぱら物体的な世俗の領分に力で以て存在を主張すると同時に、かつそれ以上の重みで以て、虚構の世界である死者の領分にも足場を持たねばならない。学者は神道か仏教か、ないしはその混淆か、という宗教文化史的二者択一に死者の世界を囲い込みがちである。だが、死が世界の半分を占めるという人間的通念を信じるなら、必然的に国家は、その外部に物体的な別の国家を持つだけではなく、より精神的な別の世界を持つということになる。その視点から広く歴史を把握し直すべきなのだ。

二、冥王不在と王政復古

われわれの見るところ、応仁の乱は単なる幕府ないし武家秩序の崩壊ではないし、足利から細川、三好、松永、織田、明智に至るまで、次々に更新される武家社会内部の権力争いでもない。徳川政権に至って傲然と確立する武家社会という結果論から歴史をひもとく限り、その見地は一定の正当性を得るかもしれないが、それは歴史を小さく見積もるものだ。武家社会内部の最有力者が国家権力を――すべてか一部かに差はあれ――握るという状況は、平安時代末期から江戸時代末期までなんら変わらない、ということになる。権力の根底には暴力がある、というわけだ。だが、一般に武士のものとされる時代を中央で分断する応仁の乱を画期と見るわれわれにとって、この乱の意味は、少なくとも奈良朝以来受け継がれてきた国家祭祀の致命的な廃絶であり、国家規模での統治の正統性の深刻な崩壊現象である。この視座を見えにくくしているのは、破壊を成し遂げた主体となる特定の人物が不在だったこと、すなわち、足軽だったことによる。集団としては極めて無意識的な存在である彼らは、統治の正統性を破壊する、というような明確な目的など持っていなかった。それどころか、それがそも破壊するに足る物体的なものだとは、端から信じていない。彼らの放った炎が内裏に燃え移り、寺社仏閣を焼亡させ、識者がその周囲に縦横に張りめぐらせてきた装飾つきの無は、本来の自然的な無に帰したのである。権力者の意図で物ごとを見ようとする学者には、それはなかなか見えない。

われわれの見方を論証する素材がある。一つは一向一揆や法華一揆など新興仏教勢力の劇的な拡大であり、一つは武士的存在と見なされながら関白就任を選んだ豊臣秀吉である。これらを戦闘集団化＝武士化＝世俗化した仏教勢力と見、あるいは列島最強の織田家内の一有力武将と見る限りで、先述の武家社会内部の権力抗争という視座は揺るがない。だが、それは世俗の世界とは異なる死者の世界の存在を黙殺することである。秀吉と新興仏教勢力、この二つの素材が示唆しているのは、死者の世界の露呈と拡大とである。

乱に端を発する戦乱は、これまでのそれとは決定的に異なる意味を有していた。地上を覆う剝き出しの死の恐怖にもかかわらず、それに反比例するように、死者の世界における統治機構の不在をもたらしていたからである——戦乱とは別のところに隔離されていたはずの天皇は、国家祭祀の遂行能力を完全に失っていた。先述したように、われわれは多くの場合に死を遠ざけるという消極的選択を第一の行動原理としている。前近代におけるこの原理の集積物にして庇護者こそ、神仏だった。医療によって神仏への負債を建て替えた近代とは、大いに異なる重要な論点である。近代において、神仏が疎遠になったのは、人間理性が神仏なしに独り立ちできるほど成熟したから、というのではおそらく全くない。医療の爆発的な高度化に依存しているだけである。人間存在がわれわれの興味を惹くのは、たとえば際限ない費用をかけた医療や軍備によって死を遠ざけようとする一方で、現実には不可避の死後の世界における平穏を希求しもする点である。医療や軍備による庇護を受けられぬ貧民にとって、それは最後の救いである。

中世においても、「宗教統制権」(13)は伝統的に朝廷に属した。しかしもちろん、乱当時の天皇にそれを期待することはできなかった。一四六四年（寛正五）に践祚《せんそ》した後土御門《ごつちみかど》天皇は、乱ののち十年間、室町第に避難生活を送ったが、たびたびの譲位願いにもかかわらず、それに必要な費用を調達できないまま、一五〇〇年（明応九）十月崩御、葬儀費用も確保できず、四十三日間遺体が放置される前代未聞の事態に陥っている（「今夜旧主御葬送と云々。亥の刻許り禁裏より泉涌寺に遷幸す。……今日に至り崩御以降四十三日なり。かくの如き遅々、さらに先規あるべからず歟」『後法興院記』明応九年十一月十一日条）。次代の後柏原《ごかしわばら》天皇に至っても状況は変わっていない。天皇霊を引き継ぐべき大嘗祭はついに挙行されず、一五二六年（大永六）五月の崩御後二十五日間、その遺体は放置され、腐乱による膨張のために用意された棺に入らず、次の後奈良《ごなら》天皇の遺体に至っては二ヶ月半放置されるなど、死者の世界に君臨し、これを統治すべき天皇は酸鼻の極みにいた。

一方、打ち続く戦乱が流民を増やさないと考えることはできない。土地を追われる代わりに、かろうじて命を保ったものの、それを維持する生産能力を奪われた流民の主要な選択肢は二つあった。足軽か門徒か、である。逆説的なことだが、今日の食事にもこと欠く貧者にとって、少なくとも行軍の間は兵糧にありつくことのでき、事実上略奪の権利をも行使し得る戦争参加は、無条件に死を遅延させる最良の方法であり、またその選択肢をとらなかった者にとっては、死後の平穏を保証する神仏だけが唯一の望みとなる。死の不安に怯える民衆にとって、これを庇護すべき天皇家や古い寺社がその力を持たないとすれば、反対に、この不安を組織する力を持った者は大きな力を得ることができる。それが織田家と本願寺教団である。

兵農分離を進めた前者にせよ、門徒を武装集団化させた後者にせよ、流民を組織するという点において、二つの集団は酷似している。また、その思想的根底も、実はおそらく同じである。ただし、一見すれば正反対のイデオロギーを掲げて戦った点には注意が必要である。一つは「天下布武」であり、一つは「進者往生極楽、退者無間地獄」である。権力者が苦労してでっちあげる戦争にまつわる大義名分を一挙に不要化する前者は、いわば言語の世界の究極的な拒絶であり、理由なき殺戮は「天下」という一点において、許容されるものとなる。この極めて合理主義的なイデオロギーは、神仏＝言語の世界の実在性など全く認めていないし、「天下」は武によって統治し得る物体的な世俗の世界にしか広がっていないことの宣言でもある。信長の敵はもっぱら「武」的な覇道における競争者であり、池上裕子も言うように(14)、民衆統治という課題には無関心だった。反対に、進めば極楽に、退けば地獄にゆくという、つまり極楽と地獄としか認めない後者は、進みもしなければ退きもしない、世俗の世界の実在性など、そもそも認めていない。必死の存在である人間にとって、存在の名に値できるのは、ついに極楽か地獄だけだ。神仏の実在が言語的世界に取って代わるのであり――念仏を唱えていれば十分だ――、神仏以上の言語独自の領域など、不要なのである。

実のところ、両者がいかに字面のうえで、また実態的に対立していようと、理論的には同じ実在論に属している。神仏は実在的な対象ではない、という今日的な固定観念を取り除いてみるなら、結局、いずれも実在の世界しか認めていないことがわかる。何を実在と見なすかという実質的内容が異なるだけで、形式は同じである。言語的世界の独自性（虚構の自律性だけを意味するのではない）というものを両者とも認めていない。「第六天魔王」を自称する（『日本耶蘇会年報』）当主信長に率いられた織田家が本願寺教団に対して遂行した苛烈な殲滅戦は、むろん、二重の意味で――というのは、そもそも神仏は存在しない以上、いくら無用な殺戮を重ねたとて地獄行きはあり得ない――死後の世界の拒絶だが、結果として多くの流民をつくるそのやり方は、対岸にかえって門徒を増大させる逆効果を生む。こうして、戦闘における幾多の勝利にもかかわらず、戦争においてはついに勝利できなかった織田家は、朝廷を介した政治的決着に望みを託すほかなく、またその決着を見る前に、一五八二年（天正十）六月、本能寺の変によって――寺社権門との戦闘の最前線に立たされた明智光秀の手で――あえなく、しかし現代人が思うより遥かに必然的な道筋をたどって自壊する。

信長が「第六天魔王」を名乗ったことには示唆的な意味がある。欲界の第六番日の天の主であることの魔王は、地上世界の支配者でありかつ、仏教の障碍《しょうげ》神である。『太平記』や百二十句本『平家物語』

の紹介する異説によれば、三種の神器の一つである神璽《しんじ》は魔王より天照大神に与えられたという。王権の正統性が魔王に由来するというこの神話の意味は奥深い。(15)この神話はさらに展開し、室町時代後期に成立した『旅宿問答』では、魔王は諾冉《なぎなみ》二神により形成された日本を奪い取ったとされ、天照大神との誓約により神国となるも、その後も民衆を苦しめる存在とされた。(16)死後世界を存在論的に拒絶していると見るべき――そこには大和に蟠踞《ばんきょ》した松永久秀の影響もあったろう――合理主義者信長をして、晩年、畿内の寺社権門との対立の中で選択せざるを得なかった魔王のイデオロギーだが、彼の横死は高野山侵攻の直前だった。世俗世界において最強を任じた彼は、大和以南の、伝統的に死者の世界とされた領域に、ついに立ち入ることができないまま死んだ。

さて、信長の後継は、足軽出身といわれ、当然氏姓も持たぬ秀吉である。彼の課題について、世俗の世界における残りの諸大名の総攬《そうらん》と見る視座は根強いが、果たしてそうだろうか。それは世俗のみを実在と見る近代人におなじみの視座であって、むしろそれ以上に、信長は目に見えぬ死者の世界の統治に失敗を重ねたのであり、その始末は簡単ではなかったと見るべきではないか。これは、歴史家が心底驚くべき最悪かつ最高級の歴史の皮肉だが、冥界の王を玉座から引き摺り下ろした、そればかりかその玉座さえ粉砕した名もなき足軽に、それを再び確立する仕事が託されたのである。

一五八四年（天正十二）三月、小牧・長久手の戦いに場面を移そう。自身の根拠地を門徒の集う聖地、石山本願寺の真上とわざわざ決め込んだ秀吉には、此岸と彼岸と、二つの世界が見えていたと思われる。一方には織田家の棟梁たる信雄《のぶかつ》（信長の次男）やその盟友・徳川家康がおり、他方には本願寺教団の後継たる教如《きょうにょ》がおり、その背後には列島最新鋭の武装組織を任じる根来《ねごろ》衆や雑賀《さいか》衆、粉河《こかわ》衆といった一揆衆がいた。

朝尾直弘《あさおなおひろ》や笠谷和比古《かさやかずひこ》、池享《いけすすむ》や今谷明《いまたにあきら》、中野等《なかのひとし》のような研究者は、小牧・長久手における秀吉の戦場での敗北が、彼をして猟官活動に向かわせたという叙述をしてためらいがない。たとえば、「小牧・長久手の戦いで徳川家康・織田信雄に敗北し、講和によりどうにか政治的地位を確保した頃から、朝廷に対し急速に接近していく。……〔仙洞御所造営の〕見返りに求めたのは、官位の急速な昇進だった。……それは、家康・信雄に対し何とか身分序列上の優位性を示そうとする苦肉の策だった(17)」。「長久手の敗戦は、秀吉をして武力東国征服の夢を断念させたのであり、同時に征夷大将軍任官の希望をも断たれることになったのである。……関白政権の構想は……小牧・長久手役の必然の結果である(18)」。

だが、この合戦の結果と猟官活動との間にそうした因果関係を認められる可能性はほとんどない。依然として寺社勢力と対峙する中、形式的には武家の頂点をなすとはいえ、すでに権威の失墜した将軍職を秀吉が望んだというのも根拠がない。また、朝廷の授与する官位を、身分序列を示すだけの権威と見ている点も首肯すべきでない。むしろ、この朝官獲得を衆徒ら「宗教勢力」の対策を含めた政権構想と見た清水有子《しみずゆうこ》に一定の理がある(19)。

開戦は同年三月八日である。秀吉がすでに手を入れていた信雄の家臣岡田重孝ら三名が殺害されたことが、契機となった。だが、秀吉自身はただちに動いたわけではない。信雄・家康連合軍に甥の秀次を差し向けたにとどまる。自身は大坂在城のまま動かなかった。なぜなら、以前から長く不穏な状況が続いていた一揆衆が、大坂の鼻先、和泉国において蜂起していたからである。大坂は依然、離合集散を繰り返す門徒の世界であり、門徒は一度追い払えば終わりの存在ではない。その真っ只中で秀吉自身がそこを占拠し続けていなければならなかった。尾張と和泉、遠い二つの戦場を抱えた彼の戦中の動きは複雑だが、背後に一貫性がある。彼の運命を決した不朽の初手は、戦場で展開されたのではなかった。開戦から九日後の一七日――池田恒興らの戦死した四月九日の長久手の敗北よりも前のことだ[20]――、彼は伊勢の御師《おんし》・慶光院周養《けいこういんしゅよう》に自筆で次の書状を示した。

わさと申候、いせ《(伊勢)》御せん宮の事、すなハちおもひたち、まつ五千くわん《(貫)》の分に、きかね《(黄金)》二百五十枚、うはへ《(上部貞永)》にわたし、やうたい申ふくめ候てつかハし候、よろつ《(万)》うはへ《(上部)》とそのはうたんかう《(談合)》候て、よきやうにさた《(沙汰)》あるへく候、なを〳〵くハしくかさねて申へく候、かしく、

三月十七日　　ひて吉（花押）

（ウハ書）

「（墨引）　　は柴ちくせん守

周養《(慶光院)》上人　　ひて吉　」

（『豊臣秀吉文書集』九七三号[21]）

「すなハちおもひたち」、神宮の式年遷宮にかかる造営料黄金二百五十枚の拠出を認めたのである。応仁の乱以後、朝廷や神宮は世俗の有力者にたびたび遷宮費用の拠出を図ってきたが、それは信長も信雄も、そして秀吉も例外ではなかった。秀吉は、合戦の最中、かつて信長が行きずりに手をつけたあと頓挫していた乱後最初の遷宮を完成させるべく、一挙に財政を出動したのである。その四日後の二十一日に尾張へ向けて出陣するが、一揆衆の大坂襲撃を受けて出陣を取りやめ、翌日には帰還している。五月一日には比叡山延暦寺に対して根本中堂再興の許可を与え、許可状に「為王城之鬼門、守天下安全霊地、秀吉都鄙静謐、依思国家鎮護、欲起旧廃者也」と記した（一〇六六・一〇六七号）[22]。ここに、先の神宮正遷宮との連続性を見出すのはたやすい。そこから翌一五八五年（天正十三）三月の紀州征伐を挟んだ七月十一日の関白就任およびその翌日に命じた安土宗論の証文返還まで、彼の猟官活動はむしろ寺社との関連でなされたと見るべきであり、彼の目は、小牧・長久手の戦いの緒戦から、すでに世俗の戦場ではなく、死者の世界に向けられていたといっていい。

今谷明は豊臣政権の性格を「王政復古」の語で表現していたが[23]、筆者もそれに賛成する。ただし秀吉のそれは、応仁の乱における祭祀廃絶と連動したものである。武家社会という固定観念に基づいて将軍をその頂点と見、将軍任官が叶わず天皇権威を借る関白を代替手段としたと見る浅い水準のものではない（明治藩閥政府を君側の奸と見る自由民権派の視座と同じものだ）。むしろ、秀吉の視線が他に先立って武家から民衆に移行していたことを意味していると見なければならない。

いずれにしても、天皇祭祀を破壊した足軽を出自とする男が、古来、同じ祭祀を補弼してきた藤原氏を名乗り、藤氏長者になったことは、歴史の皮肉というほかないが――一条兼良が聞けば卒倒する事態である――、彼の手に天下が委ねられた事実こそ、乱の真の意味を立証する。

ルイス・フロイスは信長についてこう語っている。「日本で広く信仰されている各地の偶像を安土山の寺院に運ばせた。それゆえ、巡拝者の参詣がさらに多くなったが、偶像を拝むためではなく、これを名目として彼自らがよりいっそう巧みに崇敬を得るためであった」[24]。フロイスは神になろうという法外な野心を抱いたかに見える信長に手厳しい。だが、われわれが関心を覚えるのは、偶像を足下に並べれば、そのうえに君臨できると考える信長の物体的思考である。暴力で以て天下を平らげようとした彼が、戦争のたびに神仏の偶像を自邸の庭に持ち帰っても、神仏の支配する土地に君臨できるわけでは決してない。物理的な力がもたらすのはどこまでも肉体的な死であって、かえって神仏の統治すべき死者の世界を拡大するだけである。つまり、生者の世界と同じかそれ以上の広さを持つ死者の世界を統治するためには、力とは異質の戦いが必要とされる。今日の研究者が敵対諸大名との抗争上必要な権威づけや、せいぜい「宗教政策」上の猟官活動としてしか語りたがらない秀吉の祭祀補弼は、死と生の世界を往還する人間を真に統治するための手段であり目的であって、秀吉の「天下」認識は、力で以てなされる以上の領域を有していたと考えなければならない（そこに研究者の認識が及ばないのは、現代の人間が、よくも悪くも信長と同じ無神論的合理主義者だからである）。

秀吉は「日本ハ神国たる処」（天正十五年六月十九日付け豊臣秀吉定書、著名な伴天連追放令第一条）と言った。彼の構想は、いわゆる神国思想に達している。「神国」の意味するところは、神の子孫である天皇に統治されている国であり、またその他多くの神々に護られた国ということである。(25)神国なる語の初見は神功皇后の三韓征伐譚であり、秀吉は朝鮮攻めの大軍を、神功皇后を祭神とする御香宮《ごこうのみや》から見送ったという(『山城名勝志』巻十六・紀伊郡「御香宮」条)。「すなハちおもひたち」、神宮正遷宮を完遂させんと大急ぎで自ら筆をとった時点で、すでに彼は、信長や本願寺教団の《実在論》的世界を抜け出している。一五八六年(天正十四)には構想していたと思しき一五九六年(文禄五)の東山大仏殿建立と慶長大地震における大仏倒壊とを見届けて、明国出兵の迷夢の中で彼は死ぬが、その跡を襲った秀頼とその母淀君とが夥しい数の寺社仏閣を再興したことはよく知られている。とりわけ高野山と吉野にはその建造物が今日でも偉容を現しており、今はなき熊野のそれも名高い。彼らは、応仁の乱以後初めて国家統治を成し遂げた一族として、その使命をよく理解していた。関ヶ原の戦いのあとも死者の世界に君臨しようとした豊臣氏だが、宿願である東山大仏殿再建のさなか、大坂の陣に滅亡する。乱ののち、ようやく昇りかけた太陽は、一瞬の光芒を残して再び闇に消えたのである。

三、再びの夜——その爛熟と死の抑圧

神聖な時告げ鳥である鶏の卵を日本で初めて公的に食したのは、徳川家光とその饗応を受けた後水尾天皇だという。この他愛ないエピソードに、なんらかの意味を認めるべきだろうか? ともあれ周知の通り、大坂の陣は豊臣政権による方広寺大仏殿再建にまつわる梵鐘問題に端を発した。これを武

ことができる。
家政権内部の権力争いと見れば、卑劣な言いがかりにすぎないものでも、神国思想の総仕上げとして大仏殿再興が進められていたと見るなら、その阻止を目的とする徳川家の挑んだ思想上の決戦と見ることができる。

徳川幕府を頂点とする近世社会は、これを形成し維持する道理や法を神仏に求めなかった。彼らの選んだのは朱子学である。先述したように、『資治通鑑綱目凡例』は、一度でも帝位の継承が行われていれば、それを正統と見なす合理的な観点を提示していた。力点はもっぱら血肉の継承回数にあり、死者と関わる祭祀の質を問わない点で、国際的・帝国的な理念にもなり得た。その最大のイデオローグであり、秀吉が征夷大将軍就任を望んだという今日でも通用する言説（『豊臣秀吉譜』）の出所である林羅山は、天照大神を「天照大神《てんしょうだいじん》」（『仮名性理《かなせいり》』）として、日本における堯舜《ぎょうしゅん》（聖人）に比定したことが知られる。天照大神を太陽と見なす慣習は、あまりにローカルなものだ。神ではなく人間、宗教的というより道徳的な存在というべきであり、こうして神道を儒学化し、その内部に包摂した。ここに彼一流の政治的意図を読み込まないわけにはいかない。これによって、天皇の「宗教統制権」を代行し得た、ただし秀吉、秀次の二代で関白職の途絶えた豊臣氏に対する徳川家——家康在世中に将軍職を三代重ねた——の優位を一挙に構成したのである。

ところで、こうした為政者の戦いや知識人の政治的言動の背後に、人間の感じていた死の不安を読みとるのでないならば、思想史研究は空しい。繰り返すが、国家は死に対峙してこそ国家であり、決して俗世だけがその場所ではない。前近代の国家は、ひとに安らかな、あるいは不穏な死を与え、近代の国家は死からひとを遠ざけようとする。その点に大きな違いはあれ、死への配慮なしに国家は成り立ち得ない。百年を超える戦乱に終止符を打った豊臣政権の行った死者に対する鎮魂に代わる何を、徳川政権は用意したのだろうか。

よくいわれる通り、(26) 徳川政権は国家祭祀には無関心だった（本来の儒学が祭祀を重視する点からすれば、ここに近世日本の特徴がある）。だが、信長のように実在の世界しか認めなかったのでは決してない。むしろ民衆統治の必要上これを許容する、それはそれで合理的な《虚構論》的統治を選択した。天皇家は精神的な祭祀より、万世一系の血肉と将軍任命の形式を与えた点において重視される。民衆の父祖への祈りは檀家制度に取り込まれ、その意味で死の世界への対処を各々の家に委ねつつ、極めて形式的なかたちで堅持された。また、何より血肉という物体的原理に依拠しつつ、そこに徳なる観念をあくまで観念として認めるという点でも、極めて《虚構論》的といえた。

といっても、結局は血肉という自然法則に従う物的基盤《サブスタンス》のうえに成り立つものだ。虚構が虚構であるためには実体《サブスタンス》がなければならない。《虚構論》は、こうした常識的な心身二元論と無縁ではいられない。理と気、性と情、作為と自然、一方に存在する徳を強調すればするほど、かえって他方の理屈も頭をもたげる。

智仁勇の志ありとても、その身病身にては、其志もとげがたかるべし、人は先すこやかに、無病ならねば、その志もとげがたき所を心得て、常に我身の生れ付きたる所に不足なる所を、医師に

も問ひ、其身も篤と考へて、昼夜に保養あるべきこと也、

（『武士《ぶし》止《と》之《し》帝《て》八《は》』[27]）

柴田純の言う通り[28]、江戸期の武士は「健康第一主義」である。徳は、健康な身体に宿る。貝原益軒の『養生訓』が編まれ、朱子学（宋学）の理気二元論に基づく漢方医学が発展した。注解に力を注ぐ宋学を批判し、原典回帰を志向する、「孔子の聖道と医術の本は一つ」という、後藤良山《ごとうこんざん》、香川修庵《かがわしゅうあん》、松原一閑斎《まつばらいっかんさい》、山脇東洋《やまわきとうよう》らのいわゆる古方派《こほうは》は、同じ原典回帰を唱えた伊藤仁斎《いとうじんさい》の古学に先行する。一方で渡辺華山や高野長英、前野良沢、杉田玄白らが社会のみならず政治的にも衝撃を与えた蘭学は、周知の通り医学中心であり、近世社会における医学の重要かつ尖端的な地位をよく示唆している。すなわち、近世武家社会がひとびとの死の不安に対して用意したのは医療であり、部分的にではあれ、死の遠ざけという、近代への階段にすでに足をかけていたのである。

　とはいえもちろん、死を近世社会に可能な医療だけで覆い隠すことにはさまざまな限界がある。神となった秀吉（自身は軍神八幡神を望んだが、吉田兼見《かねみ》の意見によって豊国《とよくに》大明神となった[29]）を超越するという目的で、家康も神となった。薬師如来を本体とする東照大権現《とうしょうだいごんげん》である。戦乱がなくなったとはいえ、病はいまだ強力な死への使者であり、疫病や天災のもたらす大量死にはまるで歯が立たなかった。高価な薬にも栄養価の高い食事にも手の届かぬ庶民にとって、せめて不穏な死よりも安らかな死を願うことが、死への主要な配慮だったことに変わりはない。いくら「養生」の語で死を遠ざけよ

うと、それでも死は突然に襲いかかってくる。近世における死の遠ざけは、しょせんは死の抑圧としてしか機能しない。政権内部には、疫病の終熄を願って般若心経を書写した戦国期の後奈良天皇のような、効果のほどは不明の哀切な祈りを捧げる者はいなかった。

黒住真《くろずみまこと》によれば、民間における仏教の広範な定着は近世以降の現象という。[30] 確かに地獄（六道）イメージを形成した恵心僧都源信《えしんそうずげんしん》の『往生要集』の民間流布は江戸時代であり、また鈴木正三《すずきしょうさん》の『因果物語』や『死霊解脱物語聞書』などの流行もあった。[31] 身分制社会という業の内に囚われた民衆は、現世利益を求めながらも、結局は死後世界に救済を求めるほかなかった、というのは、理解できる話である。国家祭祀に関心を示さない徳川政権は、当然、仏教の行う個々の家の祭祀にもほとんど介入しなかったが、その代わりに家の祈りを与えられることなき無縁の魂は幽霊となって跳梁する社会になった。

徳川政権は、天皇祭祀の復興にも、もちろん興味を持たなかった。祭祀復興に力を注いだ霊元《れいげん》天皇と、朱子学的忠孝観念に傾倒した五代将軍綱吉の代が重なることによって、一六八七年（貞享四）の東山《ひがしやま》天皇践祚《せんそ》の際、二百年以上にわたり廃絶していた大嘗祭復興がようやく認められたが、幕府の献金によって再興された祭典は一日だけの簡素なものである。近世という合理主義の時代に重要だったのは、あくまで血によって「家《イヘ》」の形式が保たれることであって、祭祀が実現する精神性ではなかった。広く社会を見渡しても、前近代の「家」は、円滑な分業体制を維持するための重要な拠点となる。生殖に基づく（武士・農民を含む広い意味での）職業人の再生産機構であり、同時に職業人を育成する学校としても機能する。他者を統治し得る徳は血肉に宿り、統治される無徳の者と区別されたが――林羅山のいう「上下定分の理」――、こうした徳治主義は、ひとを運命論的な業の内に囲い込む（仏教的な要素をも多分に含んだ）「家」通念を前提に成立する。養子が容認されるのは、血＝徳の相対的な有無に基づく上方から下方への自然な流れに従う場合がほとんどである。

前近代の社会秩序とは、人間を有徳の者と無徳の者とに正確に区別することであり、近世の徳は血肉に宿っている。家康の血は秀吉の祭祀を超克したのだから、この理屈は時代の道理なのだ。だが、家祖を頂点に代を重ねるたび衰微する徳をいかに維持するのか。統治の正統性という隠微な観念は、秘密裏になされる複雑な祭祀を継承することによって実現するのではなく、家祖の血脈持続それ自体によって実現される。幕府の全国統治は、地域に割拠する大名の婚姻を制限し、嫡流を形成すべき幕府公認の正妻を江戸に住まわせ、祭祀に介入するよりも血に介入することによってなされた（「私ニ婚姻ヲ締ブ可ラザルノ事」『武家諸法度』）。血の継承に失敗した大名は容赦なく取り潰した。領国統治の正統性を担保する徳は血に宿るのだから、当然のことである。反対に、東照大権現家康の血をなんとしてでも維持するために、可能な限り多くの分家と夥しい数の女とが準備された。御三家や御三卿、あるいは三千人を超える女を江戸城に寓居させた大奥のシステムがそれである。

しかし、家を継承すべき嫡男に背負わせた真昼の道徳は、これを補完する夜の道徳を持つ。「家《イヘ》」は、先述の通り国家があらかじめ想定する分業体制を持続的なものにする装置だが、アプリオリな分業のツリーだけで社会が成り立つことはまずない。災害や戦争といった不測の事態はもちろん、民衆の多様な欲望に従って、さまざまな必要がアプリオリな分業体制の外部に生じる。こうした必要に対応したのが、「家」から相対的に自由な嫡男以外の男子である。水本邦彦《みずもとくにひこ》の精到な研究が明らかにしているとことだが、[32]統治の完遂のために、社会は裏で彼らのような曖昧な存在を必要としたのである。原則的には職業選択の自由など持ちようもなかった嫡男と異なり、彼らはなかば流民として家を離れ、社会の時々の要請に応じる、「自由」な前-労働者であり得たし、利潤を求めて家はおろか国外にさえ飛び出す前-資本家にもなり得た。近代のそれと異なるのは、「士農工商」の枠外に出た者は「人《じん》外《がい》」の存在として蔑視を受けたことである。つまり「自由」は暗黙に許容され、それどころか前提されてさえいるのだが、「家」秩序を侵さぬ限りで許容された、抑圧された者の逃走というべきなのである。

それにしても一七世紀後半、天和・貞享・元禄の頃は不思議な時代である。一方には朱子学に傾倒した五代将軍綱吉がおり、他方には祭祀復興に執念を燃やした霊元天皇（上皇）がいた。忘れてならないのは、そこに井原西鶴がいたことである。一六八二年（天和二）、江戸と大坂とで同時に上梓された、かの『好色一代男』において、西鶴は但馬屋の身請《みうけ》した三人の娼婦の中の誰かの息子である、主人公世之介について、次のように語っている。

こころと恋に責められ、五十四歳までたはぶれし女、三千七百十二人、少人のもてあそび七百二十五人、手日記にしる。「井筒によりてうなゐこ」より已来、腎水をかへしても、「さても命はある物か」。

世之介は、六歳で女を知って以来五十四年間、生涯に三千人の女、七百人の男と関係するほど好色に血道を上げたという。同じ頃、大奥で三千人の女に囲まれて過ごした将軍を想起しないわけにはいかない。

といっても、世之介は決して封建社会の反逆児[33]などではないし、ましてや近世の性の放埓を近代の自由と重ねる昨今の学者の無粋な短絡も慎まねばならない。西鶴の筆致はそのような安い表象を受けつけない。継ぐべき家を持たず、子をなさず一代で死ぬことが求められた世之介は、齢六十に至って地上のあらゆる女を見たと豪語し、六人の好色仲間と共に、強壮剤を大量に積んだ船に乗り、女だけが住まう「女護《にょご》の嶋《しま》」を目指し、根無しの浮き草として海に消える。

「これぞ二度都へ帰るべくもしれがたし。いざ途首《かどいで》の酒よ」と申せば、六人の者おどろき、「ここへもどらぬとは何国へ御供申し上ぐる事ぞ」といふ。「されば、浮世の遊君《ゆうくん》・白拍子・戯女《たわれめ》見のこせし事もなし。我をはじめてこの男ども、こころに懸る山もなければ、これより女護の嶋にわたりて、抓みどりの女を見せん」といへば、いづれも歓び、「譬へば腎虚してそこの土となるべき事、たまたま一代男に生れての、それこそ願ひの道なれ」と、恋風にまかせ、伊豆の国より日和見すまし、天和二年神無月の末に行方しれずになりにけり。

何より家系持続を唯一絶対の宗旨とする近世社会において、将軍以下庶民に至るまで、嫡男の婚姻は厳格な家道徳に支配されている。その点、ひとを盲目にさせる恋愛そのものが不道徳の証であって、たとえば女を恋愛に誘う源氏物語は遠ざけられねばならない。といっても、健康な身体に宿る肉欲は別の話である。嫡流を形成すべき正妻は江戸に残し、領国と正妻のもとを半年ごとに往還する参勤交代のシステムは、近世大名となった男たちの、道理の皮をかぶった暗い欲望に根ざしていたのかもしれない。ひとは家系持続のための表の精勤と裏腹な、半年ごとの夜の好色に性を浪費し、恋愛を禁じる代わりに粋な浮名に身を馳せて、かつて勇ましかった武士どもの魂は骨抜きにされた。ひとに許されているのは、家系持続のための精神なき婚姻か純粋な肉欲の発露のみである（つまり問題は、ここでも家なる虚構と肉欲なる実体の二元論である）。嫡流から除外された男は、もっと「自由」だった。口べらしにと家を追われた青少年たちは、大都市の男女比を恐ろしく不均衡なものにしながら、もてあました肉欲を夜闇に棄てる。家を継ぐ見込みのない男があえて求めた好色一代とは、徳川権力の準備した家道徳を隠微に補完する裏の道徳であって、好色本や春画の異様な流行は、近世を生きる人間に不可欠の道徳の表れなのだ。宿々《しゅくじゅく》には飯盛女《めしもりおんな》という名の娼婦がおり、旅の終わりには廓《くるわ》で別の娼婦が待っている。蓄妾《ちくしょう》の風が広まり、性病が路地に蔓延しても、ひとがそれを許していたのは、ひとえに表の道徳を維持するためである。家およびそれを補完する好色の道徳が全土に張りめぐらされる。愛欲は怨念となり、愛のために死ぬことさえ許されず、愛の周囲に十重二十重《とえはたえ》に道徳の縛《いまし》めが絡みついている。近世社会の欲望はこうしてグロテスクに絡みあったまま奇怪な形に生長した。徳川政権は、家にまつわる抑圧的な道徳と、その背後に欲望を発散させる肉欲の装置とを巧みに組み合わせ、三百年にわたる奇妙な安定を実現した。

「一代男」の活躍した天和二年といえば、お七火事ともいわれた天和の大火と重なる。女の抑圧はいうまでもなかった。西鶴は、老いて娼婦の道を抜け出せぬ『好色一代女』の主人公にこう言わせている。「喰はで死する悲しさよりはと、それに身をなす……」。かつて堕胎した子を思い浮かべながら、京の五百羅漢に自身が生涯に関係した男を重ね、余生を夜発《やほつ》に費やす女の苦しみは、肉欲発露の装置に捕獲された男とはまた別の、すなわち装置自身の悲哀がある。

西鶴の天才は、こうした社会の抑圧を描いてあますところがない。彼にしてみれば、同時代の社会的安定は、誰しもが持つ恋愛の狂気を家と肉欲とに分解し、その欺瞞を夜の闇に抑圧することで成立しているものにすぎない。

四、夜明け

島崎藤村は、本居宣長を日本のルソーと呼んだ。(34) フランス革命の思想上の生みの親と宣長とを重ねる彼の見解はどこから来ているのだろうか。

社会は支配者と被支配者とによって形成されているのではない。階級は異なれど、また時代は違えど、誰もが逃れられぬ死に対する態度決定を迫られている。「保養」や「養生」といった生への医学的な執着や性の肉欲的な使用法に基づくそれへの耽溺は、近世における歴史的な一つの形であり、「家」道徳はそれらの欲望を覆い隠す公共的な外観を与えているにすぎない。だから、ついに社会は、そうした欲望の総体として表現されざるを得ないのである。いまや通俗的・マルクス主義的な意味での封建制を前提することはもちろんできないが、だからといって、社会が総体として形成している抑圧からの逃走を、のちの時代の自由と同一視ないし連続させる短絡もまた、避けるべきものである。社会はむしろ、それらの逃走をも組み込んで、出口のない円環を、すなわち一つの道徳的・欲望的公共性を実現する。

宣長と明治維新とを結びつける見解は、別段新しいものではない。儒仏に基づく大陸思想を峻烈に批判する際に宣長が見せた国粋的姿勢を、近代のナショナリズムに接続させる議論は、戦後、至るところで展開されてきた。畢竟、王政復古も大半はその線で語られてきた。また、革命を支配層の打倒と見る視点から、開国を決断した幕府に対する攘夷運動の起点に彼の国学を位置づける議論も、至るところで見られた(35)。

だが、これらの議論は、主として同時代の批判者たちへの彼の応答や補論から引き出されたものであり、彼の本質的な業績からではない。彼の主要な仕事は、『源氏物語』における今日的読解の記念碑的な端緒を開いたことと、『古事記』の緻密な読解を通じて古学の世界を記紀神話に向けて大きく開放したことであり、大成者としてその内部で絶対的な評価を受けてきた純粋に国学的なものである。

ここには、のちの学者が維新に直接結びつけて期待するような政治的色彩はほとんどない。だから、われわれに残されているのは、彼の仕事をその本質の部分で社会に開放し、これをルソーに比肩するに足る決定的な楔として配置し直すことである。

1　恋愛について

宣長の思想活動を二つに分けるとすれば、『源氏物語』を扱った前半生と、『古事記』を扱った後半生となることに、多くの者が同意するだろう。まずは前者に取り組もう。一七六三年（宝暦十三）、まだ三十代前半の若き宣長が脱稿した『紫文要領《しぶんようりょう》』は、周知の通り、『源氏物語』の「本意」を「物の哀れを知る」の一点に集約させている。

大よそ此物語五十四帖は、物のあはれをしるといふ一言にてつきぬへし、……猶くはしくいはは、世の中にありとしある事のさま〳〵を、目に見るにつけ耳にきくにつけ、身にふるゝにつけて、そのよろつの事を心にあぢはへて、そのよろつの事の心をわか心にわきまへしる、此事の心をしる也、物の心をしる也、物の哀をしる也。

（『紫文要領』『本居宣長全集』第四巻、筑摩書房、一九六八年、五七頁。以下、巻数と頁数のみを示す。）

「阿波礼《アハレ》といふは。深く心に感ずる辞《コトバ》」（『石上私淑言』二、一〇〇）であり、ものに触れて心の動くことをいう（「情《ココロ》はうごきてしづかならず」『同』二、九九）。彼が挙げる事例は、「桜の盛りに咲きたる」、「人の重き憂へにあひていいたく悲しむ」、「悪しく邪なる事」、「四季折々の風景、はかなき木草鳥獣」、「火」、「空の気色」などであり、「同じ義理にして、その事によりてかやうに表裏の相違あること」（以上『紫文要領』）、すなわち同じものの時に応じた変化であり、またそれに対してひとによってさまざまに異なる実感のありようを指していわれる言葉である。悪事さえ、ひとの心を動かす時、ひとはそれを「あはれ」というだろう。もちろん、折口信夫のいう通り、宣長のいう「ものゝあはれ」は、後期王朝時代の用語例を超えた考えを「はち切れる程に押しこんで、示されたもの」である。(36)

これも著名だが、宣長は『源氏物語』の「蛍の巻」に注目し、そこに作者の主題を見てもいる。「蛍の巻」は「あはれ」をいかに語ったのか。

長雨に絵物語を読み耽る玉鬘《たまかずら》を見た源氏は、虚構にわざわざ騙されようとしている、とからかう。玉鬘はこう反論する。「げにいつはり馴れたる人や、さまざまにさもくみはべらむ。ただいとまことのこととこそ思うたまへられけれ」。私には本当のことにしか思えない、と。源氏は笑う。すぐさま、異朝のスタイルを借りた史書と本朝の物語とを比較して、後者を「ひたぶるに虚言《そらごと》と言い果てむも、ことの心違ひてなむありける」と言い繕う。そして「よきもあしきも、世に経《ふ》る人のありさまの、見るにも飽かず、聞くにもあまることを、後の世にも言ひ伝へさせまほしき節々を、心に籠めがたくて、言ひおきはじめたるなり」と語る。つまり歌同様、物語もまた、「ものゝあはれを知る」人間によって図らずもつくられる、「あはれ」を描く表現形式である、と宣長は強調する。

こうした強調が、真理における客観的な審断より主観的な判断に居直る独我論でないならば、ひとが客観的真理にはついに到達できぬことの消極的な自覚というべきだろうか。事実を語る日本紀に対して物語を虚構と見、その虚構の内にせめて認識論的な真理を語ろうとしたものと見た鈴木日出男《すずきひでお》の『源氏物語虚構論』(37)にわれわれが満足できないのは、日本紀とて、事実をそのままの形で語るのでは決してないからである。日本紀がそも事実といえないならば、物語を反照的に虚構と見なす二元論はすでに根拠を失っている。後述するが、神を虚構とも実在とも別のものと考えた宣長の『古事記伝』の視座も、そして『古事記伝』が解放したある意味で実証的な成果も、宙に浮いたものとなるだろう。

物語が何ゆえ虚構的ではなく現実的なのか、少し紙幅を割こうか。中国の史書にそのスタイルを借りた日本紀が真理の審断において物語を上回るとしたら、大陸における学問的な蓄積との外在的な一対一対応を構築し得るからである（証拠の外在性は客観性の指標となる）。しかしそれは、ともすれば権威主義的な追従に堕落しかねないものであって、その危険に『源氏物語』の作者が気づいていないと考えることはできない。何より、外在的な一対一対応という利点そのものが、一連の出来事をバラバラにする不利をもたらす。かくして、個別的事件の集積でしかない史書に対する物語の優位は、出来事の内在的な原理に基づいて、始まりと終わりとを必然的な形で再構築し得ることであり、一連の出来事の内部に一貫する主題の連続変化を問題化できる点にある。それが真理の審断における物語の利点であり、裏を返せば、物語は外在的な指標（たとえば道徳）に依拠する必要がないのである。宣長が『源氏物語』に見出した唯一の主題である「もののあはれ」は、そうした連続変化なしには表れ得ないものであり、それどころか連続変化それ自身である。物語の表現と、その内容である「あはれ」の主題とが、二重三重に絡まりあった、そうした不思議な事態を、宣長は『源氏物語』に認めたのである。

客観的な、不動の真理よりも、宣長は「事《コト》志《シ》有《ア》礼《レ》婆《バ》宇《ウ》礼《レ》志《シ》迦《カ》那《ナ》志《シ》登《ト》時《トキ》時《トキ》尓《ニ》動《ウゴク》心《ココロ》」（『玉鉾百首《たまぼこひゃくしゅ》』一八、三二六）にこそ、真理を見ようとしている。われわれが時に客観的真理に劣ったものと見なす「心／情《ココロ》」は、それ自身の力で変化し得る、一つの生命を持つ。反対に、不動の客観的な真理など、時代の転変の中で必ず虚構に堕していくものだ。畢竟、「ものゝあはれ」とは、永遠の実在を冀《こいねが》いつつ、それを成し得ぬ人間のはかなさの肯定と捉えるほかない。『源氏物語』の主人公のように、容姿、血筋、才気、どれをとってもこのうえなき完璧な男でさえ、恋に囚われれば「道」を誤る。その「あはれ」を丸ごと肯定することが、『源氏物語』を読むということである。

宣長は、だから「道ならぬ恋（好色）」を評価する。

色欲ハ、スマジキ事トハアクマテ心得ナカラモ、ヤムニシノビヌフカキ情欲ノアルモノナレハ、コトニサヤウノワザニハ、フカク思ヒ入ル事アル也、……色ニイデ、アルハミダリガハシキ道ナラヌワザヲモスルハ、イヨ〳〵人情ノ深切ナル事、感情フカキ歌ノヨツテ起ル所也、源氏狭衣ノアハレナル所以也、

（『排蘆小舟』二、三〇〜三一）

この言葉は、「恋」の中に「道」に属すものとそうでないものがある、という意味ではない。あらゆる恋は道から外れたものだ。だが、そこに美があり得るのはなぜなのか。道を外れれば、おしなべて私利私欲と呼ぶ道徳には語り尽くせぬ美が、なぜ生まれるのか。道徳形式の内にわれわれの生をしまい込むことができるなら、確かにそれは幸福には違いない。だが、生はそこに収まっていない。道よりも美のほうが、生にとって大きな概念かもしれないという、人間の本質に触れようとする問いが、宣長にはある。

こうして、宣長は物語を勧善懲悪の道徳から解放し、家と肉欲とに引き裂かれた人間の狂気を、恋愛の一語でふたたび統一する。ここに内在する彼の深層での政治的格闘を見ないなら、「道ならぬ恋」に「あはれ」を催す彼の態度を、スキャンダルに対する寛容と見るだけで、かえってその意図を揶揄することだ。何もかも「道」の内部に取り込んでおきながら、「道」では覆うことのできない人間の行為を肉欲と決めつけ、夜の内に捨てさせるのが道徳であるならば、それは人間本性から出たものではなく、人間の支配である。宣長は人間本性を道徳から解放しようとしている。

II　祭祀について

一七六四年（明和元）、『紫文要領』の脱稿後すぐ起稿された、『古事記伝』における神の定義を見よう。

迦微《かみ》と申す名義《なのこころ》は未《いまだ》思得ず。さて凡て迦微とは、古《いにしえの》御典《みふみ》等に見えたる天地の諸の神たちを始めて、其《そ》を祀《まつ》れる社《やしろ》に坐御霊《ますみたま》をも申し、又人はさらにも云ず、鳥獣木草のたぐひ海山など、其余何にまれ、尋常《よのつね》ならずすぐれたる徳《こと》のありて、可畏《かしこ》き物を迦微とは云なり。

（『古事記伝』九、一二五、割注は省略した）

神とは、尋常でないこと、ないしものである。冒頭で「未思得ず」とあるように、実はこれは、定義ではない。すなわち、演繹的に語の意味を定めているのではなく、あれも神、これも神、と帰納的に枚挙しているにすぎない。人間の場合もあれば、鳥や獣、草木の場合もあり、海山もまたそうであり得る。宣長はむしろ、神とは、ひとのする定義など越えてゆくもの、といいたいかのようである。

彼の非 - 定義と対立しているのは、次の新井白石の定義である。「神とは人也。我国の俗凡其尊ぶ所の人を称して、加美といふ。古今の語相同じ、これ尊尚の義と聞えたり。今字を仮用ふるに到りて、神としるし上としるす等の別は出来れり」（『古史通』）。神は「上《カミ》」に通じ、すなわち高貴な人間であるという。それはかつて、林羅山が天照大神を堯舜《ぎょうしゅん》のごとき聖人に比定したのと同じである。だから、単に神を軽視すべきというのでもない。むしろ、人間化された神に残された唯一の個性である高貴さは、「上下定分の理」を民衆に理解させるには都合がよく、神は依然として道徳的な利用価値を持つ。儒学が最も重視した「道」についての荻生徂徠の解釈も、この延長上にある。「先王の道は、先王の造る所なり。天地自然の道に非ざるなり」(『弁道』)。神は実体としての資格を剝奪された人間＝「先王」だが、依然として聖人ではあり得る。「道」もまた、実体(＝天地自然)の資格は剝奪されても、聖人の作為した道徳的な営みとして、つまり虚構論的な価値を有す。武士のごとき合理化された知識階級が神の虚構性を理解しないということはあり得ないが、聖人の営為である「道」にもその虚構性を拡張したことが、徂徠の徹底である。だから、神の虚構性を理解しない民衆をいかに統治するか、という主題が彼にはある。そこで見出されたのが、「法」(『政談』)であり、祭祀の必要を主張する場合(『祠堂式及通礼微考』・「答松子錦神主制度」)もあくまで統治の手段としてである。(38)

宣長は、近世以来の神の人格化に抗して、これらの定義をすべて白紙に戻そうとしている。何もかもが未規定の状態になった戦国時代のような、言論上の戦場を求めている。しかし、神は人間であり、道もまた人為であるという定義に反対を表明するというなら、神ないし神の道は、実在なのだろうか。宣長は次のように答えている。

或人問ふ、然らば皇国の道は自然かと。己云ふ、皇国の道も自然にあらず。然れどももまた人為にもあらず。

(『古事記伝』九、一五九)

神は人間ではないが、だからといって神はそれ自身として、天地自然のように物体的に実在するわけでもない。道も同じく、人為的な虚構でも自然的な実在でもない。信長／本願寺的な《実在論》とも家康／徂徠的な《虚構論》とも異なる彼の神は、いったいどういう場所を占めようとしているのだろうか。

人の行《オコナ》ふべきかぎりを行《オコナ》ふが人の道にして、そのうへに、其事の成《ナル》と成《ナラ》ざるは、人の力《チカラ》に及ばざるところぞ。

（『玉くしげ』八、三二〇）

彼が神のために用意したのは、「成」、すなわち生成変化の世界である。われわれが自然に与えている実在でも、人間に与えている作為でもない、このナルの世界は、実在的ではないにもかかわらず、現実的であり、決して虚構というわけではない。たとえば、幼児の肉体的な成長と意識的な食物摂取量が必ずしも比例しないように、生成変化は人為を超えたものである。つまり彼は、虚構と実在の二項によってのみ構成された近世社会に一つの亀裂を入れたのだ。

ここにわれわれは、近世社会の深部を穿つ的確な批判を読みとることができる。他家の血に干渉し得る超越的立場を誇示しながら、自家の継嗣問題に頭を悩ませていた将軍家に対して（家光以外、御《み》台所《だいどころ》から生まれた将軍はついに一人もおらず、また八歳で早世した七代将軍家継で宗家の血は途絶えてしまった）、宣長はこういっているかのようだ。世子の「成《ナル》と成《ナラ》ざるは、人の力《チカラ》に及ばざるところぞ」

……。ともあれ彼は、生成変化が神、とりわけ産土《うぶすな》の神の領分であることを特筆する。

世間《よのなか》に有とあることは、此天地を始めて、万《よろず》の物も事業《こと》も悉《ことごと》に皆、此二柱の産巣日の大御神の産霊に資《より》て成出るものなり。

（『古事記伝』九、一二九）

「二柱の産巣日の大御神」とは、神産巣日神《かみむすびのかみ》、高御産巣日神《たかみむすびのかみ》の二柱である。彼はこの世界を生成変化の只中に置く。「成出る」という語が示しているように、慎重に、産巣日神の人格化を避けている。つまりつくるとはいわない。こうした表現上の配慮はほかにもある。古事記の冒頭、「天地初發之時」を、宣長は「阿米都知波自米能登伎《アメツチハジメノトキ》」と訓んだ。「初發」をハジメテヒラクルと読むことを漢籍言《カラブミゴト》として否定したのである（『古事記伝』九、一二二～一二三）。今日では、後者の読みが主流になっているが、いずれが正しいかはともかく、時空の生成を非人称的に語ろうとする宣長の思想的一貫性が感じられる。冒頭の一文は、次の「於高天原　成　神名《タカマノハラニナリマセルカミノナハ》。天之御中主神《アメノミナカヌシノカミ》」とひと続きである。つまり、「發」をヒラクという動詞として読みとった場合、天之御中主神登場以前に、それを作為する主語が暗黙に予期されていることになる。それを嫌ったのである。彼にしてみれば、時空が神の存在に先立って開けるのでもなければ、時空を満たす神的人格が存在するのでもなく、ましてや時空に先立って無限に後退する暗黙の第一原因があるのでもない。時空の生成それ自体が神なのである。だから宣長は、天之御中主神を含めたいわゆる造化三神について、同時発生的なものであって順序を設けるべきでないことに注意を促す（『古事記伝』九、一二八）。

ところで、「生成」の語の日本史上の初出は、『古事記』における伊邪那岐大神と伊邪那美大神の国生みのくだりである。これを宣長はウミナスと訓《よ》む（『古事記伝』九、一七〇）。彼にとって、神は、こうした生成変化《ウミナス》はたらき以外のものではない。伊邪那岐の涙ないし目脂から生まれた天照大神や月《つく》読命《よみのみこと》にせよ、鼻水から生まれた建速須佐之男命《たけはやすさのおのみこと》にせよ、それらは神々のなす新陳代謝のはたらきであり、垢（禍津日神《まがつひのかみ》）や尿（弥都波能売神《みつはのめのかみ》、水の神）や屎（波邇夜須神《はにやすのかみ》、土の神）も神格化される。神でさえ、変化の只中に身を置くのであり、人格（偶像崇拝）でも物格（物神崇拝）でもない、変化それ自体を指していう。だから、宣長は神の定義を避けた。儒者の好む定義というやり方では、生成変化を捉えられないからだ。「道」も同様である。目指すべき実在でも、その制作をありがたがる虚構でもない。至るところではたらいている生成の効果にすぎない。問題は、実在《デアル》でも虚構《スル》でもなく、生成変化《ナル》である。

こうして宣長は、神を虚構の世界、すなわち現実の世界の外部（たとえば彼岸）にではなく、この世界の内部に再配置する。人間の認識論的限界が構成するコマ送りの世界把握のその隙間に、神はいる。再び祭祀の現実的な可能性が拓ける。なぜなら、近世社会が虚構の世界に追いやった死の世界もまた、生成変化するこの世界の一部だからである。死者の世界、それは仏教徒が思い描くような地獄の世界ではないし、血脈の持続を能数化する「家」という形式を与えるのでもない。新たな別の生を可能にする生の決定的な変質にほかならない。死は抑圧されねばならぬ虚構ではなく、生の現実的な一部である。この世界は刻一刻と老いつつ、そのことによって、同時に新陳代謝の可能性を拡張している。

生を実在に、死を虚構に代理表象させる漢意《からごころ》や仏意《ほとけごころ》に対して、大和心《やまとごころ》ははかない生成変化の内に、ひとの死生を奪還し、死すべき人間の生を絶対的に肯定する。恋愛は、夜の内に解消すべき人間の欲望に、神聖な暁の光を浴びせるものだ。祭祀の祈りは、死の遠ざけの叶わなかった貧しく若い魂に午前の光を与えるものだ。神聖といっても、永遠と誤解しないようにしよう。この光は、時に道化じみた、永遠を冀《こいねが》い七転八倒する人間の魂の肯定であり、永遠そのものを照らすのではない。

貴賤構わず人間を貫く死と恋愛こそ、上下定分の理を宗旨とする近世社会が覆い隠さねばならなかったものである。近世社会がいかに祈りを拒絶し、医療と血とによって代えようと、死の不安は拭い去ることのできないものだ。また、その隠蔽が結果として招いた恋愛の否定は、ひとの性を肉欲以外の場所に向かわせる可能性を遮断してしまった。

宣長は、近世社会の問題を人間の生の水準で改めて理解しようとした。そこで彼の得た結論こそ、死と愛を解放する《生成論》だった。《実在論》でも、《虚構論》でもない、『源氏物語』と『古事記』、彼がたった二冊の古い書物から導き出した《生成論》は、近世社会を可能にするほとんど無意識的な土台に、二つの致命的な楔を打ち込んだのである。

結論——明治維新、あるいは王政復古と自由恋愛

平田篤胤は『霊能真柱《たまのみはしら》』の中で、師、宣長を少しだけ批判していた。師が、死者は黄泉《よみ》へ渡ると考えていたこと（『古事記伝』九、二三九）であり、明晰であるべき神の道を曖昧にする禍津日神を悪神と見ていたことである（『玉勝間』一、四四八）。篤胤は師の《生成論》が徹底されるなら、死は、あの世ではなくこの世のものでなければならない、と考えた。なぜなら、人間にはついに経験できないあの世は、どこまでも虚構だからである。また、明晰を曖昧に変える禍津日神を、汚穢を浄化する——つまり新陳代謝を促す——禊の女神瀬織津比賣《せおりつびめ》と同一視すべきと考えた[39]。なぜなら、明晰から曖昧への変化それ自体、避けることのできない生成変化の一種であり、かえって肯定されるべきだからである。

小路田泰直は、死と生との共存を主張する篤胤の視座から、「死者の輿論」という観点を導き出し、そこに近代における立憲主義の可能性を見出していた。筆者がこの興味深い視座に若干の反対を表明するなら、篤胤の議論を「荒唐無稽」な「トリック」としたことである[40]。虚構論的な観点から篤胤思想および近代革命の意義を説明する視座といえるが、そもそもあの世という想定のほうが虚構であって、むしろ反対に、死を現実の世界に奪還しようとする果敢なリアリズムを認めるべきではなかっただろうか。

ともあれ、応仁の乱における祭祀廃絶は、日本史上、決定的な意味を持った。血による支配に一つの合理性を与えたからである。祭祀を失った日本において、歴史的一貫性をもたらすとすれば、天皇の血しかない。岩倉具視が口走った「万世一系」の概念[41]は、事実はどうあれ、祭祀を拒絶した近世社会を経なければあり得なかったものである。祭祀こそすべてと語り、鎌倉政権に抗した順徳帝にせよ、神器に基づき「天壌無窮の神勅」を独占して正統性を主張した南朝政権にせよ、問題は血より祭祀だった。乱によってそれが失われた以上、また祭祀復興を拒絶するなら、血による支配は、精神と肉体の二元論に囚われた人間にとっては、ほとんど不可避である。

宣長は、ひそかに秀吉を高く評価していた（『馭戎慨言《ぎょうじゅうがいげん》』八、一一三）[42]。祭祀復興の痕跡を近世以降の社会に色濃く残す秀吉こそ、曙光をもたらすべき自身の主張の先駆と思われたのかもしれない。むろん、秀吉は思想家ではないし、信長における本願寺教団、家康における林羅山らのように、為政者の行動を言語化する知識人にも恵まれなかった。その意味で、《実在論》とも《虚構論》とも格別の、秀吉の思想の実証的な言語化は困難である。ただ、孤立した、しかも早すぎた秀吉の事業に宣長が共感を示していたのは事実である。

しかし、秀吉の孤独な死は、先覚者の意志に左右されない、民主的な祭祀の可能性を生じさせていたともいえる。村落における近世的抑圧からの逃走は、中世社会では本来的にあり得なかった、天皇家の祭祀を民衆自身が担う御蔭参《おかげまい》りに発展する[43]。御師の売る神札を買う民衆がいなければ、神宮の維持はおぼつかない。儒仏のイデオロギーに塗れた為政者が無縁の死者への祈りを怠るなら、民衆自身が伊勢に集い神に祈ろう、というわけだ。幕末、各地で神宮大麻の舞い散るお札振りがあったと思えば、その意義も理解される。この奇妙な現象は、民衆が政権に代わって国家祭祀を担ったことの自覚と誇示なのである。王政復古は、新興の知識階級や民衆を巻き込んだ巨大なうねりとなって、維新のスローガンとなる。復古が維新を意味する一見した不可解さも、宣長の《生成論》を想起すれば、理解はたやすい。別稿を期していえば、これらの祈りは、のちに国民皆兵を選ぶ社会の中、戦死者を神格化する靖国思想へと接続・発展していくことになる。死の極端な遠ざけを可能にした近代医療に代わって、戦争が死を補う。敵にも味方にも死を与える戦争に端を発して、近代諸国家は死に対する配慮の練り直しを要請される。王政復古を経て近代化を遂げた日本においては、必然的に次の形をとることになった――すなわち、戦死した民衆が神となり、上古以来の神々の列につらなる資格を、維新政府は認めるのである。

さて、最後に語り残しているのは、島崎藤村のことである。

歴史といえば政治経済のことと考える昨今の学者の興味ある理解に絡めていえば、ひとはそれ以上に、死と愛とに囚われて生きている。しかもそれらは、多くの場合に家（＝政治）と肉欲（＝経済）の問題に矮小化、ないし合理化されて変奏される。それが封建制と理解されることもあれば、されないこともあるが、いずれにせよ死は、統治の技術にあらかじめ組み込まれた宗教の形でしか扱われないし、愛に至っては、歴史未然の虚構としてしか扱われない。藤村にとっての「夜」とは、そうしたひとの生の矮小化／合理化、政治・経済化であり、すなわち死と愛の抑圧である。

狂死した篤胤派神官を父に持つ藤村が、近代日本のする死者への祈りに疑念を持たなかったとはいえない。だが、若き彼の課題は、万人に訪れる死と共に、孤独な者にこそ訪れる恋愛に向かった。畏友、北村透谷が近代最初の「文士」を名乗り、「純文学者」たらんとしたことはよく知られている。藤村が震撼したのは、透谷の「恋愛は人世の秘鑰《ひやく》なり」という言葉である。[44] 自由民権運動から恋愛を称える純文学の道を選んだ透谷の歩みについて、研究者はこれを転向や逃避と見、あるいはキリスト教の影響と見たがる。だが、もっと深いところにある近世以来の文脈のうえに、彼の言葉はある。藤村だけではない。森鷗外、夏目漱石のような当代一流の知識人、有島武郎や武者小路実篤、志賀直哉といった、藩閥政府につらなる子弟がなぜ、時にあらゆる仕事を擲《なげう》ってまで、恋愛小説を書いたのか。必ずしもキリスト教の影響があったとはいえない藤村が、この言葉を契機に創作活動に入ったことを、いまやわれわれは、市井における維新の一つの形と理解できるはずである。そして、晩年に書かれた『夜明け前』は、大戦を控えた一九三〇年代以降、死者への祈りが重要な問題となることを、改めて社会に突きつけていた。維新から百五十年、大東亜戦争終結から七十三年、数多の死の真上に富を築いたわれわれはまだ、彼が予言的に示唆していたこの問題の解決を見ていない。

注

(1) 宮地正人『歴史のなかの『夜明け前』——平田国学の幕末維新』(吉川弘文館、二〇一五年)ほか。

（2）島崎藤村・宇野浩二・室生犀星・勝本清一郎・幸田成友・山崎斌「島崎藤村と『夜明け前』を語る」（『藤村全集』別巻、筑摩書房、一九七三年、四九二頁）。
（3）北村透谷「内部生命論」（『透谷全集』第二巻、岩波書店、一九五〇年、二三八頁）。
（4）藤村の封建制認識については『海へ』四章（『藤村全集』第八巻）が参考になる。また彼の封建制論に言及したものに、今谷明『封建制の文明史観――近代化をもたらした歴史の遺産』（PHP研究所、二〇〇八年）などがあるが、藤村の議論から、今谷のように江戸・明治の連続性を単純に読み込めるかは一考を要する。
（5）三谷博は『明治維新を考える』（有志舎、二〇〇六年、八頁）において、「明治維新には、目立った、『原因』らしい『原因』は見あたらない」という。
（6）井上勝生『日本近現代史①幕末・維新』（岩波新書、二〇〇六年）、高橋秀直『幕末維新の政治と天皇』（吉川弘文館、二〇〇七年）、三谷博『維新史再考――公議・王政から集権・脱身分化へ』（NHK出版、二〇一七年）、奈良勝司『明治維新をとらえ直す――非「国民」的アプローチから再考する変革の姿』（有志舎、二〇一八年）など。全体として、王政復古より公議政体論から廃藩置県に繋がる動きを重視する傾向がある。対照的なものとしては、宮地正人『幕末維新変革史』（上・下巻、岩波書店、二〇一二年）がある。
（7）奈良勝司は「明治維新論の現状と課題」（『歴史評論』第八一二号、二〇一七年十二月、一〇～一一頁）において、実証の自己目的化の問題を指摘している。
（8）アンダーソンやホブズボームの文脈につらなる研究としては、高木博志『近代天皇制の文化史的研究』（校倉書房、一九九七年）、ジョン・ブリーン「近代の宮中儀礼」（明治維新史学会編『講座明治維新　第一一巻　明治維新の宗教・文化』有志舎、二〇一六年）などがある。
（9）大塚英志・與那覇潤「中国化する日本／近代化できない日本」（『atプラス』第一一号、二〇一二年、五五頁）。
（10）『内藤湖南全集』第九巻（筑摩書房、一九六九年）。
（11）村上重良『天皇の祭祀』（岩波新書、一九七七年）四二～四三頁。

（12）折口信夫「大嘗祭の本義」（『折口信夫全集』第三巻、中央公論社、一九六六年）。
（13）脇田晴子『天皇と中世文化』（吉川弘文館、二〇〇三年）一一～二二頁。
（14）池上裕子『織田信長』（吉川弘文館、二〇一二年）二八一頁。
（15）伊藤聡『神道とは何か』（中公新書、二〇一二年）二二二頁。
（16）同前、二二七頁。
（17）池享『戦国・織豊期の武家と天皇』（校倉書房、二〇〇三年）四三頁。
（18）今谷明『武家と天皇――王権をめぐる相剋』（岩波新書、一九九三年）四二、五二頁。
（19）清水有子「豊臣秀吉政権の神国宣言――伴天連追放令の基本的性格と秀吉の宗教政策を踏まえて」（『歴史学研究』九五八号、二〇一七年六月）。筆者はこの論考から多くを学んでいる。ただし、三鬼清一郎『織豊期の国家と秩序』（青史出版、二〇一二年）の延長上で、晩年の信長の宗教政策を受け継いだと見る視座は首肯できないし、「宗教的権威を自己に従属させ、民衆支配に利用する」という見方もとらない。また秀吉の「神国思想」を「〔伴天連〕追放令の専制性を覆い隠すための政治的巧言」とも見ない。それらはすべて、形式は異なれど内容的には世俗勢力と同列の「宗教勢力」とする見方である。秀吉は「宗教を相対化し政治に利用した」というより、死の世界を（再）発見し、これを政治に内在化したのである。
（20）秀吉は、長久手において戦死した池田恒興の母であり信長の乳母でもあった養徳院を慰めつつ、五月四日からひと月ほどかけ、弔い合戦と称して加賀野井、奥、竹ヶ鼻各城を次々に落城させたのち、六月後半には大坂に帰還、その後は十一月半ばの講和までの大半を和泉における衆徒との攻防に費やしている。
（21）名古屋市博物館編『豊臣秀吉文書集』第二巻（吉川弘文館、二〇一六年）。
（22）一五八五年（天正十三）一月、追って神宮正遷宮に一万貫および金子五百枚、比叡山西塔再興に一万貫を奉加している（一三一一・一三七一号）。
（23）前掲今谷『武家と天皇』Ⅱ、Ⅲ章。
（24）松田毅一監訳『十六・七世紀イエズス会日本報告集』第Ⅲ期第6巻（同朋舎出版、一九九一年）一二二頁。

(25) 佐々木馨「神国思想の中世的展開」(『中世仏教と鎌倉幕府』吉川弘文館、一九九八年)。
(26) 吉田真樹『平田篤胤——霊魂のゆくえ』(講談社学術文庫、二〇一七年)ほか。新井白石『祭祀考』の延長上に、近世社会における国家祭祀の欠落を「国家ノ闕点」と指摘したのは、徂徠学派の太宰春台である。しかし、後述する(注38)が、平田篤胤が『呵妄書《かもうしょ》』で彼を批判したように、徂徠学派の視座が国学の延長上にない点は注意を要する。
(27) 妬山堂盛正、石里賢兄抄『武士止之帝八《ぶしとしては》』一八五三年。元禄期に書かれた随筆の書写。
(28) 柴田純『江戸武士の日常生活——素顔・行動・精神』(講談社選書メチエ、二〇〇〇年)。
(29)「豊国大明神」命名の由来は日本の古名である「豊葦原中国」とされる。
(30) 黒住真「近世日本思想史における仏教の位置」(『近世日本社会と儒教』ぺりかん社、二〇〇三年)。
(31) 前掲吉田『平田篤胤』四〇頁。
(32) 水本邦彦「近世の家族と身分」(『歴史と文化』第二六号、二〇一七年)、『徳川の国家デザイン』(小学館、二〇〇八年)など。
(33) 松田修「解説」(『好色一代男』新潮日本古典集成、一九八二年、二八二頁)。「一代男」の意味を見損なっている。
(34) 藤村『桃の雫』(『全集』第一三巻、二六六頁)。「明治維新に対する本居宣長の位置は、あたかも仏蘭西革命に対するルウソオの位置に似てゐる」。
(35) 安丸良夫『日本ナショナリズムの前夜』(朝日新聞社、一九七七年)。
(36) 折口信夫『国文学』(『折口信夫全集』第一四巻、二一七頁)。
(37) 鈴木日出男『源氏物語虚構論』(東京大学出版会、二〇〇三年)。
(38) 安丸良夫『神々の明治維新——神仏分離と廃仏毀釈』(岩波新書、一九七九年)、子安宣邦『宣長と篤胤の世界』(中央公論社、一九七七年)、同『鬼神論——神と祭祀のディスクール』(白澤社、二〇〇二年)、いずれも祭祀は民衆統治上の技術としてしか理解されない。たとえば鬼神の実在を「人情」として理解する観点に彼らは同意を寄せるが、それは暗黙に民衆の知識水準を問題にした、儒学イデオロギーに即した言い方である。だから国家祭祀を政治の要諦と見た徂徠学派の延長上にしか、国学の望む祭祀は理解されないし、復古はどこまでも「幻想」となる。しかし重要なことは、死の不安は貴賤を問わないことである。

(39)『倭姫命世記』に「八十枉津日神也、一名瀬織津比咩神是也」とある。
(40) 小路田泰直『日本近代の起源――三・一一の必然を求めて』(敬文舎、二〇一五年) 一五一～一五三頁。
(41) 岩倉具視「王政復古議」(『岩倉具視関係文書』三〇一頁)。
(42) 宣長はこういっている。「かの國人は。日本ときけば。たゞ鬼神のごとおもひおぢたるうへに。近きほど此太閤の御名。よものうみの外迄。とゞろきわたりて盛なるに。その御軍しもおしよせくときかば。はかぐしく弓引て。たむかひ奉るものも有まじく。おとに聞ても。わなゝきにげぬべければ。南京をとり給はんことは。いともたやすかるべし」。
(43) 国家祭祀を民衆が担う先駆的な事例として、応仁の乱後に廃絶するも一五〇〇年(明応九)に町人の手により復興した、祇園御霊会(いわゆる祇園祭)を挙げることができる。
(44) 北村透谷「厭世詩家と女性」(『透谷全集』第一巻、二五四頁)。

第六章　『夜明け前』と明治実証主義史学

平野明香里

はじめに

歴史は事実でなければならない、とは誰もが考えることである。いわゆる皇国史観に基づいた戦前の歴史教育を、虚偽の歴史と見なす人は少なくない。しかし、皇国史観の指導者とされる歴史家平《ひら》泉《いずみ》澄《きよし》[1]でさえ事実に依拠することの重要性を唱えていたということを、人は忘れている[2]。このようなすれ違いが起きるのはなぜか。それは、事実とは何かを定義することの困難さに原因があるのではないか。そこで事実とは何かを明確化する必要が生じる。

ところで一般的に、文学作品を用いて歴史研究を行うことは困難だと考えられている。なぜなら、歴史は事実を、文学は虚構を書くのだという固定観念が、われわれを支配しているからである[3]。この固定観念に基づいて、従来の歴史学は事実を専有してきたはずであった。しかし、今や史料から事実に至ることの不可能性がポストモダニズムによって指摘され、その特権的地位は脅かされている。そして、歴史も解釈の産物であるという点において、いわば消極的な意味で歴史と文学の融和を図る議論が多く現れている。

第一節では、そうした議論の流れを整理した上で、吉田松陰書簡を例にとり、史料として残されたものがあるという事実の意義を改めて強調したい。それを踏まえて第二節では、島崎藤村の長編小説『夜明け前』が何を訴えようとして書かれたものなのかを検討する。『夜明け前』は実在する人物、すなわち藤村の父島崎正樹をモデルにして書かれたものであるということは有名である。「歴史小説」という、いわば歴史と文学の境界線上に書かれた作品である『夜明け前』の分析は、われわれに新たな視点をもたらすだろう。第三節では、国学ないし藤村の実践が文壇内部に留まるものではないことを、明治実証主義史学の足跡を辿ることで明らかにしたい。

一、本論の視座——歴史的事実の在り方をめぐって

実証主義と構成主義

人は通常、歴史上の事実を完結した出来事だと捉え、それを後世に伝える手段として歴史を捉えている。たとえば、日本近代歴史学を切り開いた歴史家の一人である久米邦武《くめくにたけ》(4)は次のように述べる。

歴史は社会自然の現象を写すものなり、其事は愚なるとも、文は拙くとも人の自然になしたる実

事を実録したるは、理学にも合ひ、哲理・法理にも、研究せらるゝべし、[5]

久米は、過去に起きた出来事を「写す」のが歴史だという。かつてあり、そして今はなき事実と、その写しである歴史。両者を繋ぐのが久米の言う「理学思想」である。[6] 史料を媒介に因果関係を正確にひもとけば、間接的に事実を復元できる、というわけだ。[7] こうした見方はごく受け容れやすいものだろう。

しかし、フェルディナン・ド・ソシュール『一般言語学講義』（一九一六年）を代表とするポストモダニズムの思想潮流を受けて、言葉が事実を「写す」ものであるという考え方は単純に受け容れることはできなくなっている。言葉が関係するのはどこまでも言葉である、というポストモダニズムの思考は、歴史学においても無視できないものである。なぜならこの議論を踏まえれば、現存する史料からすでに消えてなくなってしまった歴史的事実に到達することはできない、ということになってしまうからである。[8]

こうした議論を受けて、歴史と文学の境界を取り除く動きが現れた。しかしそれは、解釈という点では歴史も虚構である文学と同質だという消極的な意味においてである。たとえば野家啓一《のえけいいち》（一九九六年）は、過去とは「過去の歴史的事実は想起から独立に「実在」するものではなく、想起を通じて「構成」されるものである」とし、「『解釈学的再構成』の所産としての歴史的事実こそが、まさにオリジナルな過去にほかならない」と主張する。[9] 事実とは客観的なものではなくあくまで間主観の領域にある以上、歴史の「リアリティ」を追求することよりもむしろ、物語行為を通じて人々の間に出来事を共有する歴史の「アクチュアリティ」に期待を寄せている。[10] このように、事実がいかにあったかを問うことの不可能性が指摘された結果、解釈の産物であるところの歴史が社会に対してどのような影響を与えたかという受容史的側面が問われることになったのである。たとえば、本論の主題である『夜明け前』研究に関して言えば、成田龍一（二〇〇一年）は、『夜明け前』が昭和期の国民再編に寄与した理由について、ある国民性を持つ「日本人」という均一な存在を自明の概念として用い、それを主語として排他的な「国民の物語」を語ったからである、と主張している。[11]

こうした議論に対する歴史学の分野からの対抗言説として、大戸千之《おおとちゆき》（二〇一二年）の研究が挙げられる。[12] 大戸は、ランケ以来の伝統的歴史学の立場から、虚構を排した客観的事実の叙述をめざすよう主張している。だが、ポストモダニズムによって問われているのが客観的事実なるものの存立根拠である以上、それに対する応答が求められているのである。事実なるものの存立根拠を示さずに、単に事実にかえれと主張するのはドグマと言わざるを得ない。

このように現在、事実がいかにあるかということが、根本的に問いただされている。そうした研究状況を鑑みた上で、実証主義と構成主義の二項対立的議論の克服のために、われわれは次の点について改めて考えなければならない。それは、間接的に復元されるものでもなく、かといって恣意的に構築されるものでもない事実なるものの可能性についてである。[13] その一例として紹介したいのは、吉田松陰の残したある書簡である。

松陰書簡に見る歴史的事実

吉田松陰は周知の通り、松下村塾を主催した人物であり、高杉晋作、久坂玄瑞《くさかげんずい》、吉田稔麿《としまろ》、前原一《まえばらいっ》誠《せい》などのほか、伊藤博文、山県有朋《やまがたありとも》、品川弥二郎など明治の元勲と呼ばれる人物を輩出した[14]。松陰は一八五八年（安政五）、日米修好通商条約調印問題をめぐって幕府批判と藩への諫言を行った結果、治安を乱すものとして萩の野山獄《のやまごく》に投獄され、翌年四月、江戸への出頭命令を受ける[15]。松陰は、江戸への「帰らじと思ひさだめし旅[16]」へと赴く直前、義理の弟である小田村伊之助《おだむらいのすけ》（楫取素彦《かとりもとひこ》）に二枚の簡潔な書簡を残した（図1）。

至誠にして動かざる者は、未だ之れ有らざるなり。

吾学問すること廿年、齢も亦而立なり。然れども未だ斯の一語を解すること能わず。今茲に関左の行、願わくば身を以て之を験《ため》さん。乃ち死生の大事の若きは姑く置かん。己未五月

二十一回猛士[17]

大意は次のようなものだろう。「誠を尽くせば動かない人は居ない」という孟子の言葉がある。私は二十年学問し、年齢も三十歳になる。しかし、まだこの言葉を理解することができていない。今、江戸へと出頭することになった。そこで自分の身を以て、この言葉を試したい。自分の生死のことはおいておこう、というものである。密航計画とその失敗、そして獄中生活を繰り返し、斬首刑を受け

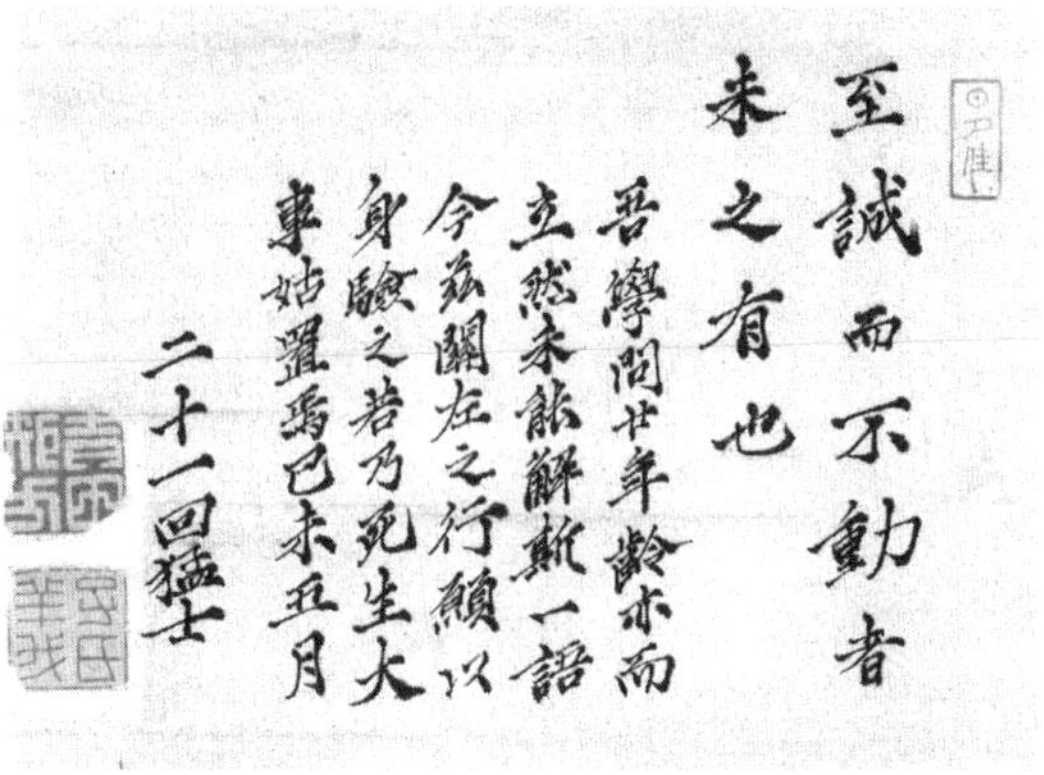
至誠而不動者
未之有也
吾學問廿年齢亦而
立然未能解斯一語
今茲關左之行願以
身驗之若乃死生大
事姑置焉己未五月
二十一回猛士

図１　吉田松陰書簡（山口県萩市・至誠館所蔵）

た松陰は、自らの目で明治維新を見届けられなかった悲劇的人物である。そのことを思えば、この書簡は読む者の涙を誘わずにはいられない。しかもまた、この書簡は、実証主義と構成主義の二項対立を乗り越える手がかりをも含んでいる。

続きの別紙を見てみよう。

此の語他日験有らば、幸に之を世に伝へ、湮滅《いんめつ》致すことなかれ。若《も》し或は索然として蹟無くんば、又幸に之を焚き、醜を友朋に貽《のこ》すことなかれ。渾《すべ》て老兄の処分を仰ぐ。

五月十八日　　辱愛友矩方再拝

彝堂村君士毅足下(18)

この言葉が後日、効果があれば、後世に残して欲しい。しかし効果がなければ、この手紙を焼き捨て、恥を晒さないで欲しい。すべてあなたの処分に任せる、というのがその大意である。

この書簡を現代のわれわれはなぜ目にすることができるのだろうか。もしも小田村が松陰の試みを失敗と判断していたら、この書簡は現代に残ることができなかったはずである。すなわち、この書簡をわれわれが目にすることができるのは、小田村が松陰の命懸けの試みを成功と判断したからにほかならない(19)。そして、この書簡が現在にまで残っているという事実は、認識によって構成されるものでも、間接的に復元されるものでもない。すなわち、ある種の歴史的事実は、現在に至る持続をもち、直接的に知覚可能なのではないだろうか。あるいは、次のように言い換えることもできよう。史料の向こう側にある歴史的事実なるものを想像させる過去の痕跡ではない、史料それ自体が持つ事実性を考えることができるのではないか。

むろん、過去に生起したすべての歴史的事実が現在に残っているわけではない。松陰書簡は、残されるか廃棄されるかの岐路をくぐり抜けてきたという点において歴史の重みを感じさせるものである。しかし、何かを書かねばならないと考えた人がいたという事実、そしてそれを残さねばならないと考えた人がいたという事実は、文学や歴史を単なる主観的構成物と見させてはおかない。史料一般が時間の中で失われていくものであればこそ、それが現在にまで残っているということの重みを、われわれはより積極的に受け容れることが可能であり、また必要なのではなかろうか。

こうした観点から本稿では、藤村が『夜明け前』という形で何を未来に託そうとしたのか、またその契機がどこにあるか（第二節）、それは文壇内部に留まる事象なのか否か（第三節）を問うていきたい。

二、『夜明け前』にみる明治維新――国学の挫折

先行研究では、国学の思想と近代日本における国家神道との連続性が強調されてきた。[20]たとえば、近世・近代民衆思想史の開拓者である安丸良夫《やすまるよしお》の国学に対する評価は次のように批判的なものである。国学や水戸学は、政権を簒奪したものとして正当性が疑われていた薩長と一部公卿が、自身の根拠づけのために援用したもので、結果的に国体論的イデオロギーである国家神道として結実した。しかし非合理制・神秘性を随伴させているにもかかわらず、「神武創業ノ始ニ原ヅ」く「王政復古」は、近代的民族国家形成のエネルギーを調達する政治的エネルギーとして絶大な役割を果したという。[21]このように国学は明治維新を主導したものとされると同時に、その後の国体論的イデオロギーとの連続性が語られてきた。

しかし、『夜明け前』において国学は、必ずしも日本近代を支配するイデオロギーとして華々しく描かれているわけではない。それをあらすじと共に見ていこう。[22]主人公の青山半蔵は馬籠《まごめ》の問屋・本陣・庄屋を兼ねた家に生まれる。彼は、「封建社会の堕落と不正」（第一部六章）や、百姓らが「不正な問屋を相手に血戦を開き、抗争の意気で起《た》って来た」（三章）牛方事件を、身を以て体験し、新時代の到来を感じずにはいられなかった。

半蔵は、庄屋という自らの地位に縛られながらも、百姓らのために奔走する。そして、ついに戊辰

戦争の東征軍を馬籠宿に迎え、「長いこと百姓らが待ちに待ったのも、今日という今日ではなかったか」（第二部四章）と感激するが、「万民塗炭の苦しみを救わせられたいとの叡旨」をもたらした東征軍に訴えかける村民はなく、村民の無関心に直面した半蔵は「もっと皆が喜ぶかと思った」と落胆する。

のちに半蔵は、村民の一揆の知らせを受けて驚き、村民を問いただす。彼はあくまで百姓らの立場に立っていると自負していたが、「だれもお前さまに本当のことを言うものがあらすか」（五章）と百姓に言われ、認識の違いを思い知る。

しかし、二度村民に失望させられてなお、半蔵は期待を捨てなかった。半蔵は維新の理念に応えるため、「父祖伝来の名誉職のように考えて来た旧い家業」（六章）を捨てる決断をする。そして戸長となった半蔵だったが、山林事件に関わったために戸長を罷免されてしまう。「民意の尊重」（八章）を約束して発足したはずの新政府に期待を裏切られた半蔵は、「御一新がこんなことでいいのか」と独白を漏らす。

東京教部省に出仕することになった半蔵は、内外の不穏な状勢を聞き、「うっかりすると御一新の改革も逆に流れそうで、心あるものの多くが期待したこの世の建て直しも、四民平等の新機運も、実際どうなろうか」（十章）と案じる。

これでも復古と言えるのか。

その彼の眼前にひらけつつあったものは、帰り来る古代でもなくて、実に思いがけない近つ代で

あった。（十章）

のちに半蔵は、同僚が平田篤胤を揶揄しているのを耳にし、激昂して辞職する。その頃は、多くの国学者は進退が窮まりつつある時期でもあった。王政復古以来、種々の変革に翻弄されながらも、半蔵は「この維新の成就するまでは」と堪えていたが、維新に参加した人物が自ら反旗を翻し、強い武力を恃《たの》むようになった状況の中で、「この維新の成就さるる日の遠いこと」（十三章）を知る。半蔵は飛騨の宮司として奉職するが、やがて祭政一致の不可能を悟った教部省は政教分離の方針へと転換し、これに不平の半蔵は「復古の道は絶えて、平田一門すでに破滅した」と痛感し、宮司を辞す。

帰郷した半蔵は、過日の献扇事件を思い出しながら、「明治維新の大きな破壊」の中から現れてきた「暗い中世の墓場から飛び出して大衆の中に隠れている幽霊」（十四章）こそ自分の敵だと考えるようになる。そして彼は、彼の遠い祖先が建立した万福寺に放火し、自身の親族、門下生、半生を通じて望みをかけてきた百姓らによって座敷牢へ引き立てられる。半蔵はついに発狂し、座敷牢で生涯を終えるのであった。

藤村が『夜明け前』において描き出したのは、一言でいえば国学の理想の挫折である。明治維新は、国学ないし国家神道が人々の思考を支配する契機となった出来事ではない。半蔵は、「虚偽を捨てて自然《おのずから》に帰れ」との教えによって封建社会の制約から人間を解放した国学の意義を認めつつも、同時に「国学全盛の時代を招いたのは廃仏運動のためであった。しかも、廃仏が国学の全部と考えられるようになって、かえって国学は衰えた」（十一章）と痛感せざるを得なかった。本節の冒頭で、国学と国家神道の連続性が語られてきたことを述べたが、藤村が描き出した明治維新像は、そうした見方とは対極的なものであるといえよう。

次に、藤村がこのような明治維新像を描き出した背景について触れておこう。

第一は日本近代の自然主義文学という思想からである。自然主義とは辞書的にいえば、一切の現象を自然の所産と考え、その自然を偽りのない真実として尊び、自然の再現を芸術の目的とする文学運動の呼称である。[23] 田山花袋に「何事をも隠さない大胆な露骨な描写」と評価された島崎藤村の長編小説『破戒』は、日本近代自然主義文学の嚆矢として位置づけられている。この作品では、被差別部落出身であることを隠し続けていた主人公瀬川丑松が、自ら出生を告白するまでの葛藤が描かれている。丑松が告白に至る契機は、自己の出生を隠すことが却って「持つて生れた自然の性質を銷磨して居た」ことに気づいたことであった。[24]

第二は『夜明け前』の主題でもある「国学」の思想からである。国学の大成者として知られる本居宣長は、「学問をして道をしる」ためには「漢意」を排除し「真心」に基づかねばならないという。[25]「漢意」とは「萬の事の善悪是非《よさあしさ》を論ひ、物の理をさだめいふたぐひ」であり、「真心」とは「よくもあしくも、うまれつきたるまゝの心」であるという。宣長は、漢意にまみれた解釈から解放されるためには「後世の説にかかはらず、何事も古書によりてその本を考へ、上つ代の事をつまびらかに明らむる」ことが必要だという。[26] こうした原典に基づく学問の在り方は、白石良夫（二〇〇九年）が指摘するように、師から弟子へと代々伝授されることで秘匿され権威づけられてきた従来の学問の在り方に対するアンチテーゼでもあるだろう。[27] 渡辺清恵（二〇〇九年）は、宣長の主張は「かくあるべき」「こうしなければならない」というドグマから脱却し、「うまれつきたるまゝ」の状態へと回帰することであったことを明らかにしている。[28]

藤村は「桃の雫」というエッセイで、「近代人の父」として本居宣長を評価し、「明治維新に対する本居宣長の位置は、あたかも仏蘭西革命に対するルウソオの位置に似てゐる」、「あのルウソオと殆んど時代を同じくして、東西符節を合せたやうに『自然に帰れ』と教へた人が吾国にも生れたといふことは、不思議なくらゐに思はれる」[29] と述べている。藤村は、『夜明け前』作中でも半蔵に「自然《おのずから》に帰れ」と主張した宣長を「「近つ代」の人の父」と語らせている（第一部五章）。『夜明け前』は国学を題材として扱っているというだけではなく、国学と国家神道との連続性を否定する明治維新像を描き出したという点においても、「自然に帰れ」という国学の理念を忠実に体現した作品であるといえよう。

三、明治実証主義と事実

藤村が『夜明け前』で描き出したのは、紛れもなく国学の理念の挫折であった。だからといって、国学の思想が明治維新後の社会に受け継がれなかったわけではない。藤村の『破戒』は、主人公丑松が「持つて生れた自然の性質」に気づくことが一つのクライマックスだった。その意味で、「自然に帰れ」の理念は彼の作品に貫かれたスローガンであるといっていい。しかも、このスローガンの実践は、決して文壇内部に留まるものではない。

楠木正成は『太平記』において英雄として描かれている。幕末の志士はこぞって感銘を受け、自らを「大楠公《だいなんこう》」になぞらえた。先に述べた吉田松陰も正成に感激して『七生説《しちしょうせつ》』を著したし、横井時存も正成の子正行《まさつら》（小楠公《しょうなんこう》）にあやかって「小楠」と称した。また、招魂社の創設に大きな影響を与えた真木和泉《まきいずみ》は正成の崇拝者として知られ、「今楠公《いまなんこう》」と呼ばれた。こうしたことを指して昭和期の歴史家平泉澄は、明治維新と建武中興に通底する精神を見出している。(30) 明治維新と建武中興を結びつける思考は、戦前の人々に広く共有されたものであった。(31) それゆえ維新後、正成に対して種々の顕彰活動が行われた。まず一八七二年（明治五）、正成を主祭神とする湊川神社が兵庫県神戸市に創建された。さらに正成は、一八八〇年（明治十三）に贈正一位を受ける。また、現在も皇居外苑に建つ正成像は彫刻家高村光雲《たかむらこううん》の手によるものである。この正成像は一九四四年（昭和十九）、五銭紙幣の意匠ともなった。彼は戦前の教科書にも必ずといって良いほど登場する。ここでは主に国家による顕彰活動について述べたが、民間のそれについても無論枚挙に暇がない。

しかし、明治政府による修史事業の中から正成の伝説を否定しようとする動きが現れる。そうした動きを主導したのは、冒頭で述べた久米邦武や重野安繹《しげのやすつぐ》ら、「実証主義史学」と呼ばれる一派である。

彼らが従事した修史事業の沿革について簡単に述べておこう。一八六九年（明治二）、「修史御沙汰書」によって正史編纂事業が命じられる。この計画は一旦頓挫するが、一八七二年（明治五）に太政官正院の歴史課と文部省の川田剛《たけし》（甕江《おうこう》）らの組織が修史局として一本化され、事業が再開される。のちに改組された修史館では、一八八一年（明治十四）より重野が主導し、翌年より『大日本編年史』の編纂が始まる。同組織は一八八六年（明治十九）、内閣制度の施行に伴って内閣臨時修史局と改称され、次いで一八八八年（明治二十一）、帝国大学に移管されて臨時編年史編纂掛と改称された。[32]『大日本編年史』は当初、『大日本史』を継いで編纂することになっていたが、同書の南北朝期の記述に問題があることが発覚し、その論拠であった『太平記』批判が行われる。

彼らによる『太平記』批判の一端を見てみよう。久米邦武は、楠木正成が赤坂城で籠城戦をした際、二重の釣り塀を崩落させる、塀の内から熱湯をかけるなどの戦法を用いて幕府軍を撃退したという伝説、撤退の際に戦死者の遺骸を焼いて自分が死んだように見せたという伝説、千早城での戦いで水槽に赤土を沈めて水質を維持したという伝説を、それぞれ科学的観点から否定している。また、戦《いくさ》の合間に正成が天王寺で聖徳太子の未来記を見たという伝説を地理的観点から否定する。[33]また重野は、文書の分析から正行の年齢を推論し、湊川の戦いの直前に正成父子が桜井の駅で訣別したという伝説を否定する。[34]なお、実証主義史学による伝説の否定は『太平記』だけにとどまらず、『平家物語』において僧俊寛《しゅんかん》が喜界島《きかいじま》に流罪となって恩赦に漏れて愁死したという伝説の否定（久米）や、日蓮が処刑寸前に奇跡的に斬首を免れたという「龍の口の法難」の否定（重野）など多岐にわたっている。

このように、先鋭的な議論を展開して世上の議論を呼んでいた修史事業だったが、久米邦武筆禍事件を契機として一八九三年（明治二十六）には頓挫することとなる。久米は一八九一年（明治二十四）

十月から十二月にかけて、「神道は祭天の古俗」と題する論文を『史学会雑誌』に発表する。同論文は発表当初、あくまで学術論文として読まれていた。しかし翌年、田口卯吉《たぐちうきち》が「我国現今の或神道熱心家は決して緘黙すべき場合にあらざるを思ふ。若し彼等にして尚ほ緘黙せば、余は彼等は全く閉口したるものと見做さざるべからず」という挑発的なコメントと共に、自身が主催する雑誌『史海』に同論文を転載すると、瞬く間に神道家の批判を惹起した。神道団体道正館の塾生倉持治休らは、二月二十八日に久米邸を訪れ、五時間にわたって久米を詰問した。久米は三月三日に論文の取り下げを発表したが、四日に東京帝国大学は久米を非職処分とし、さらに五日、内務省は久米の論文を掲載した『史学会雑誌』および『史海』を発禁処分とした。しかし、神道家らによる久米排斥運動はとどまらなかった。その後も久米を非難する論説が多く発表される一方で、実証主義史学者や東京帝国大学の学者たちは沈黙を守り続けた[35]。そして、久米事件から約一年後の一八九三年（明治二十六）三月二十六日、文部大臣井上毅《こわし》の要求によって史料編纂掛は廃止となる。

この事件を指して、先行研究は学問弾圧の端緒として位置づけ、同じ歴史学者として久米に同情を寄せると同時に、一八九五年（明治二十八）に再発足した史料編纂掛の事なかれ主義[36]に対する批判を仄めかしている[37]。しかし、自由で科学的な研究をしようとする久米と、それを阻害しようとする国家権力という図式的な見方は、久米が批判し続けた勧善懲悪史観が形を変えたものにほかならない。

「楠公」を慕うことで成し遂げられた革命から生まれた史家が「楠公」を否定する。このことは、一見すると奇妙な現象のように思われる。その内実を本節で詳しく見ていこう。彼らは科学思想に感化され、自らの発言が招く事態を予想もせず自己否定を行っていたのだろうか。おそらくそうではあるまい。次に示す「勧懲の旧習を洗ふて歴史を見よ」（一八九一年）において、久米は次のように言う。

歴史を勧善懲悪の書といふことの間違ひは、今は誰も知るならん。

（中略）

歴史は其時代に現出たる事を、実際の通りに記したるが良史なり。記者の意にて拵直しては歴史の標準にならぬなり。其事実には善悪のあることもあり、なきこともあり、又善悪の分らぬこともなる。史学者は己の眼目とする筋につきて考究し、是非得失利害を判断することとなり。和げていへば人情世態の通ずる学なり。人より善悪を指定め教えられても、猶我承知する迄は考へねばならぬに、皆著者より勧懲を受べしとは、無学の人の事なり。(38)

久米によると、その時代に起きたことを「実際の通り」に記したものがよい歴史であるという。善悪なるものは事実の中にあったりなかったり、またわからないこともあるので、読み手が自分の関心に従って考究し判断しなければならない。逆に歴史家が先に善悪を決めてかかって歴史を書いたり、読者が歴史家から善悪を教えてもらおうとしたりしてはならないという。続けて久米は、人々が歴史を勧善懲悪の書と考える原因を、孔子の春秋に対する誤解と、寄芝居の思想の結合であるとし、「両者雷同して病を凝結し、歴史癌とか結核とか称すべき難治の症」となったという。久米が批判する勧善懲悪とは何か。

善悪は容易に判決さるゝものに非ず。……世に善悪といふは、大抵自己の好嫌ひを標準にしたること多し。好嫌は愛憎の本なり。愛憎の熱が脳につけば、善も悪に見え、黒も白に見ゆるものなり。歴史の事実は複雑を極めたるに其善悪の容易に判断さるゝならば、学問に骨は折らぬなり。(39)

久米によると、「善悪」とは究極的には「好嫌ひ」が基準になったものにほかならない。善悪を事実に先立つものとして許してしまえば、事実を見る目を曇らせてしまう。それゆえ、「複雑を極めたる」現象を「実際の通りに記」した「人情世態の通ずる学」を実現するためには勧善懲悪を排する必要があるのだ。重野も「国史の話」において同様の主張を行っている。

所が拵へ話は、実に能く辻褄が合ひ、平仄が合ふやうになつて居るが、さう云ふものは、後世作つたものが多いので、善い人でも悪いことがあり、悪い人でも善い事があるのが、世の中の実事であるに、それを善人の為した事は皆善く、悪人の為した事は皆悪いと、型に押したやうに出来て居るが、さう云ふやうに人間と云ふものが出来るもので無い。又事柄に於ても、さう行くもので無い。其際々に善悪邪正が書いてあるのが、後世の捏造物であるので、面白い演劇を観るやうに面白いと云ふものは、皆後世の作のものである。出たり引込んだり、複雑したやうなものが、実録である。[40]

善を勧め悪を懲らしめる「拵へ話」では予定調和的な結末が導かれる。それゆえ人は、辻褄が合っていて面白いと感じる。しかし、善人でも悪事をなし、悪人でも善事をなすような複雑な「世の中の実事」を描くにあたって、勧善懲悪史観による「型に押したやう」な人間像は窮屈すぎるのである。彼らがそう主張するその背景には、社会変革を経験し、従来の「道徳政治」が通用しない「利益社会」に移り変わったという認識があるのだ。[41]

芝居を見るも、寄《よせ》を聴くも苦しからねども、今は世局の変りたることを一顧せざるべからず。明治以前は侍に給禄あり、営利の業を止められ、又百姓町人も職株御用聞等の家株あり、直接間接に定りたる利益を得て家を立たる故に、芝居・寄・貸本などにて閑を消し、其思想にて極端の善悪を知れば、一生事済たれども、今は上下みな世に利益の業をとり、財産を所得して家を立る時節と変りたれば、常に複雑なる事に接し、殊更利益の競争は、手段掛引の詭計もありて、中々極端にて善悪を判ずべきに非ず。[42]

明治以前は身分ごとに定まった収入が確保されており、娯楽としての寄芝居や貸本は勧善懲悪史観に基づいたものであっても構わなかった。しかし、自分の力で利益を得て生き抜かなければならない今日では、歴史の持つ社会的意義も変容を迎えた。人が生き抜くための判断材料ともなる歴史は、極端な勧善懲悪を説く寄芝居ではなく、「事実」でなければならないのである。

本居宣長が目指したのは「自然」に帰ること、すなわち儒仏というドグマからの脱却であった。それを踏まえると、明治実証主義史学は、その行動がもたらした自己矛盾的な印象にもかかわらず、思想面では本居の思想の忠実な申し子であるといえよう。「自然に帰れ」という国学の精神は、国学者の立場から見れば挫折にほかならないが、形を変えて明治以降の社会においても受け継がれているのだ。[43]久米を批判した道正館の塾生は、学派としては平田派の学問を継いでいるが、実践面においては久米らのほうが国学の精神を継承しているといえよう。

実証主義史学は学者からだけではなく、世間からも多くの批判を受けてきた。重野は「抹殺博士」と呼ばれ、久米は「祭天の古俗」事件によって「国家の大事を暴露」する「不忠不義」の者とのそしりを受けた。[44]しかし、道徳を破壊する者と見なされてもなお「事実」にこだわり続けた理由は、まさに「持つて生れた自然の性質」に到達するためではないか。たとえその行為が、政府上層部や伝説を愛する民衆から歓迎されないものだったにせよ、また後世から見た時にあまりに楽観的な言語観に基づくものだったにせよ、である。[45]

事実を叙述するということは、自然科学の威を借る行為でもなく、時代を問わない普遍的正義でもなく、近代に至る革命が生んだ、極めて時代性を帯びた思想であった。それゆえ、考証史学の「無思想性」が却って国体論的イデオロギーに対する抵抗力を持ち得なかったとする議論[46]には再検討を促さねばならない。また平泉が、明治以後の風潮を「実」を求める時代であると、やや批判的な評価を下したのは、ある意味では的を射たものだといえよう。[47] しかし、「実」を求めるということこそ、国学の思想の要請なのだ。盲目的な信奉や手放しの顕彰だけが、明治維新の精神を継承するということではないことを確認せねばならない。

おわりに

本稿の趣旨は次の通りである。勧善懲悪というドグマを排して事実という自然に帰ることは、明治維新をもたらしたイデオロギーである国学の要請そのものであった。『夜明け前』はそれを体現する文学作品であり、明治実証主義史学もまたその系譜に位置づけられるものである。これらのことから、「自然へ帰れ」という明治維新の要請は、歴史と文学の境界を越えた実践をもたらしたと言える。本稿の試みが、歴史と文学の境界線を克服し、なおかつ両者を観念の産物という位置づけからすくい上げる一端となれば幸いである。

注

（1）平泉澄（一八九五～一九八四）は皇国史観の指導者とされる歴史家である。福井県平泉寺白山神社出身で、東京帝国大学文科大学国史学科を卒業。一九三〇年（昭和五）、ヨーロッパ諸国に留学した。帰国後は私塾である青々塾や軍、教育機関で精力的に講演活動を行い、大きな影響力を持った。昭和天皇、満洲国皇帝溥儀らに進講した。また、第二次近衛文麿内閣に門下生を複数人輩出した。太平洋戦争終結後、公職追放を受ける。

（2）平泉「建武中興と国史の神髄」（『平泉博士史論抄』青々企画、一九九八年、三二四頁、初出一九四一年）。「歴史は実に精神の展開であり、換言すれば理想実現の跡に外ならぬ。……歴史は精神なるが故に、単なる自然科学的分析、史料羅列式考証によつて、之を知り、之を解し得るものではなく、そは必ず感応に待つものであるといふ事である。……また其の第二は、展開なり実現なるが故に、空疎なる抽象的思弁によつて構成せらるべきものではなくして、必ずや周到綿密なる調査考究にまつといふ事である」。

（3）大戸千之は『歴史と事実――ポストモダンの歴史学批判を超えて』（京都大学出版会、二〇一二年、二六頁）で次のように述べる。歴史にとって必須の条件とは、人間が主体的に出来事をまとめることであるが、それは個人の見方を一方的に書くことにつながりやすい。そこで多くの人を納得させるためには二つの方法がある。一つは事実を正確に把握し、慎重で合理的・論理的考察と説明をする歴史学である。もう一つは、読み物としての面白さ、人を感動させる力をそなえることで、有無をいわさず納得させる文学であるという。

（4）久米邦武（一八三九～一九三一）は佐賀藩出身の歴史学者である。一八七一年（明治四）から一八七三年（明治六）まで、岩倉具視全権大使米欧派遣に随行し、欧米諸国を巡回した。その成果として一八七八年（明治十一）に『特命全権大使米欧回覧実記』を刊行している。翌年に修史館三等編修官となり、『大日本編年史』の執筆に携わる。この事業の中で『大日本史』の南北朝時代の史料的検討を行った。「英雄は公衆の奴隷」、「太平記は史学に益なし」、「勧懲の旧習を洗ふて歴史を見よ」などを発表し、精力的に問題提起を行うが、一八九二年（明治二十五）に筆禍事件で東京帝国大学を辞職する。その後、大隈重信の推挙で東京専門学校の課外講師となる。一九三一年（昭和六）死去。

（5）久米「太平記は史学に益なし」（『史学会雑誌』第二編第一九号、一八九一年。重野安繹ほか『明治文学全集七八　明治史論集（二）』筑摩書房、一九七六年、八三頁）。

（6）久米「歴史学と理学思想」（『中央公論』第二五巻第四号、一九一〇年。『久米邦武歴史著作集第三巻　史学・史学方法論』吉川

弘文館、一九九〇年、四〇一頁）。「歴史を読んで古来の人物の事蹟を考へる上にも、凡てが此物質に作用する天然の規則で運動し居る事だから、或る部分は必ず此理学思想で判断せなければならぬといふ場合が多いものである」。
（7）逆に因果関係から逸脱した出来事をも記述してしまう「拵へ話」（前掲注（5）久米、八三頁）は、史学に不要のものとされる。歴史が事実をありのままに写したものであればこそ、それを媒介にして、学者を含め、人はもはや存在しない過去の事実に到達できる。こうした見方はごく一般的なものであるように思われる。
（8）一般的に「言語論的転回」と呼ばれる議論は次のようなものである。われわれは通常、言葉とはモノに対してあとから付与されるものだと考えている。しかし、ある言葉（たとえば「山犬」）が時間の移ろいの中で消え去ったとしよう。そうしたところで、その言葉がもともと指していたモノが言葉と共に消え去るはずはない。むしろ生じるのは、隣接する別の言葉（「狼」や「野犬」）が、その意味する領域を広げ、ある言葉がもともと意味していた内容が変化していくという事態である。すなわち、言葉はモノに対してラベルのように一対一対応で結合しているのではない。むしろ、言葉と言葉の関係性によってモノの秩序が規定されているのである（丸山圭三郎『ソシュールを読む』講談社学術文庫、二〇一二年。竹田青嗣『現代思想の冒険』ちくま学芸文庫、一九九二年、初出一九八七年参照）。
（9）野家啓一「物語としての歴史――歴史哲学の可能性と不可能性」（『物語の哲学』岩波書店、二〇〇五年、一六四～一六五頁、初出一九九三年）。
（10）野家「物語り行為による世界制作」（同前、初出二〇〇三年）。
（11）成田龍一『〈歴史〉はいかに語られるか――1930年代「国民の物語」批判』（増補、ちくま学芸文庫、二〇一〇年（初出二〇〇一年）。
（12）前掲注（3）大戸、二三一～二五一頁。
（13）野家も歴史叙述の文脈を離れた歴史的出来事は存在しないとしている（前掲注（9）野家、一六七頁）。しかし野家の言わんとするのは、歴史的出来事は歴史叙述によって構築されるものということである。本稿も歴史叙述と歴史的出来事の一致を目指すものであるが、本稿ではこれと異なり、間主観にしか存在しない構成物としての事実ではなく、現実に提示し得る事実について言及したい。

(14) 吉田松陰（一八三〇～五九）は長州藩出身の幕末の思想家・教育者である。六歳にして山鹿流兵学師範の吉田家を継ぐ。一八四九年（嘉永二）の日本海海岸防備の巡視を皮切りに、一八五三年（嘉永六）まで諸国を遊歴する。その間、文武著名の人士を訪れる一方、陽明学の書や会沢正志斎の『新論』などを読み、見聞を広めた。その間、無許可で東北行きを敢行したことや密航を企てたことによって処分を受ける。松陰は萩の野山獄に幽囚されるが、囚人たちの間で読書会が組織される。一八五五年（安政二）、実家の杉家に預けられ、以後はいわゆる松下村塾の実質的な主宰者となる。しかし松陰は、一八五八年（安政五）に日米修好通商条約の調印問題をめぐって幕府批判と藩への諫言を行うが、それにより藩・門下生との不和を生じる。藩によって再び野山獄に収容された松陰は、一八五九年（安政六）幕府より出頭命令を受ける。そして江戸での尋問の中で老中間部《まなべ》詮勝《あきかつ》暗殺計画を自白したことで、斬首刑に処される。

(15) 一坂太郎『吉田松陰とその家族――兄を信じた妹たち』（中公新書、二〇一四年）一六四～一八三頁。

(16) 吉田松陰『涙松集』一八五九年（安政六）五月二十五日（山口県教育会編『吉田松陰全集』第七巻、岩波書店、一九三九年、三一三頁）。

(17) 松陰『東行前日記』一八五九年五月十八日付け小田村伊之助宛て書簡（山口県教育会『吉田松陰全集』第七巻、岩波書店、一九三四年、五二一頁）。なお書き下しは筆者による。

(18) 同前。

(19) もちろん、小田村が松陰の意図を正しく理解している限りにおいて、という留保は付けざるを得ない。

(20) 渡辺清恵『不可解な思想家　本居宣長――その思想構造と「真心」』（岩田書院、二〇一一年、一〇～一三頁）は、本居宣長が、日本ナショナリズム形成の祖として評価されている研究の現状を指摘している。

(21) 安丸良夫『神々の明治維新――神仏分離と廃仏毀釈』（岩波新書、一九七九年）、安丸「近代転換期における宗教と国家」（『日本近代思想体系五　宗教と国家』岩波書店、一九八八年）。

(22) 島崎藤村『夜明け前』第一部上・下、第二部上・下（岩波文庫、一九六九年）。

(23) 和田謹吾「自然主義」(『国史大辞典』第六巻、吉川弘文館、一九八五年、八一四頁)参照。日本の自然主義文学の成立要因は(一)ヨーロッパ科学主義、合理主義の流入、(二)日本独自の「私小説」への志向、(三)日本に内在していた「自然(じねん)」の観念の熟成などに大別できよう。これらの要素はそれぞれ無視できない重要なものであるが、本稿では『夜明け前』が国学の問題を主題として扱っていることから、特に第三の内在的「自然」に重点を置いて議論を進めたい。

(24) 藤村『破戒』(岩波文庫、一九五七年、初出一九〇六年)三五〇頁。

(25)「玉賀都萬」(『本居宣長全集』第一巻、筑摩書房、一九六九年、四七〜四九頁)。

(26) 本居宣長『うひの山ぶみ』(白石良夫訳注、講談社学術文庫、二〇〇九年、一五四頁)。

(27) 白石良夫「『うひの山ぶみ』解説」(同前、二五頁)。

(28) 渡辺「本居宣長の和歌論――「ツタナクシドケナキ」人間観の形成と発展」(前掲注(20)渡辺、初出二〇〇九年)。

(29) 藤村「桃の雫」(『藤村全集』第十三巻、筑摩書房、一九七八年、初出一九三六年)。

(30) もっとも平泉の主眼は、建国以来現在に至るまで、日本の歴史を貫く単一の精神を抽出することにあることに注意せねばならない。平泉「日本史上より観たる明治維新」(前掲注(2)平泉、一三〇頁、初出一九二九年)では「かやうに維新の運動は、もと南朝の歴史に対する感激に端を発して、初め建武中興を目標とし、それより自然溯って承久をも追憶し、又大化改新をも追憶したが、遂に神武建国の古を目標として始めて落ついたのであった」と述べる。

(31) あとで見るように正成伝説を否定する久米も、明治維新を建武中興の延長線上において見ていた。明治政府の修史事業は当初『大日本史』を継承する方針であったが、「明治維新は建武中興を継せられたのであるに」、『大日本史』の南北朝時代の記述に誤りがあるとして、久米はその再検討を促すのである(「余が見たる重野博士」〈前掲注(6)久米、一〇八頁、初出一九一一年〉)。

(32) 松沢裕作『重野安繹と久米邦武――「正史」を夢見た歴史家』(山川出版社、二〇一二年)。

(33) 久米「太平記は史学に益なし」(前掲注(5)重野、初出一八九一年)。

(34) 重野安繹「櫻井驛」(『重野博士史学論文集』中巻、雄山閣、一九三八年、三六四頁、初出一九〇二年)。

(35) ドイツからの御雇外国人で一八八七年(明治二十)より東京帝国大学史学科に勤めたルートヴィッヒ・リースは、『日本雑記』(一九〇五年）と邦訳される回顧録で、日本の歴史学者が官憲に対抗する勇気を持たなかったと痛烈な批判を加えている（リース『ドイツ歴史学者の天皇国家観』原潔・永岡敦訳、講談社学術文庫、二〇一五年、初出一九八八年）。関幸彦は同書の解説において、この記述は久米事件のことを指すものと解釈している（二四八頁）。

(36) 史料編纂掛では一八九五年（明治二十八）の再発足時、掛員規約に「世上の物議」を醸す議論を固く慎むことが定められた。同時に、勤務中は言うまでもなく余暇であっても編纂事業の妨げとなるような個人の論説は制限され、論説の発表媒体は大学内の雑誌および皇典講究所の講演に限定された。また、史料編纂掛で収集した史料はいかなる名目でも一切の外部漏洩が禁じられた（前掲注（32）松沢、二〇一二年、七六頁）。

(37) 大久保利謙「ゆがめられた歴史」（『大久保利謙歴史著作集七　日本近代史学の成立』吉川弘文館、一九八八年、初出一九五二年）によると、復古主義的理念のもとで始まった明治政府の修史事業は、自由民権運動、文明開化を経る中で、文明史観という革新的な歴史観へと変貌を遂げた。しかし、重野安繹の抹殺論への批判、久米邦武筆禍事件、南北朝正閏論争、津田左右吉筆禍事件などに見られるように、皇室あるいは国体に関する議論においては、保守派およびそれと結託した官僚の反動が強く表れた。つまり、近代における歴史研究の自由は著しく制約されたものであったという。また、宮地正人「幕末明治前期における歴史認識の構造」（田中彰・宮地正人編『日本思想大系一三　歴史認識』岩波書店、一九九一年、五六〇頁）は、ここにおいて「アヘン戦争以後の日本人の豊かで主体的な歴史認識の時代」は終焉を迎え、「国家の強大化が国民の卑小化」を帰結させたとしている。宮川康子「歴史と神話との間――考証史学の陥穽」（桂島宣弘編『江戸の思想』八号、ぺりかん社、一九九八年）は、久米事件に対する学問弾圧の端緒としての評価を覆した点で優れた研究であると言える。久米事件で問題となったのは、それを言わんとすれば必ず矛盾を引き起こすために決して歴史の言説の表面にあらわしてはならない、歴史と神話を繋ぐ「かのように」（森鷗外）を久米が掘り起こしてしまったことだと主張し、重野や久米にはこうした自覚的認識が欠けていたとしている。しかし、その「かのように」を剝ぎ取ることにこそ、国学そして明治実証主義史学の本意があったのではないか。

(38) 久米「勧懲の旧習を洗ふて歴史を見よ」（前掲注（6）久米、一三四頁、初出一八九一年）。

(39) 同前、一三七頁。

（40）重野「国史の話」（『重野博士史学論文集』中巻、雄山閣、一九三八年、四〇頁、初出明治三〇年代）。

（41）「道徳政治は過去となり、世は利益社会に移りましたれば、史学の独立は眼前に迫つて居ます」〈久米「史学の独立」〈前掲注（6）、一四頁〉〉。

（42）前掲注（38）久米、一四二頁。

（43）なお「物語」は、本居においては感情に素直に「もののあはれ」を伝えるものとして積極的に評価されているのに対し、重野・久米においては因果関係から逸脱した事象を書く「学術ニ裨益ナキ」ものとされている。すなわち、人間を縛りつける善悪の枷として本居が「漢心」と表現したものが、重野・久米においては「物語」と表現されていることに注意が必要である。久米「歴史学の進み」（前掲注（37）田中・宮地、二二三頁、初出一八八五年）の中で久米は、『大日本史』を評価しつつも「物語ノ弊」を蒙っているとする。物語とは、耳で聞くことを主とするもので、綺語を用いて男女の情愛を語り聴衆を感動させる。しかし「其書ヲ講ジテ事実ヲ討究スレバ、十ノ七八ハ虚構ニ属ス」。また事実をもとに話を敷衍させたものなので「学者モ亦信ジ、竟ニ其弊ヲ史学ニ被ラスニ至」る。『太平記』はこの「物語」の「第一ノ傑作」であると久米は皮肉を込めた評価を下す。

（44）論説「国家の大事を暴露する者の不忠不義を論ず」（前掲注（37）田中・宮地、四六八頁、初出一八九二年）は、「人の陰事を訐《あば》きて以て直となす者あり、是れ果して悪事にあらざるか。人の小過を求めて以て智となす者あり、是れ果して悪事にあらざるか」と述べ、久米の行為を批判する。論者は「仮令事真なるも、苟も君国に害ありて利なきものは、之を講究せざるを以て学者の本分とす、況や虚構に出づる者に於いてをや。抑学者とは如何なる者ぞ、事物の理を明にして君国を利すべきもの丶称ならずや」と主張するが、久米の立場からすれば「陰事」をこそ訐かねばならないのである。

（45）兵藤裕己「歴史研究における「近代」の成立——文学と史学のあいだ」（『成城国文学論集』二五、一九九七年）は、「文章やことばの問題を最小限に見つもったかたちで出発するのが、近代のアカデミズム史学であった」（二五六頁）とし、「対象を自由に記述できる（そうした考え自体が近代の幻想でしかないのだが）言文一致の文体が存在しない時代にあって、ことばは対象記述の道具である以前に、むしろ新たな対象（現実）をつくり出す方法であったはずだ」（二七七頁）と主張している。

（46）家永三郎『日本の近代史学』（日本評論新社、一九五七年）は、国学のイデオロギー的一面を放擲した伴信友の思想と、リースによってランケの歴史哲学を抜き去られたドイツ史学の融和が、明治の実証主義史学の「思想的真空状態」をもたらしたとしている。また宮地は、日本の修史事業は形式的にはヨーロッパを模倣したが、公文書館の不在に見られるように市民社会の論理の導入は不十分であり、修史官もまた国家権力の全面的支援のもとでしか、修史事業が不可能と主張していたことを強調している（前掲注（37）宮地）。なお、こうした議論に対して、桂島「近代国史学の成立――考証史学をめぐって」（前掲注（37）桂島）は、〈無思想の思想性〉に着目した画期的研究であると言える。桂島は重野の議論を中心に扱い、明治二十年代の「西洋学」の受容によって儒教は「道徳哲学」と見なされることになり、史学との連結が絶たれたと述べる。

（47）平泉は、「惟ふに史実の正確のみを期して文書記録の精査に耽り、而して歴史の生命の失はれゆくを顧みなかつたのは、近代学風の一弊害である」（平泉「歴史に於ける実と真」〈前掲注（2）平泉、三一頁、初出一九二五年〉）と述べる。逆に、平泉が歴史の「真」に迫っていると高く評価するのは新井白石である。白石は『藩翰譜』金吾伝を叙述するにあたって、『朝鮮物語』を論拠として採用した。同書は、日付など「実」の部分に錯誤はありつつも「秀秋裏切りの心理」を理解するために必要なエピソードを見事に描いているというのである。これをあえて採用した点で、平泉は白石を賞賛する。

第七章　山片蟠桃の無鬼論
――維新革命と民心不一致についての試論

藤野真挙

はじめに

一八六八年（慶応三）の王政復古による維新政権発足から教育勅語渙発《かんぱつ》までのおよそ二十年間、維新官僚やその周囲の知識人層が、民心統合（道徳や徳育、教化と呼ばれたそれ）について、あれほど大きな関心を寄せ続けたのはなぜか。[1] 本稿はこの問題を解くために、江戸期の思想にまで遡り、その答えの端緒を捉えんと試みるものである。

戦前から長らく成果を蓄積してきた日本近代教育史は、一八六八年（明治二）の「大教宣布」に始まる神道国教化政策の展開と挫折、明治「啓蒙」思想の勃興による西洋倫理思想の移入と、保守派によるそれへの反動といった動きを様々に描き出し、一八九〇年（明治二十三）十月三十日の教育勅語渙発へと結びついていったことを明らかにしてきた。また、ポストモダニズムの影響を受けた国民国家批判論を取り入れた教育史は、それまで教育の開化的展開と理解されてきた教育義務制に代表される近代学校制度が、「国民」意識や「国家」意識といったものを、国語や音楽、体操といったあらゆる機制を用いて人を規格化していく、人格陶冶《とうや》の箱を整備していくものだったことを捉えてきた。

これらの成果は、日本近代公教育の本質が、人間を個人として自由なものとしつつも、その個人に公的なものを予定調和的に内面化させていくものだったことを歴史的に明らかにしてきた点で重要なものと言える。(2) しかし一方で、こうした成果は、民心統合政策が道徳教育の展開や国、民間を問わない広範な社会活動によって、いかにして展開してきたかを論じたものではあっても、冒頭に掲げたような、それがなぜ早期から重視されたのか、といった問いに回答するものではなかったと言える。統一「国家」の強兵化のために「国民」アイデンティティの回収を必要としたから、という国民国家批判論の見解は確かに一つの解ではあるが、それには、近年の近世史や幕末維新史の成果と突き合わせた際に、疑問を抱かざるを得ないのである。

近年のこれらの成果は、一八世紀後半から一九世紀にかけての社会的、経済的、学問的発展が、江戸期の人々に「国家」的な意識を芽生えさせていたことを明らかにしている。幕末維新の動乱は、そうした「国家」意識を前提とする人々によって担われたとする、プロトナショナリズム論(3)の展開や、そうした革命主体でなくとも、合理・非合理を問わない学問知(儒学・国学)の発達によって、自分たちのアイデンティティを「神国」や「皇国」日本とする認識が比較的浸透していたことが知られている。(4) 典型的な国民国家批判論が言うような、近世の人々には日本という一体的な想像力はなく、近代公教育によって移植されたものだ、といった理解には再考を要するだろう。

しかし、そうしたプロトナショナリズムが広がっていたにもかかわらず、維新官僚や思想家の多くが民心統合に躍起になっていたのも、また事実である。確かに、封建国家のナショナリティと中央集権（郡県）国家のそれとは異なってはいるが、一八七一年（明治四）の廃藩置県も政権発足当初から予定されていたものではなく、民心統合という関心は、必ずしも中央集権国家建設と結びついてはいなかった。

また、プロトナショナリズムが広がっていたのなら、維新革命の重要課題は、天皇を中心とする主権的権力とそれに付随する警察・軍事力の整備、換言すれば、主権国家化であって、「国家」「国民」意識を人々に浸透させる、国民国家化の課題は後景に退いていたとしても決して不思議ではない[5]。事実、主権的権力の立ち上げを重視していた大久保利通などは、国民教化に対してはほとんど無関心であった[6]。しかし、神道国教化グループといった、いわゆる保守派に限らず「啓蒙」知識人層にあっても、民心の不一致や、功利的な欲望の湧出といった幕末の状況を問題視し、それに新たな道理を創出して民心統合を急ごうとする人々は多かった[7]。つまり、国民国家論でもプロトナショナリズム論でも、維新期において自覚的に問題視された民心の不一致状況の正体や、それがなぜ問題とされ、多くの維新の主体たちの焦燥意識となって顕れていたのかを論じてはいないのである。

ところで維新期という場合、その期間をどの範囲にとるべきか。一八五三年（嘉永六）のペリー来航に始まる徳川政権の動揺から、一八六七年（慶応三）の王政復古に至る政権変革のプロセスは、政治革命期と位置づけることができる。近年ではこれに対して、ボブズホームの「長い一九世紀」論に触発され、一八世紀中葉、江戸後期の日本で発生していた、社会・経済・思想変革に着目し、ここから大日本帝国憲法制定ないし日露戦後までをして、〝長い明治維新（革命）〟と見なす視角が提起されている。(8)

本稿は冒頭に掲げた問題への回答を目的とするものであるが、維新期という場合には、長い明治維新の視角を採用し、山片蟠桃《やまがたばんとう》という一九世紀初頭に現れた経済人・思想家の言説を具体的に分析する。維新政権発足時に意識化されたことを論じるために、それより半世紀ほど前の言説を扱うのは、この問題を通史的に描くための紙幅の限界もあるが、まずは、長い明治維新という視角を採用し、その初期に発生していた思想変革がどういったことだったのかを確認し、そこに、民心の不一致状況の初期のあり様を示す言説を捉えようと考えたからである。

近代道徳教育の問題を扱うのに、政治革命勃発後や大政奉還以後、ましてや学制制定以後の出来事からのみ解くことはできない。(9)教育、それが民心統合を目的にしていればいるほど、その政策は現状に対する強い働きかけを志向する。しかしその現状は、それが志向された瞬間に発生したものでなく、時間をかけて徐々に醸成されてきたものである。政治革命期には、様々な主体が自己の正当化のために現状を問題視するものだが、その問題視している内容や状況を客観的に分析するためには、その言葉から一度離れた場所から検討しなければならない。長い明治維新という視角は、政治革命期の言説構造を客観的に分析するためにも有効な視角である。

具体的に検討する山片蟠桃についての基本情報や先行研究は二節にまとめたが、本稿が注目したのは、彼の無鬼論《むきろん》である。別言すれば、一九世紀初頭の日本で発生した思想上の神殺しである。大坂の懐徳堂朱子学を学んでいた彼の無鬼の言説は、科学合理主義的な知見や文献考証学によって、鬼神の実有を否定するものであった。しかしそのことは、かえって彼に、神無き世界の人格について語らせることになった。日本近世における神殺しという思想変革は、人間像にどのような変動をもたらしたのだろうか。

政治革命期において民心の不一致状況を嘆いた人々は、民心統一のための新たな支柱（神）作りを課題にしていた。近世社会で神を殺した蟠桃は、ある意味でその不一致状況を言説的に生み出した人物だと言える。蟠桃によって示された神無き世界の人格は、政治革命期に問題視された人格だったかもしれない。維新の思考として本稿が山片蟠桃を扱うのは、こうした理由からである。

一、江戸後期の儒学と鬼神論

江戸期における大多数の一般民衆の世界観を形づけていたのは、統治機構の一部を担っていた仏教であったが、その統治機構自体の統治理念たる「文」と「武」の内、「文」の理念を形づけていたのは儒学であった。「学問」として近世全般を通して発展的に展開したそれは、荻生徂徠（一六六六〈寛文六〉～一七二八〈享保一三〉）による徂徠学の隆盛を画期として、経書解釈の幅および担い手の裾野を大きく広げていったとされている。世俗化された学問として展開したことによって、一般民衆＝市井の人らが、その思想的営為の担い手となっていった。そしてそれは日本儒学の展開において、他の東アジア諸国（主に中国における士大夫《したいふ》）がそうであったような、体制教学として政治思想や理念にコミットメントするという性格を弱めることへと繋がっていった[10]。

また、こうした流れは、江戸中期、主に天明期以降の大規模開墾や都市人口の増加による商品経済の活性化という経済規模の拡大によっても推し進められた。儒学の担い手となった市井の人らのする学問活動は、統治のあり方を云々するといった性格というよりは、日々の経済活動によって得られた経験的な判断に影響を受け、経書を読み（素読）、議（会読）することで、人々の日常（人倫日用）の世界に近づいていった。こうした流れが江戸末期に至るに従って、朱子学や陽明学または国学や蘭学といった学域を越えた広範な学問活動の展開をもたらしたとされる。そのため、その読書方法についても、精密な文献実証を主とする清朝考証主義的な方法もさることながら、経書の内容を批判的に考察するといった、「原典批判のフィロロギー」が活性化したと言われている[11]。

そして、このような時代を象徴していたのが、大坂の三星屋、道明寺屋、船橋屋、備前屋、鴻池ら、のちに「五同氏」と呼ばれた豪商たちによって設立された懐徳堂であった。一七二四年（享保九）に三宅石庵を学主として設立され（一七二六年〈享保十一〉官許）、五井蘭洲をはじめ、中井竹山・履軒兄弟、富永仲基、山片蟠桃らを輩出した。一般的に、懐徳堂は朱子学を奉じた学問所として知られているが、それは決して朱子学を絶対視するものではなかった。中井履軒などは、経書そのものへの直接の書き込みによる文献考証のプロセスを経て、偽古や偽書の摘発を行うこともあったことは、よく知られている。[12] また、山片蟠桃は蘭学知の摂取を通して仏教的世界観の批判を行うなど、自由な学問活動が懐徳堂の学風であった。あとでも引用するが、蟠桃などは経書の言葉を「取捨する基準はそもそも自分の賢明さにあるにすぎない。悪い語では、たとい孔子のことばであってもとるべきではない」（一二〇頁）[13] といい、朱子の鬼神論についても、「ことごとく書を信じた」（一二一頁）結果、取るに足らない説を展開していると述べていた。

一七九〇年（寛政二）の寛政異学の禁によって体制教学（正学）が制度化し、学派・学統が整備されるも、前の言葉を記した蟠桃の著作である『夢の代』の成立は一八二〇年（文政三）であって、その学問活動における批判精神を根本から統制するようなものではなかった。一八世紀中葉から一九世紀にかけての儒学は、経書の言葉を教条的に習うのみならず、それを解釈し、自らの「賢明さ」によって学び取り発信する動きが活性化していた。

このような状況下において、本稿で取り扱う鬼神論についてはどうだったのか。[14] 鬼神とは儒学における祖先崇拝の形である祭祀の問題と深く関わる概念であった。そのため中国宋代から、経書に顕れる鬼神の存在について様々な解釈がなされ、またその解釈の違いが学派の違いを形づくってきた。一八世紀中葉から様々な学派が現れた江戸期の社会においても、鬼神の実有の有無をめぐる単純なものから、その存在の捉え方および祭祀対象について様々な議論が沸き起こり、仏教・神道における神霊観との対抗をも伴って、有鬼か無鬼かといった、一つの言説空間を形づくっていた。次節で山片蟠桃について取り扱う前に、ここで簡単に当該期の鬼神論について概観しておく。

儒学における鬼神とは、基本的には生物の死後、肉体を離れてもなお存在する死者の霊魂のことを指している。ただし、儒者が神道家や仏教家の神霊観を非難する際には、それらの世界観の中に実有するとされる仏や神のことを指して、鬼神とカテゴライズしている場合もある。また、朱子学においては、鬼神は自然現象のことでもあった。鬼神とは何かといった部分にまで解釈の幅は広がっており、これを一概に定義することは難しい。

そもそも『論語』(「述而」篇)[15]においては、孔子は「怪力乱神」語らなかったとあり「鬼神は敬して之を遠ざく」(「雍也」篇)ものと説いていたとされている。また、「季路、鬼神に事《つか》えんことを問う。子の曰わく、未だ人に事うること能わず、焉《いずく》んぞ能く鬼に事えん。曰わく、敢えて死を問う。曰わく、未だ生を知らず、焉んぞ生を知らん」(「先進」篇)とする孔子と季路(子路)との対話は、儒者が鬼神を論じる際の起点であり、鬼神に事える、すなわち祭るとはどういったことかを解釈する際の前提をなすものだった。

生を知ってのちに死を知り、人に事えてのちに鬼に事えるとする孔子は、鬼神を語らず、もっぱら現世における人倫道徳を重視していたとされている。孔子を奉じていた伊藤仁斎などは、孔子が鬼神を重視せず現世の人倫を重視していた点を以て、鬼神を用いて宗教的で呪術的な統治をしていた三代の聖王に優るのだと論じていた。仁斎学は、鬼神については語らない、という意味において無鬼論の立場に立っていた。

こうした仁斎の議論に反発していたのが徂徠であった。徂徠は孔子を、鬼神を信じる人の情が理解できていなかったと批判し、聖人は、人々の鬼神を信じる情に寄り添い、民に向けて祭祀対象たる鬼神を定め整えたのだとし、これを根拠に、聖人は孔子に優ることを主張していた。その上で徂徠は、鬼神それ自体については聖人以外にはわかり得ないものとして、不可知の立場をとっていた。

そして、この鬼神を信じる人の情を前提に鬼神を語ろうとしたのが、新井白石であった。白石の著書『鬼神論』は朱子の鬼神説に触れつつ、その上に、鬼神存在については「信ずる事のかたきことは、是しる事のかたきにぞよれる。されば能信じて後よく聞とし、よく知りて後によく信とす(16)」と、鬼神は知ることによって、より信じることができるのだと、鬼神を知の対象とし、様々な古書から鬼神の存在とそのあり方を論じていた。なお、人々が鬼神を信じる情を前面化させ、白石の『鬼神論』を引用しながら『鬼神新論』を記したのは、平田篤胤だった(17)。

ちなみに、白石が引いていた朱子の鬼神論は次のようなものであった。中国宋代において、程子は鬼神を「天地の功用にして造化の迹なり」、張子は「鬼神とは二気の良能なり」と定義していた。これを受けた朱子が、

二気を以て言えば、則ち鬼神とは陰の霊なり、神とは陽の霊なり。一気を以て言えば、則ち至りて伸ぶるは神なり、反りて帰するは鬼なり、その実は一物のみ(18)

と定義し、これが朱子学における鬼神の定義であった。鬼神とは陰陽や気の働きのことであって、ここで朱子は、鬼神を儒学的な気の効用とすることで自然科学的概念の中で捉えようとした。つまり、朱子学における鬼神は「格物致知」という経験的な知の対象物となっていた。

ただ、子安宣邦氏が指摘しているように、朱子学においては確かに鬼神は自然化され、知の対象となっていたが、それと同時に、鬼神は祭祀の対象であることに変わりはなかった。子安氏の言葉を借りれば、朱子学は「鬼神祭祀あるいは鬼神信仰のうちに存在する鬼神を止揚したのではない。むしろそれに解釈の網をかぶせたのである。だから一方にはさまざまな鬼神が存在し、それらを執拗に自然哲学的な思弁が追走し、解釈の網をもってそれらを蔽い、そしてそれらを説きうるものたらしめようとするのである。それが鬼神論という言説のあり方[19]」であった。

鬼神を信じる人の情を前提として、聖人の定めた鬼神を重視し聖人が定めた礼法によって鬼神を祭祀することを重視するのが徂徠であり、祭祀の対象であることと同時に合理主義によってその原理を説き得ると、知の対象にしたのが朱子学であり、そこからさらに鬼神を信じることの意味にまで議論を展開させたのが新井白石であった。徂徠は朱子学に対して、鬼神を知の対象としたことで無鬼の立場に立っていたと批判していたが、これはあくまで徂徠から見た朱子学であって、朱子学は祭祀対象としての鬼神存在の否定はしておらず、鬼神を信じる人の情を前提にしていた点で、朱子学も徂徠学も有鬼論の立場にあった。

これに対して懐徳堂学派、特に山片蟠桃が、こうした有鬼論に真っ向から対抗しようとする言説を展開していたのだった。それは、仁斎学のように鬼神を語らないという曖昧な無鬼論の立場ではなく、積極的に鬼神を否定し、現世における知の対象からも、そして人の情の世界からも鬼神を葬ろうとするものだった。

祭祀・鬼神のこと人情に従って有とすれば、邪教の鬼神もなしと云がたし。又吾いわゆる鬼神は実はありて、彼いわゆる鬼神はなしといはば、これ無理なり。今の世にては人情をすてて、無鬼論を主張せざればならざるなり（一三五頁）

と、仏・神その他の民間に流布する鬼神をも肯定してしまう恐れのある有鬼の立場を捨て、徹底した無鬼の立場に立とうとしたのだった。

ただし、こうした無鬼の立場には一つの問題が発生する。鬼神存在を前提に置く有鬼の立場、例えば朱子学においては、理気や陰陽という知によって鬼神が語られるが、格物致知誠意正心修身までが一気とされるように、鬼神を知ることは道徳的人格の完成においても不可欠だった。儒学である以上、人の生き方に関わる問題から無縁ではあり得ない。そこには神なき世界の人格が提示されなければならなかったのである。

二、山片蟠桃における神無き世界の人格論

人物と先行研究

大坂の町人山片蟠桃は、一七四八年（寛延元）、播磨国神爪《かづめ》村（現在の兵庫県高砂市〈旧・米田町〉）に生まれた[20]。本姓は長谷川、幼名を惣五郎といった。農業を営むかたわら糸の取引に従事し、叔父と共に主家である升屋を助けていた。蟠桃二十五歳の折に升屋二代目の山片重賢が他界したことで、幼主重芳（六歳）を擁し、彼が升屋の経営の指揮を執るようになった。

升屋は米の仲買を営んでいたが、二代目の頃よりその家業を大名貸へと向かわせつつあった。当時はまだ豪商とまでは言えなかった升屋は、これを機に急成長を遂げていった。その中心にいたのが蟠桃だった。とりわけ、彼が仙台藩と密接な関係を持って、同藩の財政相談役として、買米制度や「米札」発行策を提案して財政健全化に奔走したことや、同藩に「サシ米」下付を願い出ることで升屋に莫大な利益をもたらした、彼の商人としての才覚についての逸話は有名である。一八〇五年（文化二）には、そうした功績が認められ、主家山片家の親類次席に取り立てられることになった。これ以後、山片蟠桃（名：芳秀、字：子蘭、号：蟠桃）を名乗ることになった。

晩年の一八一三年（文化十）、長年の眼病からの失明によって経営の一線を退く不幸を蒙ったが、一八二一年（文政四）に他界するまでの蟠桃は、客観的には自己の才覚一つで播州の兼農商家から大

坂の豪商升屋の番頭にまで成り上がった、江戸期町人社会での最高の出世を実現した人生を送っていたと言える。この経歴が、蟠桃思想における経済合理主義の傾向や鬼神論にも影響を及ぼしていた。

このように、大坂の豪商としての側面を持っていた蟠桃は、それと同時に西洋科学思想（主に天文学）を取り入れて独自に展開させた学者・思想家として、古くから日本近世思想史上にその位置を占めてきた。懐徳堂で中井竹山・履軒兄弟に学んだことによる懐徳堂朱子学の影響も注目されるが、特に彼の主著たる『夢の代』[21]（一八〇二年〈享和二〉起稿、一八二〇年〈文政三〉脱稿）で展開された西洋天文学を取り入れた世界観や、儒学における鬼神の実有を否定した無鬼論が、「その合理主義的立場から伝統的宇宙観、霊魂観、自然観、歴史観、経済観を強く批判しており、彼の批判の鋭さはフランスの啓蒙主義者を思いおこさせる面を含んでいる」[22]というように、いわゆる近代的合理主義思想の先駆的業績として注目されてきた。また最近でも、蟠桃の経済思想の中に、明治以降の文明史観に繋がる、資本蓄積を進歩と認識する思惟や、彼による「天」の解釈の仕方と自由主義経済の主張が密接に繋がっていたことなどが注目されている[23]。

こうした研究の背景にあるのは、丸山眞男以来の近代的思惟への転回を江戸思想の内に発見するという視角である。そのため、こうした視角を持った研究においては、蟠桃の「自分が思うに、天下に教法はさまざまあるけれども、儒教にまさるものはない。君、君たり、臣、臣たり。父、父たり、子、子たり。これを除いて人倫として何を求めようか」（二七〇頁）や「すべて人の徳行性質のことにおいては、古聖賢を主としてこれを取べし」（二七〇頁）といった彼の儒学主義ともとれる言明に対しては、その思想の限界点を指摘するのである。しかしよく言われるように、こうした視点は、近代的なるものを、儒学の解体プロセスや西洋的な個人の誕生といった、あらかじめ設定された価値へ向けての展開を前提にするものであるため、同時代的な思想構成を無視した機能主義的分析となってしまう。

有坂隆道氏は「(蟠桃の)合理主義も、決して儒教の本質をふみはずしたものではなかった[24]」と、その両者が矛盾しないものだったと同時代的に蟠桃思想を評している。しかし、前節で確認した通り、一八世紀半ば以降は「儒教」そのものが大いに変容し始め、その「本質」なるものをめぐっても様々な議論が展開していたのであるから、有坂氏のこの位置づけ方は不十分である。蟠桃にとっての「儒教の本質」なるものを論じる必要があるだろう。

本稿が蟠桃の思想に着目するのは、彼の無鬼論という合理主義的思惟と、そこから論じられた祭祀を軸とした神無き世界の人格について論じるためである。また本稿の関心は、維新変革をして長い社会・思想革命とし、その変革のありようを江戸後期の思想に探ることにあり、その点では確かに、古典的な近代的思惟を近世思想の内に探るという視角の中にある。しかし、それを先行研究が蟠桃の思想的限界点だと評価してきた思惟から捉えようとする点で、先行研究の問題点を止揚せんとする立場にある。

『夢の代』における無鬼論と祭祀論

山片蟠桃の主著『夢の代』全一二編の記述の多くは、中井兄弟の言葉を祖述したものとされている。同書の凡例上で「すべて中井両夫子に聞くことあるに与るもののみ、余が発明もあらざるなり」と述べられているが、すぐさま「しかれども太陽明界の説、及び無鬼の論に至りては、余が発明なきにしもあらず」と自賛するように、同書「天文」篇、「無鬼上・下」篇は、蟠桃のオリジナルと見てよい。また源了圓氏が「竹山の米相場論・喪祭論や履軒の養子論などに対しては、蟠桃は真向から反対している」(25)と評したように、個別の議論についても彼の創見をいくつも見ることができる。

筆者が『夢の代』においてまず注目したのは、巻末に記された二首の詩である。

地獄なし極楽もなし我もなしただ有物は人と万物
神仏化物もなし世の中に奇妙不思議の事はなをなし（二七〇頁）

後半の詩には、まさに本編において鬼神の実有を否定し、西洋天文学に沿って天の運行を明らかにしたことへの蟠桃の自負が述べられているが、興味深いのは前半の詩である。こちらも基本的には、唯物的観点から本編を論じたことへの自負が記されていると読めるが、注目したいのは、ここで蟠桃が詠んだ「人」である。その「人」とは「我」なき「人」であった。

もちろん、ここで蟠桃が詠んだ「人」を、「万物」と同様の自然科学的対象物としての存在と評価することは容易である。しかし、あとでも論じるように、蟠桃は祭祀論の展開においては内面の鬼神を重視する議論を提示していた。ここでの「我」なき「人」は、鬼神との関係が意識されていると読むべきである。かなり結論めいたことを先に示してしまったが、以下においては無鬼と祭祀をキーワードに、この詩で詠われた「人」について、そのイメージされたところを敷衍していこう。

蟠桃の鬼神論は、多くの儒家らと同様に、前節で挙げた『論語』「先進」篇における孔子と子路との問答の解釈へ向かって展開していった。この問答については朱子もその解釈を行い、前節で述べたような朱子独自の鬼神論を立てているが、それに対する蟠桃は「程子・朱子の鬼神の論は、ことごとく書を信ずるものであって、とりとめるところがない」（一二一頁）と手厳しかった。孔子の言葉も自己の「賢明」さによって取捨選択するという蟠桃の言説は、まさに江戸後期のフィロロギーを体現していたと言えよう。

さて、蟠桃の無鬼論を読む上で注意が必要なのは、彼が否定したのはあくまでも鬼神の実有であって、鬼神の概念そのものを否定するものではなかったことである。鬼神の実有否定については、「無鬼上・下」篇を通して徹底的に行われた。そのやり方は、記紀神話の矛盾や伊勢の祭神が一定しないことを古記研究によって指摘することや、「天地陰陽の和合する仕たてによって生死熟枯するものあり、その点ではみな理を同じくして天地自然のものである。山川水火であっても、みな陰陽の外ではない。別に神というものはない」（一八九頁）、「神があってするのではない、人の命令でするのではない、天地自然の理であるにすぎない。（中略）奇妙なようであるけれども、みな一定の理があって、その中に存することは、また奇妙ではないか。そうであるからすなわち、このあらゆる道理のほかに、どうして神があろうか、どうして仏があろうか。ただこの陰陽の徳をもって万物を生じ、奇々妙々のではない。不思議なようでまた不思議ではない」（二一九頁）といった、朱子学の理気・陰陽の観点からもなされていた。また、現状の社会は、主に仏教家・神道家らが自家の利益の獲得のために鬼神の実有を喧伝して人々を惑わし、それによって人々は自らの吉凶禍福を鬼神に委ねるような情を持つようになったと指摘していた。

蟠桃が無鬼論を展開する上で最も問題視していたのは、この吉凶禍福を鬼神に委ねようとする情で、まずは鬼神と吉凶禍福とを切り離す論理を展開した。彼は神験を否定して次のように述べた。

神は正直の頭にやどると、今でもすでにいうではないか。正直とは霊験のないことをいう。これこそほんとうの正直である。天日のような大徳であっても、天上天下の万物にその徳を交合して、日夜間断なく万物を生々したまうことであるから、何を祈っても何を求めても、貪着のないことこそ正直である。どうして一人二人の願望をかなえて、眼の前に自分に媚びる者にのみ私情をさしはさむ日輪であろうか。だから神験もなしというものは、実はかえって神を敬するものであり、日輪を敬する心をもって神を敬するのである（一六一頁）

蟠桃は別の箇所で、アマテラスと日輪とを区別して「日輪は日輪」であって神ではないと断じていたが、ここでのロジックは、日輪とアマテラスとを同視して伊勢神宮で祈る人々へ向けられたものであった。神は私情を持たない大徳を持つゆえに、自己を祈る人にのみ効験を以て応えたりはしない。祈る人にのみ効験をもたらさないからこそ神であって、それは日輪のようにすべてに「正直」に開けたものなのだと言う。ここから蟠桃は、個々の神験を指して神の実有を説くのは、逆説的に神の実有を否定することに繋がるのだと論じた。人の吉凶禍福と神とを切り離し「神験もなしというものは、実はかえって神を敬するものであり」「有鬼というのは不敬である。無鬼というのは敬である。これを鬼神につかえる大要とする」（二一六頁）ということで、蟠桃は鬼神の実有を否定し、有鬼のロジックを逆用することで、鬼神を自らの無鬼論の内に取り込んだのだった。

この無鬼の篇に、私が、神霊がない、効験がない、鬼神がないというものは、みな自分の尊敬する神を尊敬することに真意があって、このようにいうものである（一三五頁）かの鬼があるといってその実は鬼神を軽侮するのを見るし、また鬼がないといってほうとうに鬼神を尊敬するのを見るのである（二一六頁）

蟠桃にとって吉凶禍福の問題は、あくまでも自己の行為の結果でしかなかった。「富貴利達を求めるには智力勤行が必要だ。災禍を除くには戒慎《かいしん》が必要だ。本すじのことを行わないで、怠って無理に神仏に祈るものは愚かでなくて何であろうか」（一九五頁）と、吉凶禍福を極めてわかりやすい通俗道徳のロジックで説明していた。

しかし、必ずしも努力は報われない。予期せぬ事態も発生する。蟠桃は『孟子』を以てこれに答える。「善をなして一点の不善もない人が、災いを得ることがある。不善をなして一点の善もない人が、福を得ることがある。このことを天とし、命とする。これこそほんとうの天であり、ほんとうの命なのである。だから孟子はいう、『命を知る者は、岩墻《がんしょう》の下に立たず』と」（一〇二頁）。聖賢たちは、天も神も鬼も実際には実有していないことを知っているが、しかし、民が艱難辛苦にあった時にはその慰めとして「進退きわまったところをさして、天といい、命といい、鬼神という」（九八頁）のだという。この「天」の理解は、彼独自の米価論でも展開された(26)。蟠桃にとって人の社会生活は、神を頼むこともない自助努力という通俗道徳によって貫かれ営まれるべきだと言うのであり、これが彼の無鬼論における一つの主張だった。蟠桃は『書経』『易経』などの経書を貫く善因善果、悪因悪果の説で以て、無鬼の世界の人の生のあり方を説いていた。

蟠桃の無鬼論と本居宣長の神霊観とを比較した前田勉氏は、両者の議論の背景に、商人としての成功者とそうでない者の差を認め、「宣長には、自己の力ではどうしようもない、不条理が横行している現実社会への諦めがあった(27)」とし「宣長は『神代』のなかに、不条理な世界に生きる根拠を見出そうとした(28)」「逞しい自我によって担われる『日本』を（蟠桃は─藤野注）想像していた点で、宣長の弱者の共同体としての『皇国』と異なっていた(29)」と両者の違いを論じた。ここで前田氏は、宣長的なものに多数の人が共感し得る思想的な力を読み、維新へ向かう原動力を宣長的なものに見ている。また

子安宣邦氏は「己れの救済希求にかかわって鬼神の実有を主張する」立場として平田篤胤を位置づけている。(30)

吉凶禍福は自己責任で鬼神を頼まないという蟠桃の描き出した人は逞しい。通俗道徳的とはいえ、強い自己規律によって小さな福を積み重ねる日々を送り、それでも報われない唐突の事態には「天命」だと納得する。日常を送る人々の生活規律の世界において、このような人は確かに逞しい。では蟠桃は、この逞しさは何を根拠にするものだと考えていたのだろうか。宣長や篤胤が人の弱さや諦めから、生の根拠を彼岸の世界に求めたのなら、此岸で通俗道徳的に逞しく生きるのにも、その根拠は必要だろう。

ここでもう一度、蟠桃の無鬼論を振り返る。蟠桃は鬼神の実有を徹底して否定していたが、その無鬼のロジックは、無鬼を言うことはかえって鬼神を「敬」することだと言っていた。人に吉凶禍福の神験をもたらさない、しかし「敬」の対象となる鬼神とは何か。また、その鬼神は此岸を通俗道徳によって逞しく生きる人にとって、どのような意味があると考えたのだろうか。

鬼神はそもそも儒学における祭祀の対象として体系化されていたものだから、蟠桃が鬼神を「敬」するのなら、それは祭祀の問題と不可分であった。蟠桃は孔子を引きながら、鬼神は「敬する」と同時に「遠ざける」ものとし、「鬼神を敬してこれを遠ざける人は、智者である」(一〇九頁)と述べていた。鬼神を「遠ざける」ことについては、このゆえに、よくよくわきまえて、神の理を知ってのち、わが先祖の鬼は、自分がこの後の子孫を念《おも》う心と同理であるから、せめてはこれを追憶し、祭りて「在ますが如く」すべきことであるとよくよく弁知して、祭るときは崇敬し、いつものは遠ざけて日々の仕事に勤めることが、肝要であろう。わが子孫たるもの、これをよく守るべきである。

これがわが輩の祭る鬼である。そのほかに祭るべき鬼神というものは一つもない。けっして祭ってはならない（二一一頁）。

と述べている。「いつもは遠ざけ日々の仕事に勤め」、祭るべき時に「わが輩の祭る」「鬼」たる祖先が「在ますが如く」「崇敬」する。つまり日常生活から鬼神を遠ざけるのであり、ここから「聖人は人情によって鬼神を敬するとともに、またそのことによって人が虚談になずむのを恐れて鬼神を遠ざける」（一三七頁）のだという。これは、前の吉凶禍福から鬼神を遠ざけ、通俗道徳を以て実生活の基軸とすべきだと提起したことに対応している。蟠桃はここで、人の外面的な生活空間から鬼神を排除し、鬼神を「念う心」、つまり人の内面の問題に限定しようとしているのである。

鬼神を祭ることは、徹底的に人の内面の問題だとする蟠桃は、鬼神を信じる「情」を排除しつつも鬼神を祭る「心志《しんし》」を重視した。祭祀にとって、これが最も重要なことだという。

天地山川に、もとより鬼は存在しない。社稷《しゃしょく》五祀にもまたそうである。宗廟は人鬼をまつるところである。しかしこれとてもここに人鬼が現実に存在するのではない。すべて祖先の恩に報いて、祖先の霊を祭る心志があるならば祭るべきである。祭らなくても、またどうしてそれに拘泥することがあろうか（一二七頁）

といった。

鬼神は実有していない。仮に鬼神を祭る心志がなく祭ることがなくても、それでも現実の日常生活の吉凶禍福に鬼神は何ら関係しないから、それに拘泥することなく日々を送ればよい。ただ「祖先の霊を祭る心志があるならば祭るべき」だ。蟠桃の鬼神祭祀の議論は、祭る者の心志の問題に焦点化していた。

また、ここまでの史料に何度か出ているように、蟠桃の言う祭るべき鬼神とは我が「祖先」のみで、それは具体的な血縁によって証明される祖先であった[31]。そのため蟠桃は、日本における養子制度に苦言を呈していた。また「天子は天子、三公は三公、北辰は北辰、釈迦は釈迦として、われわれの祭るべき神々ではないから、敬して遠ざけるだけ」（二一六頁）、我が祖先以外に「祭るべき鬼神というものは一つもない。けっして祭ってはならない」とまで断じており、聖人の名づけた鬼神を祭祀対象とすべきとした荻生徂徠とは、大きく一線を画していた。

祖先崇拝を基本とする蟠桃の祭祀論は、儒学一辺倒にも見える。しかし、蟠桃は喪祭法については「わが師中井氏の『喪祭私説』というのがあるけれども、これは儒家の喪祭の法式である。民間の習俗に会わない」（二一九頁）といい、わが国の鬼神を祭るのに、どうして外国のやり方を用いようか。わが国はわが国の法をもってすべきである。しかるに今、わが国の鬼神の祭法というものは、みなインドや中国の法である。ゆえに習俗にたがわず、法にそむかず、かれこれを取り合わせて、前後の先祖のこころざしをくんで、自分の決断をもって鬼神を祭ればよいのである。ゆえにわが家法は、先祖の仏者の法をもってし、その中にほんとうに尊敬する気持をあらわして祭るものである（二一九頁）。

と、祭法は儒礼にこだわらず「自分の決断をもって」「尊敬する気持ちをあらわして」「先祖を思慕し、自己の受けた恩を報じたい志情《しじょう》をもって祭るもの」（二一九頁）だと論じていた。[32] 蟠桃の祭祀論は、外面的な礼法になく、あくまで「その志すところが、神情にかなうことをねがう」（二一九頁）個々の奉恩という内面的な心志の問題に収斂していたのである。心志へのこだわりが、蟠桃における儒学の本質だった。「誠敬をもってこれを祭ると在ますが如くなるのである。誠敬がなくてこれを祭ると、在ますことはない。その実はついに在まさないのである」（二一一頁）というように、心志を以て祭るからこそ、その鬼神は実有しないが「在ますが如く」心志に宿るのだった。[33]

そして、前に掲げた孔子と子路の死生をめぐる問答は、生前の親に孝を尽くす心志を以て死後の親（鬼）に仕えることだと解釈され、これを知る者が「智者」なのだと無鬼論が結論づけられていたのである。[34]

最後に、この内面に宿る鬼神は祭る人にとってどのような意味を持っているとされたのか。蟠桃は端的に「伊尹・周公が太甲・成王を本尊として仁政を施すようなもの」だと言う。つまり「みずから命令を出納しているけれども、あえて専制的なことをしない」統治を可能ならしめるのが、鬼神を「在ますが如く」扱う意図なのである、と。蟠桃はこの点を、『礼記』「祭義」篇を引きつつ、

「祭義」にいわく、「無声に聞き、無形に視る、云々。祭は数なるを欲せず、数なればすなわち煩、煩ならばすなわち不敬なり。祭は疎なるを欲せず、疎なればすなわち怠る、怠ればすなわち忘る、云々。」（中略）この語をよくよく味わうべきである。これが鬼神を祭る要点である関雎《かんしょ》の、寤寐《こび》にこれを思い、孔子が周公のことを夢に見る、そのほか、孝子が喪礼を行なう、等々みなこの意であって、彷彿として聞見し、在ますかのような思いをなすことは、みなその祭る人の誠敬真実にあって、鬼神がそんざいするというしるしはないのである。こういうわけで鬼神を祭る誠心が祭の要であることがわかるのである。鬼神を祭ることの要は、みな我にあって彼にないことがわかる。（中略）これがすなわち鬼神につかえる機密（一〇九頁）

だと論じたのだった。[35] 通俗道徳的自己規律や人間関係の倫理によって営まれる鬼神なき世俗社会は、内面におけるおのおのの鬼神との無声、無形の対話によって私（専制）を去った人々が織りなす世界として論理づけられていたのである。本稿の課題の一つである、山片蟠桃を通して見る神無き世界の

人格とは、外面の鬼神を殺して内面に自らの鬼神を宿すその心志のことであった。

おわりに

『夢の代』のどこにも、徳川政権への批判的言辞やオルタナティブの提起などは見当たらない。至極当然のことではあるが、大商人山片蟠桃の思想は、彼の「天」「天命」の理解に象徴されるように、江戸徳川社会で商人として生きるのに適合的なものとして展開していた。蟠桃の無鬼のロジックは、現世の吉凶禍福から鬼神を切り離し、内面の心志によって抽象的な祖先の鬼を自らに宿すことで、現実生活における家の存続を目的とした通俗道徳的な生き方を提示するものだった。家伝書らしい処世術にたどり着いた議論とも言えるのだが、しかし一方で、そうした現状適合的な思想が、現権力秩序に対応して整序や階層化がなされていない鬼神によって裏打ちされていたことは興味深い。「祖先の霊を祭る心志があるならば祭るべきである。祭らなくても、またどうしてそれに拘泥することがあろうか」という内面の心志は、確かに外面の通俗道徳的な生活を補強するものではあっても、それとは本質的に異なる地平にあった。つまり、蟠桃の無鬼論が提示していた人間像は、内面の世界と外面の世界とが切り分けられていたと言えるのである。

通説的には荻生徂徠が政治世界と生活世界とを切り分ける言説を提示したことで、近世社会に個人の概念が登場したと言われているが、一節でも確認した通り、徂徠の鬼神論は鬼神を信じる人情に対応して聖人が定めた鬼神を祭祀すべきだとする構成をとっており、祭祀論においては、人情を聖人の世界に統合させようとする志向を持っていた。周知の通り、徂徠の政治世界は聖人の世界で構成されていたのだから、人情は政治世界と繋がっていた。蟠桃の心志は、あくまでも自己の鬼神（祖先）との閉じた対話に向かっており、その鬼神は、血縁以外とは共有不能なものだった。たとえば蟠桃は、日光東照宮が一般民衆の参拝に強い規制をかけていることを、権現はあくまで徳川にとっての鬼神であって民衆の拝む対象ではないのだから当然の措置だと肯定的に評価していた。心志の鬼神はあくまで自らが作り出すものであって、その意味で、徂徠よりも個人の概念に近づいていたと言えるだろう。

以上のように蟠桃の無鬼論は、心志という外からは閉じた個の内面を前景化させる論理構成をとっていた。『夢の代』を蟠桃の主観にとらわれず一つの時代思想が記されたテキストと位置づけるなら、ここにおける心志への着目は、一八世紀中葉から一九世紀にかけての思想状況を象徴するものだったと言えるのではないだろうか。当該期には本居宣長、平田篤胤の国学、また陽明学が台頭してきた。これらが人間の心の問題を中心に扱うもので、それが、維新の革命主体を生み出したことは知られている。ただ、おそらくこれは、平田派国学があったから、陽明学があったから革命主体が生まれた、ということではない。これは長い明治維新の初期の段階で、人々の心の問題がクローズアップされる段階があったことを示しているのであって、それが国学や陽明学といった学問によって捉えられてきたと考えるべきだろう。

これを踏まえた上で、蟠桃が詩の中で示していた「我」なき人について、その意味の捉え方について筆者なりの見解を提示したい。蟠桃が注目していた心志は、それを推し進めれば個人の概念に近づくものだったと言える。しかし、「我」なき人が個人の概念と近いというのは矛盾しているようではある。ただここに蟠桃の鬼神祭祀論を補助線に引くなら、これは逆説的に成立する。前にこれを単純化しておけば、存在の外部から存在とは異なる何かを取り込むことが、存在を逆説的に成り立たしめるというロジックである。

血縁でのみ証明される（政治的に整序されていない）鬼神を敬そうとする人は、自身＝「我」の心志の決断によって鬼神を自らの内面に映し出す。それによって以後の行動は、鬼神との対話（まるで周公が成王の夢を見るように）によって規律化され「あえて専制的なことをしない」（九八頁）。ここにおいて、「我」は消滅する。しかし、その鬼神は常に内面にいるわけではない。あくまでもそれを祭り宿し続ける心志が必要であった。その心志の決断は、再度、「我」によってなされるものである。つまり、鬼神によって命じられているかのごとくする「我」なき人の規律的な行為選択は、結局のところは「我」の決断からしか発していないのであって、その意味において、規律化のための鬼神を宿す「我」の意志は常に要請され続けるのである。この、自己の決断で自己を規律化しているにもかかわらず、その規律は、自己の内面の鬼神との関係においてなされているかのごとき構造をとっているのである。これをもって筆者は、蟠桃のいう「我」なき人が個人の概念に近づいていると読めるのではないかと考えているのである。

本稿で山片蟠桃を用いて論じたように、維新の思考として個人の発生を論じることは、政治的な維新革命を、その主体の発生要因を思想史的に説くことに繋がるだけでなく、近世社会の中にそのような個人の発生があったからこそ、革命の原動力となったその個人を統合する、すなわち革命を終わらせるための民心統合という、近代日本の道徳的課題が早くから発生したことを論じることに繋がると考えているのだが、現時点では試論の域を出ていない。より詳細な実証と検証が今後の課題だろう。

注

(1) こうした関心は、いわゆる保守層と評される勢力に限らず、明六社グループに象徴される「啓蒙」知識層にも共有されていた。拙稿「西周の法思想と教思想――「思慮」ある「激怒」が蠢く秩序」(『立命館史学』第三八号、二〇一七年)。河野有理『明六雑誌の政治思想――阪谷素と「道理」の挑戦』(東京大学出版会、二〇一一年)。菅原光『西周の政治思想――規律・功利・信』(ぺりかん社、二〇〇九年)。

(2) 住友陽文『皇国日本のデモクラシー――個人創造の思想史』(有志舎、二〇一一年)。

(3) 三谷博『明治維新とナショナリズム――幕末の外交と政治変動』(山川出版社、一九九七年)。

(4) 前田勉『江戸後期の思想空間』(ぺりかん社、二〇〇九年)。

(5) 奈良勝司「近代日本形成期における意思決定の位相と「公議」――衆論・至当性・対外膨張」(『日本史研究』第六一八号、二〇一四年)。

(6) 維新官僚全体が主権国家建設の課題と国民国家建設の課題を同時に意識し、一人の主体が、そのどちらにも同時に取り組んでいたというよりは、それぞれの主体がそれぞれの課題意識に従って国家建設に取り組んでいたというのが実態である。本稿が問題にしているのは、日本において、国民国家化の課題を意識する主体が比較的早く登場し、それが一定のイニシアチブを発揮していたことである。木戸孝允などは国民国家化を課題としていた主体の代表的人物と言えよう。

（7）苅部直「文明開化の時代」（『岩波講座日本歴史』第一五巻、岩波書店、二〇一四年）。

（8）E・J・ボブズボーム著、安川悦子・水田洋翻訳『市民革命と産業革命――二重革命の時代』（岩波書店、一九六八年）。苅部直『「維新革命」への道』（新潮選書、二〇一七年）は、長い革命への視点を竹越與三郎『新日本史』や福沢諭吉『文明論之概略』などへも読み込み、ここから独自の着想を得ている。

（9）宮地正人『通史の方法』（名著刊行会、二〇一〇年）。宮地氏は、近世史研究と近代史研究との断絶や相互無関心が、互いに議論する枠組みの齟齬を生み、明治維新の発生や近代日本の特質を論じられなくしたと批判している。

（10）竹村英二『江戸後期儒者のフィロロギー――原典批判の諸相とその国際比較』（思文閣出版、二〇一六年）。ここは主に序論・第一章を参照。また、前田前掲書は、江戸後期の身分制を越え得る可能性を持った開かれた会読空間を明らかにしたものである。

（11）同前。第二章、第三章における中井履軒、東條一堂の例を参照。

（12）田世民「中井竹山・履軒の礼学についての一考察」（『懐徳堂研究』第一号、二〇一〇年）。懐徳堂朱子学における礼の理解については、これに拠るところが大きい。そのほか、懐徳堂の学風については、宮川康子『富永仲基と懐徳堂――思想史の前哨』（ぺりかん社、一九九八年）、同『自由学問都市大坂――懐徳堂と日本的理性の誕生』（講談社選書メチエ、二〇〇二年）同『懐徳堂知識人の学問と生――生きることと知ること』（和泉書院、二〇〇四年）を参考にした。

（13）山片蟠桃『夢の代』。同書の本稿への引用は、『日本の名著二三　山片蟠桃　海保青陵』（中央公論社、一九七一年、以下『日本の名著』）採録のものに統一した。これ以後、注釈の重複や煩雑さを避けるため、本稿における同書からの引用は、本文引用文のあとに括弧で同書の頁数を記した。

（14）本稿における近世中期の鬼神論の展開やその見取図については、かなりの部分を子安宣邦『「事件」としての徂徠学』（青土社、一九九〇年）第三章、第四章に依拠している。

（15）書き下しは金谷治『論語』（岩波文庫 青二〇二―一、岩波書店）より。

（16）書き下しは浅野三平『原文&現代語訳 鬼神論・鬼神新論』（笠間書院、二〇一二年）より。

(17) 子安宣邦「鬼神と人情」(『季刊日本思想史』第二号、一九七六年)。
(18) 金谷治『大学・中庸』(岩波文庫 青二二二―一、岩波書店)。
(19) 子安宣邦『「事件」としての徂徠学』一〇九〜一一〇頁。
(20) 略歴は『日本の名著』や『富永仲基 山片蟠桃』(日本思想大系、岩波書店、一九七三年)を参照した。このほかに、蟠桃の伝記的研究としては、有坂隆道『山片蟠桃と大阪の洋学』(創元社、二〇〇五年)、木村剛久『蟠桃の夢――天下は天下の天下なり』(トランスビュー、二〇一三年)が挙げられる。『夢の代』の内容は『日本の名著』のほかに、全文掲載されている末中哲夫『山片蟠桃の研究――『夢の代』篇』(清文堂出版、一九七一年)とも突き合わせた。また、本研究の着想と似た研究としては、小堀一正「無鬼、またはフィクションとしての鬼神――山片蟠桃小論」(『懐徳』第五六号、一九八七年)が挙げられる。
(21)『夢の代』は家伝書として残されたものだったため、当該期に世に出版されて出回ることはなかった。本書を読み解く際には、この点にも注意が必要である。
(22)『日本の名著』一七頁。
(23) 苅部直前掲書、一三六〜一三七頁。
(24)『山片蟠桃 富永仲基』(日本思想大系)六九四頁。
(25)『日本の名著』二八頁。
(26) 蟠桃は『孟子』を参照して、人間に不可知の現象をして「天」と位置づけていたが、物価(米相場)についてもまた、「天」だと言っていた。蟠桃は米商人として日々、米の「売り」「買い」の現場に立っていた。どの相場で売買するべきかという判断は、決して運任せや神頼みにすることでなく、絶え間ない情報収集と瞬時の判断力に拠っていることを、彼はよく知っていた。しかし、それでも米相場は思い通りに動かない。『孟子』の「天」の概念は、こうした日々の経済活動を通じて蟠桃にとってリアリティをもった概念に昇華していた。
(27) 前田勉前掲書、一九八頁。
(28) 同前。

(29) 同右、二〇一頁。
(30) 同注(17)。
(31)『夢の代』「制度」篇で、養子制度を批判する。自身の山片家への親類次席扱いについても、自分一代限りとの条件をつけていた。
(32) 具体的な礼式については「仏法の式は、その法式をもって親戚朋友の中で行ない、年忌のごとき場合にはみな僧を招き、平生の年始・中元・佳節の祭は、みなその時の四季折々の季節の物を献じ、魚鳥をそなえない。俗習に異なることをにくむからである。(中略) 香は焚くけれども、経は読まない。みな自分の心に折衷して仏法によらず、神道に拘泥せず、儒法にそむかず、一家独自の祭法を立てるのは、ただその志すところが、神情にかなうことをねがうのである」(二一九頁) と述べていた。
(33) 懐徳堂の鬼神祭祀を論じた田世民 (田前掲書) によると、祭祀の際に「誠敬」を尽くすこと、そのことで祖先が「その左右にあるがごとく」感じるといったことは、中井竹山が慕容彦逢 (一〇六六年—一一一七年) による『礼記』「祭義」篇への注釈を参考に述べたことだとしている。今後、「誠敬」や「心志」への着目や祭義論を蟠桃思想のみならず、広く懐徳堂朱子学の中で捉える必要がある。
(34) 孔子と子路の談話は次のように解釈されていた。「もちろん、親がこの世に在ますときの孝行をつくすのに、梵・漢の法式を用いる必要があろうか。ただいま、目前の心志に合うということを孝養をつくす道とすればよい。であるからすなわち、死後の祭祀もこれに准じて行うべきである。こうすること、これを、よく生につかえてまたよく鬼につかえるという。またよく生を知って死を知るという。死生の理は、明らかである。これを智者というべきである。鬼神の説はここにいいつくした」(二二一頁)。
(35) この「無形」「無声」については本来、『礼記』では曲礼上の父母へ仕える心構えとして書かれている。田氏によれば、慕容はここを曲礼上ではなく、祭祀上において祭る者の思いのあまり「故人の動きを見るような情景を表わすものとして転用している」(田前掲書、一九頁) とあり、蟠桃も同様にここを祭義上の語と勘違いをして「無形」「無声」を論じたとされている。この点が勘違いであることを前提としつつも、蟠桃の祭祀論の構造においてこれがどのような位置にあったのかは検討する価値を持つだろう。

第四部
王政復古論

第八章　王政復古の地平——天皇親政と革命

小関素明

はじめに——なぜ王政復古を問題にしなければならないのか

明治維新一五〇周年という節目にあたり、改めて明治維新史の研究史を紐解いてみた時、筆者は大きな困惑を禁じ得ない。その膨大な蓄積とそこに投じられた労力に思いをはせる一方で、一体これらの成果は何を根本的に解き明かしてきたのかが鮮明には見えてこないのである。特に一九八〇年代以降の諸研究を通覧した時、この感を深くする。だが、それら研究者の関心がどこに向いているのかが判然としない中で、一つだけはっきりしている徴候がある。それは、王政復古に真正面から焦点を当てた研究が、井上勲氏や宮地正人氏らのものを除いて、(1) ほとんど存在しないという傾向である。これはなぜなのか。

周知のように、戦前以来の明治維新史研究を理論的に領導したことで知られる講座派の問題関心の一大特色は、皇国史観に象徴される不条理で神がかり的な一国史的観点を克服すべく、世界史的視座を導入したことにある。しかし、その世界史的視座の導入は、別の形で日本の「特殊性」を浮かび上がらせることになった。すなわち、幕末期において等しく西欧諸国の圧力に晒されながらも、他のアジア諸国とは異なって独り植民地化されることを逃れ、のちにアジアで唯一、帝国主義化を遂げたことがそれである。その「特殊性」の解明は、以後の明治維新研究の大きな課題となっただけでなく、その後の日本近代国家の「特性」を規定するものとして大きな関心を呼んだ(2)。

講座派史観の修正を意図した一九八〇年代以降の研究の主潮流は、この「特殊性」を、体制変革を促す階層矛盾の存在にもかかわらず、西欧諸国の圧力に直面してもなお国内分裂を招来しないような凝集力が存在したことを想定し、その凝集力の「源泉」を探求することによって解こうとした。

その「源泉」として重視されたのは、第一に階層の相違を越えて共有された「国是」の存在である(3)。そこには、体制変革のビジョンをめぐって諸階層間に相当な距離が存在したにもかかわらず、西欧の脅威を前にして表明された「政令一途」の大方針を諸勢力が尊重したため、最終的な国内分裂が回避されたとする含意がある。そして、第二に関心が注がれているのが、そうした国是を奉じる幕末期の政治社会の「政治的成熟性」の掘り起こしである。そうした関心は、当該時期の国内の情報網や流通網の成立に注意を向ける社会史研究を触発し、またそれと呼応している(4)。

このように、「政令一途」の「国是」の求心力を重視する限り、体制変革主体として重視されるのは、体制変革と「政令一途」を最も無理のない形で止揚しようとした公議政体派である。その結果、必然的に、それらと対立した尊王攘夷派や武力討幕派を幕末期政治社会の推移の線上系列上から逸脱した異端的勢力と位置づけ、その影響力を限定的にしか評価しない見解が生み出されていくこととなる。

この帰結として、王政復古が断行されたことの理由を、政局の急転直下の変化の所産としてしか説明できなくなってしまうというアポリアが生み出されたわけである。つまり、従前の幕末社会の「特性」を内的に掘り下げようとした結果、王政復古は狭義の政治史の手法で解くしかない些事であるかのごとく扱われるに至っているというのが今日の状況なのである。

明治維新史研究が陥ったこのアポリアの背後には、以下の歴史状況的な理由が存在した。すなわち、社会の中から「革命」（合法的手続きによらない権力変革）への関心が後退したことである。その前提には、当該の支配権力の打倒は民衆運動の高まりによってなされるはずであるとする教条主義的予断があった。そしてそれは、「革命」後の権力は被統治者との契約によって根拠づけられているという常識的感覚に根ざした予断と共鳴していた。

なかば社会常識にすらなっているこの執拗な予断を塗り替えるのはなかなか困難であるが、本稿の目的は、権力の究極の存在根拠は、支配―被支配者間の委任・契約関係を超えた次元に存在するデ・ファクトな暴力（事実上の力）であり、むしろ逆に、それが委任と契約を隷従させることによって成り立っているところにその存在論的な本質があることを明らかにすることである。なぜなら、旧来の予断に緊縛されたままでは、われわれが向き合うべき権力の本当の恐ろしさが理解されないからである。それを理解するためには、権力を根本的に根拠づけているこの赤裸なリアリズムを感知し、解析する以外にはないからである。これが感知できないと、主観的にはいかに真摯なつもりでも、民主主義や国民主権を教条主義的ドクトリンのようにしか理解できず、その真の課題に盲目であり続ける。また、以後の政治史を、焦点と意味を欠いた煩雑なだけで空疎な権力抗争史としてしか描けなくなる。この点から言って、一見少数の実行主体によるクーデターにしか見えない王政復古政変に含まれた極めて濃密な意味を解き明かすことは、必須の課題なのである。

一、策謀と「革命」の王政復古

王政復古に向き合うに際して、着目すべきは、政変の必然性だけではなく、幕府を否定する政変はなぜ王政復古政変でなければならなかったのかという点である(5)。

これを解くためには、前代の日本の近世社会の特質が権力構造論的観点から見た場合、どういう特質を持っており、それがなぜ克服される対象となったのかということを解明する必要がある。

幕末期の近代日本に求められたのは、周囲の反対を押しても特定の政治的決断のできる威力ある権力であった。ところが、徳川幕藩権力は、その条件を欠いた権力であったと言うほかはない。それは逆説的ではあるが、徳川幕藩体制が、武威による覇権を根拠に打ち立てられた体制であることに由来していた。武威と覇権に立脚した権力は、敵対勢力が武威をもって覇権の奪取をめざして自らに挑戦する潜在的危機に常に晒されるという内在的弱点と同居することを強いられる。これゆえに徳川政権は、諸大名(特に譜代大名)の合議に立脚した公議権力として自らを再編していかなければならなかった。ここに、分権と持ち分の原理によって構成された徳川政権下の権力構造が必然化される。(6) これは、前例のない政治的決断と選択を果断に行うには極めて不向きな権力構造であったと言うほかはない。

王政復古の本質を解き明かすには、この徳川政権下の権力構造の特質を踏まえた上で、以下の点を押さえておくことが重要である。

まず第一に、王政復古とは大政奉還による政権異動を許さないための対抗措置であったということである。それは、徳川政権に替わる新規の権力を樹立するためには徳川による政権の禅譲を否定すること、換言すれば、「討伐」によって旧勢力を打倒することが必要だからであった。では、なぜそうした措置によって徳川政権を倒さなければならなかったのであろうか。それは、武力討幕派勢力の主動あればこそ徳川政権を打倒し得た（討伐し得た）という「事実」を内外に挙示することによって、その勢力を例外的に突出させるためである。そして、そうした「事実性」のみを根拠にした例外的主体として突出する以外には、爾後の未曾有の諸政策を強固に遂行できる創発的な権力主体を立ち上げる術はなかったからである。そのために、大政奉還で政権の異動が完結していれば緒に就いていたと予想される政権運営形態、すなわち「将軍職ヲ以テ天下ノ万機ヲ掌握スルノ理ナシ、自今宜ク其職ヲ辞シテ諸侯ノ列ニ帰順シ、政権ヲ　朝廷ニ帰ス、（後略）」(7)（「薩土盟約」一八六七年七月）というように、徳川勢力・朝廷・大名合議体制のもとで「公論」を打ち立てるような政権形態は何を置いても否定しなければならなかったのである。

王政復古の立役者であった大久保利通が、

今般《こんぱん》修理大夫（島津茂久）挙国家上京仕候段ハ、此機会十分ニ王政復古ノ基本ヲ立度旨ノ見留ニテ、是非断然ノ尽力ニ非ザレバ成功難致、平々ノ尽力ヲ以御基本相立候事ハ不存寄候、御旨趣通ノ御手順ニテハ中々成功候儀ニ無之……今般両三藩大兵ヲ引上京仕候義ハ、偏《ひとえ》ニ朝廷ニ御兵力ヲ備、至理至当ノ筋ヲ以基ヲ開、反命ノ者可掃蕩ノ決心ニ候、如此一大機会ト云モノハ千載ノ一時ニ無之哉……(8)

というように、軍事力を頼みとしてでも、その機を伺わざるを得ないことを闡明《せんめい》し、政変前日に及んで、「二百有余年之太平之旧習ニ汚染仕候人心ニ御座候得者、一動二干戈一候而、反而天下之眼目を一新、中原を被レ定候御盛挙と可二相成一候得者、戦を決候而死中活を得る之御着眼最急務と奉レ存候……(9)」というように、「戦を決候而死中活を得る」不退転の覚悟を表明したのは、この熾烈なリアリズムを認識していたためであった。

ここに示されているのは、明治維新変革の起点にある王政復古は、「公論」の集約を趣意にしてなされた変革ではないということである（変革後、「公論」を選択的に摂取することはあるにせよ）。近世社会の中で朝廷への期待と求心力が高まり、それが公議政体論の興隆の背景にあったとしても、王政復古はむしろ公議政体を求める「公論」の大勢に対峙してなされた措置であったということを見逃してはならない。

その点と関連して、第二に、歴史事象的に王政復古は一部の実行勢力による宮廷内革命として挙行された措置であったということに注意しなければならない。それは、公議政体論を指針とする勢力にとって想定外の急進的な措置であったがゆえに、暴力的に一気呵成に強行しなければ成功は覚束なかった。それがいかに周囲の勢力の意表を突いた措置であったかは、大政奉還の建白書を提出して王政復古クーデター当日夜の小御所会議に列席した前土佐藩主山内容堂の「此度之変革一挙、陰険之所為多きのみならず、王政復古の初に当って兇器を弄する、甚不祥にして乱階を唱ふに似たり、……畢竟如此暴挙企られし三四卿、何等之定見あって、幼主を擁して権柄を窃取せられたるや(10)」という抗言に示されている通りである。この容堂の抗言に対して、岩倉具視は間髪入れず「此レ御前ニ於ケル会議ナリ卿当サニ粛慎スベシ。聖上ハ不世出ノ英材ヲ以テ大政維新ノ鴻業《こうぎょう》ヲ建テ給フ今日ノ挙ハ悉ク宸《しん》断《だん》ニ出ズ。妄ニ幼冲ノ天子ヲ擁シ権柄ヲ窃取セントノ言ヲ作ス何ゾ其レ亡礼ノ甚シキヤ(11)」と容堂を叱正し、その疑念を圧殺した(12)。

この応酬の中で注目すべきは、岩倉がこの強硬措置を、「今日ノ挙ハ悉ク宸断ニ出ズ」という明確な強弁にはしなくも示されているように、あくまで「天皇の意志」として押し通そうとしていることであり、一方の容堂が「幼主を擁して権柄を窃取」しようとしているという痛罵を投げつけたことにも示されているように、「天皇の意志」を奉じて王政復古を強行しようとする岩倉らの動機の純度に対して疑念を投じていることである（容堂も王政復古という措置が、僅か一五才の明治天皇の「宸断」に由来するものでないことは、当然見通していたであろう）。そして、急所を衝かれた岩倉が容堂を論駁できていないということである。あくまで岩倉は虚言を弄して、容堂の疑義の表明を、場を弁えない「不謹慎な態度」であるとして封殺したにすぎない。通常の社会的感覚から言えば、岩倉の策謀は「陰険」と言われても仕方のない所為であり、容堂の義憤は極めてまっとうであった。むしろ容堂は、岩倉にとっては何を置いても秘匿しておかなければならない天皇擁立の「真相」を如実に暴露してしまったがゆえにこそ、心底において動揺したであろう岩倉に頭ごなしにその抗告を却下されたのである。この一点を死守しなければならない岩倉や大久保ら王政復古の断行者にとっては、秘匿すべき「真相」に肉薄されるに及んで、天皇擁立の虚構性を、それに懐疑を投げかける者を仮借なく覆滅するという姿勢によって隠匿する以外に手立てはなかったのである。そして、天皇の意志(「宸断」)という一点を押し通すことによってのみ、八ヶ月前まで幽閉されていた一介の尊攘派公家にすぎない岩倉具視は、土佐二〇万石の前藩主山内容堂を一喝できたのである。建前にすぎないことが透けて見えようとも、この一点を死守している限り、その動機の「不純性」を摘発するという容堂の抗言が、岩倉らの強硬策を押し止められる見通しはなかったというほかない。

まさに、この岩倉の強圧的「逆襲」は、権力がその存在論的原点において内包している熾烈なリアリズムが一瞬垣間見えた瞬間であった。革命とは、究極において陰謀、と言って悪ければ、政治的策謀でしかあり得ないのである。その成否を左右する鍵は、それを不可逆の政治力学的慣性の上に載せられるか否かであった。

この一連の経緯から見えてくる歴史的事実は何か。それは、明治維新権力は被統治者の合意によって擁立された政権でもなければ、周辺勢力との契約によって根拠づけられた権力でもないということ、これである。これは明治維新政権の例外的な特性ではなく、権力の究極の存在根拠は被統治者の「合意」や「契約」以前的に存在する未然の権力体の自己宣言にしかないという酷烈にして普遍的なリアリズムの赤裸な表出である。

そうした頂点における権力担当勢力の例外的突出のみが被支配者のエネルギーを触発、解放し、新規の権力の立ち上げに不可欠な資源となる。新規の権力を支えることになる被支配者の潜在的エネルギーは、不退転の「実行力」という未然の可能性を予感させられることによって新規の権力のもとに参集し、それを支援する政治的エネルギーとしての効力を発揮する。王政復古の立役者であった大久保と西郷は、王政復古直後の鳥羽伏見の戦いで勝利したばかりの新政府軍のもとに周辺の住民が群がるように参集した様子を次のように目に留めている。「伏見辺は兵火の為に焼亡いたし候得共、薩長の兵隊通行度毎には、老若男女路頭に出て、手を合わせて拝を為し、難有々々と申声にみに御座候、戦場にも路路粮食を持出し、汁をこしらへ酒を酌んで戦兵を慰し……」[13]、「(明治元年一月：引用者)十八日巳ノ刻此ヨリ八幡辺戦地為御巡覧宮（仁和寺宮：引用者）御出ニテ錦ノ御旗ヲ被飄、威風凛烈《りんれつ》誠ニ言語難尽心地、老若男女王師ヲ迎候テ難有〳〵トイヘル声感涙ニ及候……」[14]。このように、鳥羽伏見の戦いでの勝敗の帰趨が明らかになるや否や、間髪を入れずに周辺の民衆がなかば熱狂的に「官軍」に拝跪し、そのもとに参集したのは、戦闘の勝者への打算的な帰服ではなく、「錦の御旗」を掲げた官軍を自分たちの日常を何か新たな次元に引き上げてくれる存在として仰慕したからであった。それは、官軍を支援することによってあたかも自分たちの旧来の日常が一新されて、新たな「可能性」が供与されるかのような高揚感であっただろう。こうした高揚感を触発し、それを効果的に自己の権力資源として糾合し得たもののみが、他を凌駕する権力体たり得るのである。

新政権は民衆に「恩寵の光被」を及ぼすことを、しばしば「王化」と表現した。それは「王の恩寵」を民に及ぼすことによって「民度」を上げるというニュアンスの言葉であるが、民の側の意識においては、それは「王の恩寵」を享けるに値する民に自らが蝉脱するかのような高揚感を伴っていた。新規の権力の樹立とは、こうした民衆の熱狂を喚起し糾合できる「焦点」を作り出す行為であり、それ自身は民衆の動向の中から内発的、自動的に立ち上げられるものではない。

ここにおいては正義ないし道義を遵守すること自体も二義的である（新政権がそうした「正義」や「道議」的規範の遵守を標榜して自らを正当化することはあるが）。そもそも、相反する方向性のいずれに「正義」があるかを判別できる絶対的な基準はない。かろうじて特定の方向性を「正義」として選択し得る基準は、その選択がどれだけ「民心」の要請に叶っているかという点に求める以外にはなかった。しかし、その選択が「民心」の要請に叶っているということを最終的に証明し得る術は存在しない。ゆえに終局的に、ある特定の政治的選択を「民心」の要請に叶った「正義」であると断定し強行できるか否かは、その「断定」を行う権力が住民の信頼と支援を集められる求心力を持つか否かにかかっていた。では、本質的にはいかなる存在根拠も持たない新出の権力が、そうした求心力を得る手段は果たしてあるのか。それは、自己に敵対する勢力は覆滅されるに値する秕政《ひせい》を繰り返してきたがゆえに、それを覆滅したという「事実」それ自身を押し立てることによって自らの存在の「有意味性」を突出させる以外にはなかった。

この点に関連して、王政復古政変の前夜、大久保利通が徳川慶喜に対する処置が「寛大」に流れることは「公論」に背くとして、次のように警戒感を露わにしていたことには意味深長な示唆が含まれている。

御確断秘物ノ御一条迄被為及候御事ニ御座候、此末ノ処如何様ノ論相起候共、諸侯ニ列シ官位一等ヲ降、領地ヲ返上、闕下《けっか》ニ罪ヲ奉謝候場合ニ不至候テハ、於**公論**相背、天下人心固ヨリ承伏可仕道理無御座候……若寛大之名被為付御処置、其当ヲ被失候得バ、御初政ニ**条理公論**ヲ御破リ相成候筋ニテ、朝権不相振ハ論スル迄モ無之、必昔日ノ大患ヲ可生儀相違無御座候……(15)（ゴチックは引用者）。

ここで明らかなことは、大久保が奉じている「公論」とは、多数の「天下人心」の向背では決してないことである。大久保が求めていたのは、多数意見でもリスクを回避し得る「良識」でもなく、あくまで条理に適った判断、いわば「正論」であった。ただし、明確なことは、ここには何が条理に適った「正論」なのかを判別する形式的衡量基準は存在しないということである。したがって、この大久保の姿勢の趣意は、何が「正論」として処遇すべき「公論」なのかを独占的に認定し得る主体を突出させることにこそあったといえよう。

この条件を得るためにも、まだ目鼻立ちすら定かでない新政府軍は、従前の「秕政《ひせい》」(「昔日ノ大患」)の責をすべて旧幕府勢力に被せ、その実力によってそれを「討伐」するという「壮挙」を挙示して自らの突出を図る必要があったのである。その「事実」に裏打ちされてのみ、新政権が高唱する「御一新」は「条理」を独占し、住民の期待を得る求心力を発揮し得たといえよう。ここに見られるのは、自己の恣意と私心の滅却を装った覇権の奪取である。そしてその覇権を、簒奪した不条理な覇権ではなく、来たるべくして到来した覇権であるかのごとく挙示する巧妙な演出である。

しかし、ここには深刻な背理が存在した。なぜなら、このやり方は他の権力が覇権の奪取をめざして自己に挑戦してくることを拒絶できないからである。いくら「義挙」を装っても、覇権自体を自らのレジティマシーにすることは、自らの覇権が奪取される未然の可能性を解除してしまうことを意味するのである(先述)。

この背理から逃れるためには、自らが覇王であることを合理化しつつ、自らの覇権が他勢力に奪取されることを未然に防止することが必要であった。いわば自身による権力革命を合理化する一方で、自身を打倒しかねない「次なる革命」を事前に封印することが必要だったのである。それは極めて困難な課題であったが、その成否は、覇権を奪取した維新勢力がいかに効果的に自らの例外化を図る初期設定に奏功するか否かにかかっていた。これを幕藩権力とは次元の違う手法で敢行したことによって、維新政権は近代公権力たり得たのである。その初期設定として維新権力が試みたのは、以下のような方策であった。

二、公権力への初期設定

それは第一に、天皇を神に連なる「無窮」の存在として、その存在の所与性を宣明したことである。岩倉具視が「建国策」（一八七〇年八月）において、天皇の存在を、

上古天神ハ諸冊《ぎみ》二尊ニ勅シテ国土ヲ経営シ億兆ヲ生々ス。既ニ億兆ヲ生々ス亦之ヲ統治スルノ道ナカルベカラズ。天神乃チ天孫ヲ降臨セシメ神胤ヲシテ国土ノ主タラシム是ニ於テ乎萬世一系ノ天子統治スルノ国体建ツ。是ニ於テ乎億兆各其分ヲ守リ君臣ノ義定マル。是レ天神ガ億萬年ノ後ヲ慮リ国土ヲシテ永久安全ナラシムル所以ニシテ神意至ラザル所ナシ(16)

というように、国民（「億兆」）の「承認」に先行する「神意」の現前として、その「冠絶性」を力説したのは、それを挙証することを眼目にしていた。ここに執着した岩倉の狙いは、「政府ノ保護ニ頼ラザレバ各其業ヲ励ミ各其生ヲ保ツコト能ハザル」ことを「億兆」に認識せしめ、そうした政府の「職掌」は「億兆」の承認以前に政府がその「職掌」を「上古天神」に委託されたがゆえであることを認識させるためであった。ここに見られるのは、「神の委託」を根拠に住民を保護、訓育する包括的か

つ無謬の権力として政府権力の冠絶化を図ろうとする姿勢である。

この権力の始原神話と共に王政復古によって立ち上げられたばかりの脆弱な権力は、天上から供託された清新な原初的エネルギーを原動力にして「億兆」を「保護」する権力、そこに新たな「可能性」を開削する権力として、その「活力」と「包容力」を社会に向けて標榜していく。これは、西洋世界との公的回路の独占と開化政策の推進を中心に、爾後の自らの治績の累積によって自身のレーゾンデートルを挙示できる条件の確保を可能にした。これは、いわば原初に直結することによって、伝統に緊縛されないフリーハンドを権力が保持していることを標示する試みでもあった。

第二に新政権が試みたこととは、そうした存在論的な自己準拠性とは一見矛盾しているように見えるが、そうした自己準拠性ゆえのフリーハンドを他のために活用できる権力であること、すなわち公的な意味を持つ権力であることを巧妙に演出していくことである。王政復古直後の一八六八年（慶応四）三月十三日（旧暦）に五箇条の御誓文を発布し、「万機公論に決す」という指針を宣明し、「公論」の中に自らを根拠づける姿勢を誇示したのはそのためであった。その「公論」の範囲は時代によって伸縮するが、衆生を「撫育」すると共に衆生の声を「摂取」すること、いわば権力の底辺を拡大することによって求心力を確保することが権力の突出を安定的に維持するための必須の要件だったのである。

衆生の「声」を摂取することを権力運営の指針とするためには、権力は恣意的主体であってはならない。そのためには、権力を脱人格化することが必要であった。しかし脱人格化され、衆生の「声」を収容する容器になっただけの権力では、意思的な主体にはなり得ない。このジレンマを脱するために必要であったのが、意思的主体としての天皇を中枢に置きながら、その天皇を恣意や情動に左右されない脱恣意的主体として冠絶化すること、いわば「恣意なき専決主体」に変換することであった。住民の私的土地所有権を法認し、権力それ自身を脱領有的主体として再編した地租改正は、この命題と相即した処置であった。これによって所有の論理から超越し、それを傘下に収めて操作する行政の領域が自立性を強める。そして、そうした「行政」の領域が自立性を強めることによって、その中で各専門分野を分掌する「百官」の活動が活性化されていく。

その中枢に据えられた天皇は、その百官の能動性を阻害しないためにも、恣意を滅却した存在である必要があったのである。さらに、その「百官の意志」を未来を「予見」した意志であるかのごとく社会に受容させるために、「天皇の意志」に変換することによってその権威化を図る必要があった。かくして恣意を滅却した「予見者」としての親政君主が擁立されていったのである。(17)

王政復古後の権力の初期設定によって、こうした形での親政君主が立ち上げられたことは、その後の権力転換のあり方を大きく規定した。すなわち、すべての政治的大局方針が天皇を経由して実質化される権力構造のもとでは、権力それ自身を転覆することは原理的に不可能になったこと、いわば「革命の凍結」がなされたことがこれである。革命があるとすれば、それは「天皇の意志」を宰領して領導する「錦旗革命」しかあり得ない。その成否を左右する鍵は、天皇の側近が「天皇の意志」をその方向に向けて効果的に誘導できるか否かであった。二・二六事件が失敗し、あとで触れるように、「常侍輔弼」の任にあった内大臣木戸幸一の策動によって「聖断」の効力を活用した終戦工作が、かろうじて成功した所以である。

大日本帝国憲法体制とは、こうして王政復古後になされた権力の初期設定によって立ち上げられた親政君主を制度的に馴致し、構造化する試みであった。その意味で、大日本帝国憲法体制とは王政復古の変奏だったのである。

三、王政復古の構造化と変奏——帝国憲法体制と政党内閣制

では、大日本帝国憲法体制とは親政君主をどのように馴致し、構造化した体制であったのか。それは、命令的意志の主体でありながら、自らの恣意に汚濁されない親政（神聖）君主を創出し、建前として権力機構の中枢に据える試みと共にあった。そのポイントは、天皇の固有権の威力と「不可侵性」を、議会との関係の中にいかに根拠づけるかであった。

そのために、まず第一に重視されたことは、『憲法義解』（一八八九年）が帝国憲法の「第一章天皇」の解説で「恭て按ずるに、天皇の宝祚《ほうそ》は之を祖宗に承け、之を子孫に伝ふ。国家統治権の存する所なり。而して憲法に殊に大権を掲げて条章に明記するは、憲法に依て新設の義を表するに非ずして、固有の国体は憲法に由て益々鞏固なることを示すなり(18)」としたように、天皇の権能を天皇が「祖宗に承け」た権限を法認した大権として制度化したことである。これによって天皇大権は、古来相伝されてきた君主の権限を法源とし、それを継受、集約した制度的権限としての意味を持つこととなり、それ

を行使する今上天皇は常に歴史（祖宗）を背負い、それを代表する君主、いわば「時間を代表する君主」

として掲揚される。

第二に、「国民の集合的意思」を「王命」によって実効力のある法へと変換する制度的操作によって「空間を代表する君主」を作り出したことである。その要となったのは、天皇の裁可権を定めた帝国憲法第六条の次のような既定である。「天皇ハ法律ヲ裁可シ其ノ公布及執行ヲ命ズ」。では、このごく簡略な規定のどこに帝国憲法の重要命題が込められているのか。大日本帝国憲法の生みの親である伊藤博文が、自らの著書として公刊した『憲法義解』の中で示した解説で、以下のように述べている。

（前略）英国に於ては此れを以て君主の立法権に属し、三体（君主及上院下院を云ふ）平衡の兆証とし、仏国の学者は此れを以て行政の立法に対する節制の権とす。抑々彼の所謂拒否の権は消極を以て主義とし、法を立つる者は議会にして之を拒否する者は君主たり。之れ或は君主の大権を以て行政の一偏に限局し、或は君主をして立法の一部分を占有せしむるの論理に出る者なるに過ぎず。我が憲法は法律は必王命に由るの積極の主義を取る者なり。故に裁可に依て始めて法律を成す。夫れ唯王命に由る。故に従て裁可せざるの権あり。此れ彼の拒否の権と其の跡相似て其の実は霄壌の別ある者なり。(19)（傍線引用者）

注目すべきは、ここで伊藤が、ヨーロッパの君主が保持している議会の決定に対する「節制の権」

や「拒否の権」に比して、天皇の大権である法律裁可権は、より「積極の主義を取る者なり」と述べている点である。その理由として伊藤は、「節制の権」や「拒否の権」は「君主をして立法の一部分を占有せしむる」にすぎないのに対して、「裁可」という手続きは法律の原案を効力のある法律に変える「王命」として作用する行為なのだという点を挙げている（「我が憲法は法律は必王命に由るの積極の主義を取る者なり」）。通常の感覚からは、「裁可」は議会の決定を形式的に追認することによって議会との軋轢を避けるために設けた規定のように見えなくはない。では、それをこのように意味づけるのは、伊藤の強弁であろうか。決してそうではなかった。それは、帝国憲法制定の直前に帝国議会の議場に参考資料として配付されたものといわれている「憲法説明」において、第六条の趣旨に関して次のように説明が加えられていたことに明らかである。

抑々《そもそも》拒否ノ権ハ消極ヲ以テ主義トシ、或ハ君主ノ大権ヲ以テ行政ニ限局シ、或ハ君主ヲシテ立法ノ一部分ヲ占領セシムル所ノ君民共治ノ論理ニ出ル者ナリ。我ガ国ノ法律ハ必王命ニ由ラシムル積極ノ主義ヲ取ル者ニシテ、彼ノ拒否ノ権ト其ノ跡相似テ其ノ実ハ霄壌《しょうじょう》ノ別アル者トス。(20)

すなわち、「君主ノ大権ヲ以テ行政ニ限局シ、或ハ君主ヲシテ立法ノ一部分ヲ占領セシムル」ことは「君民共治ノ論理ニ出ル者」という記述に明らかなように、ここでは西欧の君主の権限は「君民共治」制によって制限された劣弱な権限と捉えられ、天皇が保持する「裁可」権はそれとの対比で、より「積極ノ主義ヲ取ル者」と位置づけられていることが理解できる。この説明がなぜ『憲法義解』に見られないのかは判然としないが、帝国憲法の策定者たちは、天皇の「裁可」を一片の法律の原案に生命を吹き込むがごとき積極的行為として意味づけ、西欧の君主制には類例のない強力な権能として挙示しようとしていることは明らかであろう。

とは言え、「裁可」行為は実質的に法律原案の当否を確定する弁別行為として期待されていたわけではない。伊藤は「裁可に依て始めて法律を成す。夫れ唯王命に由る。故に従て裁可せざるの権あり」と、「裁可」しないケースがあることを一応承認しているとはいえ、その後の過程において「裁可」しないケースは実際にはなかったことにも示されているように、あくまで天皇は議会の決定を「裁可」することが前提であり、「不裁可」は現実的には想定されていないか、ごく例外的に視野に入れられているにすぎなかったことは確実である。

では、伊藤はあくまで議会の決定が天皇によって却下されることはあり得ないことを見越した上で、天皇に議会の決定の形式的追認を期待したにすぎないのであろうか。もちろんそうではなかった。「不裁可」の可能性は僅少ではあれ、ここに期待されているのは、「裁可」という形の介入によって形式的には議会における合議と合意の結果を示すにすぎない一片の法案を、強制力を備えた法律に変貌させる天皇の権能である。換言すれば、「裁可」という天皇の介入は、国民代表の合意を国民に対する強制力に変換する重要な意味を持つ手続きにほかならなかった。これは極めて巧妙な手続きであった。なぜなら、これによって天皇は、国民に対してその輿望に合致した専決者として君臨することが可能になるからである。この相関関係の中で天皇は、国民の輿望と背馳しない決断を成す君主として、国民の上に聳立し続ける。こうして天皇とは、独裁と合議（合意）という権力にとっての必要要件を共に含有した存在となる。これこそが天皇制を理解する上での要である。

この点を押さえた上で問題にすべきは、天皇が「裁可」すべき議会の決定は、議会の自立的な審議に委ねるだけで、常に円滑に収斂するとは限らないという点である。これについては、憲法には何も記されていない。しかし、この程度のことが看過されていたとは到底考えられない。当然ここには、何かの事前調整の介在が想定されていたと考えるほかないであろう。その事前調整をなし得る主体として想定できるのは、政党以外にはあり得ない。つまり、「裁可」という形式での天皇の介入は、その対象となる法案の確定段階までは議会を統括できる強力政党の介在を前提にして初めて意味を持つ措置であったというほかはない。しかもそれは、政府の後ろ盾となり得る強力な政党である必要があった。なぜなら、政府与党が微弱であり、熾烈な紛糾の末に僅差でかろうじて可決された法案を天皇が「裁可」することは、その後に政治的確執を残すことに繋がり、そこに天皇が巻き込まれる事態を招来する可能性があったからである。

そして、天皇の「裁可」行為が強力な政府与党の主導力による党内での事前調整を織り込んで敢行されることが前提であるとすれば、議会での審議を事実上統括する多数与党の党首と、議会での決定を「裁可」する天皇と、どちらが立憲政体の主役であり続けるかは自ずと明らかである。憲法の条文には、政党のことも、いわんや多数与党の助力を頼みとすることも一字たりとも記されていないが、憲法第三条の「天皇ハ神聖ニシテ侵スベカラズ」という条文とも重ね合わせた時、多数与党の党首が実質的な主導力を行使することは明白である。なぜなら天皇は、「神聖ニシテ侵スベカラ」ざる存在である限り責任を問われない主体であることは明らかであり、現実政治の場においては、「責任を負う主体」の主導力が実質化し、「責任を問われない主体」を凌駕していくことは避けがたいからである。この意味で、天皇の「裁可」が政府与党の党首の統括力を前提にする体制、すなわち政党内閣制へと移行することは、権力力学的な必然であったというほかはない。まさに大日本帝国憲法体制とは、「天皇の手中に仮構した独裁」が「天皇を手中にする独裁」へと転位していくモーメントを含んだ体制として創出されたのである。王政復古によって創出された天皇親政が、大日本帝国憲法体制を媒介に政党内閣制へと転位したのは、このモーメントの所産であった。

では、天皇親政が政党内閣制へと変貌したことは、どのような問題点を生み出すことになったのか。次にこの点を検証していきたい。

四、天皇親政の背理の表在化——帝国憲法体制の確執と液状化

政党内閣制の導入に伴って天皇親政は抹消されたのではない。むしろ右に述べたように、政党内閣制とは天皇親政の変奏であった。ゆえに政党内閣制は、以下の点でも天皇親政に繋がる要素を残していた。永井和氏が明らかにしたように、政党内閣制下においても首相ではなく天皇側近の内大臣が後

継首班を指名する制度的慣行を残そうとしたことがこれである。これは天皇と元老・内大臣の意志の「合一」を所与の前提として、「議会の意向」に対する「宮中の意向」(=天皇の意向)を優先させるための慣行であった。永井氏は、これを英国型政党内閣制の意識的拒絶と見なしている。(21)その点も含めて、この慣行の持つ意味を天皇親政の変奏としての政党内閣制の趣意に重ね合わせてみると、政党内閣制への移行にもかかわらず、代議制を媒介として擁立された専決者(内閣首班)に対しては絶対的な信は置かれていなかったということになる。政党内閣制というシステムの中での天皇親政の「代行者」は、「世論」の支援を楯にしても自身で次なる「代行者」を選ぶことはできなかったのである。内閣首班に替わって、「常侍輔弼」を職掌とした内大臣が天皇の意を承けるという形で後継首班を選択するというこの慣行には、天皇親政の建前が依然堅持されているといえよう。このことの持つ意味を敷衍して考えれば、先述したように、大日本帝国憲法体制下の天皇親政の運用理念の中にも「裁可」という手続きを以て世論との融合を図る措置が盛り込まれていたわけであるが、にもかかわらず「世論」の代表者である内閣首班(政党内閣制のもとでは政権政党の党首)が後継首班を選ぶことを制約されていたということは、やはり「世論」への信頼は限定的であったというほかはない。

だが問題は、内閣首班に替わって内大臣が天皇と意志を通じながら後継首班の指名に関して大きな力を持つこの政権運用形態は、天皇親政の趣意を護持したものとは見なされなかったことである。むしろ逆に、「君側の奸」が自らの意を恣《ほしいまま》にして天皇親政の真の発揚を阻害している悪弊として反感を買う傾向が強まっていった。まさに政党内閣制下において天皇親政の命脈を実質的に維持するための慣行が、天皇親政の純粋な発露を阻害する奸策であるかのごとく槍玉に挙げられるという事態が現前し始めたわけである。これは、大日本帝国憲法体制下において親政天皇を輔弼する主体はどの勢力であるべきかという点をめぐる潜在的対立の表在化であり、その根は深い。

木戸幸一を中心とした宮中勢力や重臣の介在を敵視する急進的国家革新運動が、軍部を主体に先鋭化し始めたことは、こうした権力構造的確執が必然化した事態であった。元来、天皇親政というのは天皇単独の意向によって推進されるものではなく、輔弼者の助力と介在を折り込んだものであり、その意味で軍部もその虚構性のもとで自己の活動領域を確保してきたにもかかわらず、ここに至って、その虚構性を共創してきた他の輔弼勢力を覆滅の対象として攻撃するという背理的な事態が浮上し始めたわけである。

それら軍部を主力とする急進的国家革新運動は、あるべき天皇親政の建前に照らして目前で進行している現実の政権運用の混迷に対する嫌悪感を深め、その打破をめざす直接行動へと傾斜していった。それら急進的国家革新運動の目的は、それらが指導理論と仰ぐ北一輝の『国家改造法案大綱』の構想、すなわち天皇の権限によって一時的に憲法を停止し、国家社会主義的諸政策を緒につけるという構想に立脚していた。それはまさに、天皇親政の実行力を最大限に活用することによって、むしろ親政君主制とは相容れにくい国家社会主義諸政策を実行に移そうという矛盾を内包した構想であった。換言すれば、それは天皇の専断権によって大日本帝国憲法体制を一時的にせよ凌駕することを趣意とした構想でもあった。

しかしそれは、天皇が「君側の奸」に毒されない無垢の状態で自立的な専断権を行使することが起点に置かれていた限り、最終的にその成否は天皇の意志に委ねられており、現実的には奏功する見通しは当初より薄かった。留意すべきは、こうした運動を誘発したことも、さらにはその奏功を未然に防止したことも、共に天皇親政を建前にした政権運用に起因していたことである。

五、最後の天皇親政と大日本帝国の幕引き

以上の経緯を経て明らかになっていったことは、天皇親政を建前にする限り、それが大日本帝国の統治形態の「無垢な原像」と仰慕され、それを反射鏡として常に現実の権力構成と政権運用に対する批判が触発され続けるということであった。この状況を抜本的に変えることは、天皇親政を建前にしないような政治的意志決定システムと政権運営に切り換えない限り不可能であった。しかし、天皇親政を建前に掲げた政治的意志決定システムの中から、天皇親政を否定する意志を立ち上げることは不可能であった。唯一可能な方法は、それに終止符を打つ方向に「天皇自身の意志」を誘導し、効果的に活用することであった。

ただし近代日本の権力構造上、天皇親政的な権力秩序を改変するためには、それを含む権力機構全体を再編する以外には方法がなかった。すなわち、大日本帝国憲法体制をトータルに改変するような抜本的な措置が必要だったのである。そして、天皇が内発的意志を持ってそれに着手することが望め

なかった限り、天皇それ自身を無効化することも視野に入れて、そうした措置に向けて踏み出す天皇の「意志」を策出することが必要であった。それはいわば、真の狙いを押し隠して進められる天皇（制）の巧妙な政治的自殺幇助ともいうべき緊張感を含んだ措置であった。「革命」が封印された大日本帝国憲法体制のもとでは、天皇親政の原理を逆用した、こうした策動なしには権力機構の抜本的改編を図ることは不可能だったのである。

こうした難事業を粘り強くかつ冷徹に遂行したのが「常侍輔弼」を職責とする内大臣の任にあり、天皇の信の厚かった木戸幸一にほかならない。いわゆる「聖断」工作として知られる和平工作は、戦争末期において好機を見計らいながら「和平（→降伏）」を受容する「天皇の意志」を先行的に公表することによって、軍部を中心とした継戦や決戦にこだわる勢力の意向を封じ、最終的に無条件降伏の受容にこぎ着けた工作であった。留意すべきは、「和平」を望む（最終的には無条件降伏をやむを得ない選択として承認していく）「天皇の意向」を挙示し、その圧力効果を存分に活用することによって反抗を封じ、政権の意向を無条件降伏にまとめていく手法は、まさに王政復古を彷彿とさせる強行策であったことである。この点に関して、和平工作の立役者として奔走した木戸幸一は、戦後に次のように述べている。

私は早く御前会議を開いて最終的に解決して了わなければ終戦は出来ないと思ったんです。換言せば陛下の指導力を極度に使おうと云うところなんです。終戦反対論者に一応の反対論をさしてそれから総理に陛下の思召は如何でございますかと御意見を述べて頂くと云う計画です。国務のことは凡て本当ならば閣議で纏めるのですが当時は閣議で決議を強いてとるとすると内閣は瓦解する。そうなったら混乱です。この辺のことは総理もよく分かっていたから御前会議を開き陛下の御考えを陳べて頂くことにする。陛下の御考えもはっきりとしているんだから、外務大臣の案と云うことを仰しゃるだろう。それを直接聞けば、閣僚は余程強い反対でない限りはそれに服し、かくて閣議も一致するだろうと云うのであった。（中略）こう云う点になると天皇と云うものが何とも言えない一つの力を持って居られた。分かりやすい言い方をすれば当時和平派の人達はそれを極度に利用した。利用したと云うと語弊があるかも知れないが、結局は利用した訳なんです。(22)

ここで木戸が「利用した」と告白している天皇の「何とも言えない一つの力」とは、大日本帝国憲法体制に構造化されることによってその突出が抑制された力であった。それを改めて特立した力として意識的に引き出して活用した木戸の策動は、まぎれもなく例外的な手段であった。この点に関しては、木戸も別の箇所で、「従来のように唯閣議の決定を待ってそれを裁可されてばかり居たことに比すれば、終戦時は閣議がその決議に至る前に陛下の御意見を参考とされたのであるから異例に属することと」として認めている。大日本帝国憲法体制下において通常は表在化しないこの天皇の力を、あえて特立した力として引き出し活用した点において、この木戸の策動は王政復古の舞台において岩倉具視が「幼冲ノ天子」の意向をでっち上げて反対派を圧伏したのを彷彿とさせる行動であった。しかも、和平に関心を寄せていたにせよ、降伏という政治的選択に向けた具体的意志を自立的に表明するまでには至っていない天皇が、降伏も視野に入れた「和平への意志」を表示するに至るまでには、木戸の策動が大きく介在していた。王政復古によって作り出された天皇親政的原理を中核に据え、制度化することによってその命脈を保ってきた大日本帝国憲法体制は、親政天皇の意向を押し立て、それに反対勢力を拝跪させる策動によって幕が引かれたのである。

これは、国土が灰燼に帰することを瀬戸際で防ぐための緊迫した策動であったが、全面戦争の中での人的・物的資源の疲弊と、敗色の濃厚化という惨状の中で初めて効力を持った策動であった[23]。王政復古によって緒がつけられた親政君主制は、そうした限界状況の中で初めて終止符を打つことができたのであり、それはとりもなおさず、王政復古が近代日本にとっていかに深い影響をもたらしたかを示しているのである。

おわりに――天皇親政の余波とその行く末

以上に述べたように、王政復古を起点に天皇親政は公権力の運用の中核に据えられ、大日本帝国憲法体制への構造化、それを経由した政党内閣制への変奏という形で近代日本の公権力の中核的な運用原理として継受されていった。この意味で、王政復古は近代日本を根本的に規定し続けたといっても過言ではない。

その理由は、天皇が日本に土着の存在だったからではなく、逆に天皇制の中に公権力が普遍的に依拠せざるを得ない要素が周到に盛り込まれたからである。その要素とは、権力の専決的実行力を確保しながら、それを行使する権力から恣意性を払拭するという二点であり、この両立しがたい二つの要素を止揚することが近代公権力にとっての最大の要件であった。意思的主体でありながら恣意を滅却した天皇を権力の中核に据えた親政君主制は、この要請に効果的に応えるためのいわば装置であった。

こうした性格に造形された君主のもとでは、政権を構成する各勢力が自らの意向を普遍化するために、清浄とされた「天皇の意向」に置き換えて「浄化」しようとする動きを触発する。その結果、政権傘下の各勢力は上程する策案を自らの責任を以て引き受けず、変換された「天皇の意向」に付き従うという姿勢を挙示して、他にそれを強要しようとする事態が蔓延する。こうした権力運用原理は、国民の精神構造と行動様式にも投影されずにはおかなかった。この点を鋭く看取していた小説家の坂口安吾は、敗戦直後の国民の意識の真相を主著『堕落論』（一九四六年）の中で次のように鋭く喝破している。

たえがたきを忍び、忍びがたきを忍んで、朕の命令に服してくれという。すると国民は泣いて、外ならぬ陛下の命令だから、忍びがたいけれども忍んで負けよう、と言う。嘘をつけ！　嘘をつけ！　嘘をつけ！

我等国民は戦争をやめたくて仕方がなかったのではないか。竹槍をしごいて戦車に立ちむかい土人形の如くにバタバタ死ぬのが厭でたまらなかったのではないか。戦争の終わることを最も切に欲していた。そのくせ、それが言えないのだ。そして大義名分と云い、又、天皇の命令という。忍びがたきを忍という。何というカラクリだろう。惨めとも又なさけない歴史的大欺瞞ではないか。しかも我等はその欺瞞を知らぬ。天皇の停戦命令がなければ、実際戦車に体当たりをし、厭々ながら勇壮に土人形となってバタバタ死んだのだ。最も天皇を冒瀆する軍人が天皇を崇拝するが如くに、我々国民はさのみ天皇を崇拝しないが、天皇を利用することには狎れており、その自らの狡猾さ、大義名分というずるい看板をさとらずに、天皇の尊厳の御利益を謳歌している。何たるカラクリ、又、狡猾さであろうか。我々はこの歴史的カラクリに憑かれ、そして、人間の、人性の正しい姿を失ったのである。(24)

「陛下の大御心を国民の心とし、国民の意を以て陛下の意となす(25)」といった建前的な共依存関係に立脚していた親政君主制は、国民の「本音」を天皇の清浄な「大御心」に見合わない俗情であるかのごとく封殺する作用を内包していた。その作用のもとに置かれた国民は、自ら本音の「吐露」を自制する姿勢に傾いていく。それが国民の間に相互に作用し、集団機制のように社会を覆う中で、吐露することを制約された「本音」は国民の胸中で累積して濃度を増し心底に沈殿する。それは、敗戦という衝撃を経てもなお「天皇の意」に付き従うという曲折した形でしか噴出しなかった。安吾はそれが露見した光景を目の当たりにして、憤怒と嫌悪感の入り交じった感慨を露わにしているわけである。

戦後、安吾はこうした国民に対して「堕落」することを奨励したが、その是非はともかく、こうした機運に埋没した国民の間から革命への覇気が芽生えることは望むべくもない。

親政君主制を柱にして公権力が造形されていく過程は、こうした国民の「機運」の醸成を伴いながら、「革命（的契機）」が封印されていく過程でもあった。王政復古という「革命」によって生み出された新規の権力は、爾後の「革命」を封印することによってのみ（正確には政権交代という制度内革命へと馴致することによってのみ）、統治権力としての実を備えることができた。

しかし、そうした制度内革命によっては、抜本的な権力刷新は困難である。その状況が一般化した時、本来の「革命」を求める衝動は政権の内外において次第に鬱積し、急進的国家革新運動として暴発する。そうした状況も含めて、公権力の統治能力の自立的な回復がもはや困難であると判断された時、統治権力の内部からその改変を図ろうという動きが胚動する。それが本稿で取り上げた、「聖断」を活用した終戦工作にほかならない。それはあたかも、「天皇の意志」の遵守を標榜した王政復古の手法を踏襲するかのごとき策動であった。

だが、そうした「天皇の意志」の発動を招請し、それによって既存の統治権力の改変を図るためには、未曾有の国家的危機に迫られない限り不可能であった。そのための衝撃波として「利用」され、さらには策出されたのが日米開戦であった。革命の実行勢力が政権内部の一部構成勢力に限定されざるを得なかった状況では、そうした未曾有の国家的危機と衝撃に乗じ、「天皇の意志」を効果的に活用する以外に「革命」が奏功する余地はあり得なかった。

このようにして「天皇の意志」を押し立てた権力内革命によって産声を上げた大日本帝国は、同様に「天皇の意志」を押し立てた権力内革命によって幕が引かれた。大きな違いは、王政復古の際には天皇の「宸断」を即時に受け容れたのはごく少数の勢力であったのに対して、終戦の「聖断」は、政権構成勢力、国民ともども大部分が内心では待ち焦がれていたことである。それは戦禍の激しさに大部分の国民が倦んでいたことによるだけでなく、国民は黙して「真意」を語らず、「天皇の意志」に仮託するという共依存関係が長らく日本社会に膾炙するに至っていたことの証左でもあったのである。

終戦後七三年を経て、こうした共依存関係は払拭されたのであろうか。それが次なる重要テーマであるが、それに踏み込むことはもはや本稿の範囲を超えている。

注

（1）井上勲『王政復古——慶応三年十二月九日の政変』（中公新書、一九九一年）、および井上勲編『開国と幕末の動乱』（日本の時代史20、吉川弘文館、二〇〇四年）所収の同氏論文。宮地正人『幕末維新期の社会的政治史研究』（岩波書店、一九九九年）。これらのほかにも青山忠正『明治維新と国家形成』（吉川弘文館、二〇〇〇年）の「Ⅳ．王政復古の政治過程」や原口清『王政復古への道』（原口清著作集2、岩田書院、二〇〇七年）所収の「王政復古少考」、久住真也『王政復古——天皇と将軍の明治維新』（講談社現代新書、二〇一八年）も参考にさせていただいた。

（2）この関心は一九六〇年代に隆盛を見た帝国主義史研究に継承され、解くべき中核的テーマとなった。それが生み出した問題点については、拙稿「日本近代歴史学の危機と問題系列」（『立命館大学人文科学研究所紀要』第七八号、二〇〇一年）、同「岐路に立

つ『戦後歴史学』」（『日本史研究』第五三七号、二〇〇七年）、同「『戦後歴史学』の深度再考」（同前五五二号、二〇〇八年）を参照。
(3) 永井秀夫『明治国家形成期の外政と内政』（北海道大学図書刊行会、一九九〇年）などは、こうした視座を重視している。
(4) 宮地前掲『幕末維新期の社会的政治史研究』収録の論稿の多くは、そうした関心を採り入れた研究の到達点を示す。また同氏『幕末維新変革史』上・下（岩波書店、二〇一二年）も参照。
(5) この点に関しては、拙稿「日本における主権的権力の原理と形状――権力の『非当事者性』と『神の意志』の処遇」（『日本史研究』第五七〇号、二〇一〇年）も参照。
(6) 笠谷和比古『近世武家社会の政治構造』（吉川弘文館、一九九三年）、磯田道史『近世大名家臣団の社会構造』（東京大学出版会二〇〇三年）を参照。
(7) 「薩土盟約（書）」は、青山忠正氏の解説にあるように（前掲『明治維新と国家形成』、二五八頁）、木戸孝允自筆写本が京都大学附属図書館蔵旧尊攘堂資料の中に存在し、青山氏は同前書の中でそれを引用しておられる。本稿では『松菊木戸公伝』上（一九二七年、復刻版一九七〇年）所収のものを引用した（同書、七九四～七九六頁）。
(8) 「大久保利通日記」慶応三年十月二十九日（『大久保利通日記』一、北泉社、一九九七年）。
(9) 大久保利通「王政復古に関する建言書」慶応三年十二月八日（『大久保利通文書』二、東京大学出版会、一九八三年）。
(10) 「丁卯日記」慶応三年十二月九日、『再夢紀事・丁卯日記』（東京大学出版会、一九七四年）。
(11) 『岩倉公実記』中（原書房、一九六八年）一五九頁。
(12) いわゆる小御所会議での、この一幕を後世の脚色と見なす見解が存在するが、細部はともかく、こうした山内容堂の抗言とそれに対する岩倉の反駁が存在したことは、大久保利通が日記（慶応三年十二月九日）に「小御所御評議越公容堂公大論公卿を挫き傍若無人なり。岩倉公堂々論破不堪感伏」（前掲『大久保利通日記』一）と記していることから見て事実であろう。
(13) 「桂右衛門（久武）宛　西郷吉之助書簡」明治元年一月十日（『大西郷全集』二、平凡社、一九二七年）。
(14) 「大久保利通日記」明治元年一月十八日（『大久保利通日記』二）。
(15) 大久保利通前掲「王政復古に関する建言書」慶応三年十二月八日。

(16)『岩倉公実記』中、八二六〜八二七頁。なおこの「建国策」の草稿にあたる「国体昭明国是確立意見書」が『岩倉具視関係文書』一（東京大学出版会、一九六八年復刻版）に収録されており、若干文言が異なるが、大要は同じである。両者の異同については、羽賀祥二『明治維新と宗教』（筑摩書房、一九九四年）一七六頁を参照。

(17) こうした近代公権力の特性とその展開に関しては、「立憲制と専制」（歴史学研究会・日本史研究会編『日本史講座』八、二〇〇五年）、前掲拙稿「日本における主権的権力の原理と形状――権力の『非当事者性』と『神の意志』の処遇」、同『日本近代主権と立憲政体構想』（日本評論社、二〇一四年）を参照。

(18) 伊藤博文『憲法義解』（岩波文庫、一九四〇年。原典の出版は一八八九年）二二頁。

(19) 同前、二九〜三〇頁。

(20) 清水伸『帝国憲法制定会議』（岩波書店、一九四〇年）五〇九頁。「憲法説明」というのは、伊藤博文を中心に井上毅、伊東巳代治、金子堅太郎ら帝国憲法の草案の起草者たちの手になる憲法草案の解説である。議会での円滑な質疑討論に備えた「参考書」として配布された。「憲法説明」という呼称は『帝国憲法制定会議』の筆者である清水伸が便宜のために付したものであり、会議ではしばしば「注解」などと呼ばれていたとのことである（『帝国憲法制定会議』四九三〜四九四頁）。

(21) 永井和『西園寺公望――政党政治の元老』（日本史リブレット人、山川出版社、二〇一八年）。

(22) 木戸幸一「終戦に関する史実［文書陳述］」〈一九四九年五月一七日〉（佐藤元英・黒沢文貴編『ＧＨＱ歴史課陳述録 終戦史資料』上、原書房、二〇〇二年、二八〜二九頁）。

(23) 本稿で述べた終戦時の和平工作の意味づけに関して、より詳しくは拙稿「近代日本の公権力と戦争『革命』構想」（『立命館大学人文科学研究所紀要』第一一七号、二〇一九年二月刊行予定）を参照。いわゆる「聖断」工作についてはいくつかの研究があるが、さしあたって纐纈厚『日本はなぜ戦争をやめられなかったのか』（社会評論社、二〇一三年）、同『「聖断」虚構と昭和天皇』（新日本出版社、二〇〇六年）、鈴木多聞『「終戦」の政治史 1943-1945』（東京大学出版会、二〇一一年）を参照。

(24) 坂口安吾『堕落論』〈一九四六年〉（『堕落論・日本文化私観』所収、岩波文庫、二〇〇八年）、二三七〜二三八頁。

(25)「奏上案」〈重光葵一九四五年八月二七日記〉（伊藤隆・渡邊行男編『続 重光葵手記』中央公論社、一九八八年、二三七頁）。

補章　王政復古・覚書

小路田泰直

私利私欲に満ちた人々が話し合い、多数決でものごとを決めていく社会が近代社会だ。しかし、私利私欲に満ちた人々の多数決が正義を言い当てる可能性はほとんどない。多数派工作に長けた特定の人々の利益を、多数の名において社会に押しつける役割を果たすぐらいが関の山だ。当然、少数者にはその多数決に従わない権利が残る。次のルソーの発言にもあるようにである。

事実、もし先にあるべき約束ができていなかったとすれば、選挙が全員一致でないかぎり、少数者が多数者の採択に従わなければならぬなどという義務は、一体どこにあるのだろう？　主人をほしいとおもう百人の人が、主人などほしいとおもわない十人の人に代って票決する権利はいったいどこから出てくるのだ？　多数決の法則は、それ自身、約束によってうちたてられたものであり、また少なくとも一度だけは、全員一致があったことを前提とするものである。(1)

その結果近代社会は、その初発において、内乱と革命に充たされる。その内乱と革命に充たされた近代初頭のことを、我々は通常「中世」と呼んでいる。

では、社会が真に近代化するためには何が必要か。ルソーが考えたのは、同じ多数意志ではあっても尋常を超えた多数意志、全一致の意志を以て、少数は多数に従わなくてはならないことを一度しっかりとルール化（社会契約）しておくことであった。さすがに全員一致で決まったルールには、誰も逆らえないだろうからである。

そこで目を日本に移してみよう。ペリー来航以来打ち続く内憂外患の中で、幕府は積極的に諸大名の意見に耳を傾けようとするが、それはやがて公議政体論と呼ばれる、「公議」に基礎を置く政治体制の樹立に向かう政治潮流を生み出す。一橋慶喜や山内豊信（容堂）や坂本龍馬などがその潮流を代表した。しかし足りなかったのは、「公議」の場における決定を、国家意志にまで高めるルールであった。そのルールがないから、公議政体論的発想を受けて幕末期、繰り返し組織された「諸侯会議」は、国是（国家方針）決定に威力を発揮することなくその都度潰えた。

そのルールを生み出す力を持った強烈な意志が求められた。では、その強烈な意志とは、日本においてもそれは全員一致の意志であった。そしてそれを表しているのが次の王政復古の大号令であった。

徳川内府、従前御委任ノ大政返上、将軍職辞退ノ両条、今般断然聞シ召サレ候。抑癸丑以来未曾有ノ国難、先帝頻年宸襟ヲ悩マサセラレ御次第、衆庶ノ知ル所ニ候。之ニ依リ叡慮ヲ決セラレ、王政復古、国威挽回ノ御基立テサセラレ候間、自今、摂関・幕府等廃絶、即今先仮ニ総裁・議定・

参与ノ三職ヲ置レ、万機行ハセラルベシ。諸事神武創業ノ始ニ原ツキ、縉紳・武弁・堂上・地下ノ別無ク、至当ノ公議ヲ竭シ、天下ト休戚ヲ同ク遊バサルベキ叡慮ニ付、各勉励、旧来驕惰ノ汚習ヲ洗ヒ、尽忠報国ノ誠ヲ以テ奉公致スベク候事。

「縉紳・武弁・堂上・地下ノ別無ク、至当ノ公議ヲ竭シ」、その帰する所を「天下ト休戚ヲ同ク遊バサルベキ叡慮」を以て、天皇が汲み取り発したものが王政復古の大号令だったというのである。日本においても公議政体をルール化する力を持った意志は、ルソーのいう一般意志同様、全員一致の意志だったのである。

では、この大号令を伴って断行された王政復古は、公議政体をルール化するために何を行ったのか。まず「縉紳・武弁・堂上・地下ノ別無」き「至当ノ公議ヲ竭」す主体と、「万機行ハセラル」行政の主体を明瞭に区別した。そのことによって、その混同の上に成り立ってきた身分制的統治システムを「摂関・幕府等」と共に「廃絶」し、さらには「公議政体」を「諸侯会議」の呪縛から解き放った。当初案では「列侯会議ヲ興シ万機公論ニ決スベシ」となっていた五箇条の誓文の第一条が、成案では「広ク会議ヲ興シ万機公論ニ決スベシ」と改められたのは、その証であった。

公議政体論を、封建的議会主義から、近代立憲制的議会主義に作り替えたのである。と同時に、その社会的基盤を「縉紳・武弁・堂上・地下ノ別無」きところまで、すなわち全国民に一挙に広げたのである。

それに加えてもう一つ、徳川将軍から奉還された「大政」を「万機」という概念で捉え直し、それを多くの専門的官僚行政の束として認識した。統治の専門化、能力化を一挙に進めたのである。そしてもう一ついうならば、不徳化（モラルより専門的能力）を進めたのである。

かくて王政復古が、公議政体のルール化に果たした役割の大きさは一目瞭然である。王政復古なしに公議政体（立憲政体）の実現はあり得なかった。その意味で、公議政体と王政復古を二項対立的に捉え、王政復古の歴史的意義を貶化しようとする試みは、およそナンセンスとしかいいようがないのである。

注

（1）ルソー著・桑原武夫他訳『社会契約論』（岩波文庫、一九五四年）二八頁。

あとがき

近代史を専門とする歴史家にとって、明治維新を論じる喜びにおいて他に勝るものがどれほどあるだろうか。並ぶとすれば「大東亜戦争」くらいだろう。むろん、この「喜び」は、ある面からいえば、不謹慎なものだ。維新にせよ大戦にせよ、そこに非対称的な権力関係があるのは明らかである。非対称性へのまなざしなしに歴史を語ることはできない。しかし、学者にとって痛烈な自己批判もまた、奇妙にも仕事上の至高の喜びである。自己批判を伴侶に、なお歴史を語ることができなければ歴史家ではいられないのだから、維新や大戦は、最も批判的になされねばならないだけに、かえって一層の喜びである。

自分なりに思い詰めた、そうした自己批判の結果だが、歴史は肯定されねばならないと、わたしはいつしか考えるようになった。だからわたしは他の歴史同様に、それどころかより強い意図を込めて、維新を肯定する。その責任は、歴史家であるわたしが負えばいい。問題はどのように肯定するかである。何から何まで否定する必要もなければ、盲目的に礼賛する必要もない。歴史はひとが思うより脆弱だが、ひとが思うより強靭である。読者には、本書に集う八人の異なる歴史家が、それぞれ独自の視点から歴史の何を肯定しようとしたのか、それを読み取っていただければと思う。

執筆者のひとりとして、そして何より小路田泰直先生と共に編者に名を連ねた未熟な者として、本書の完成に尽力していただいた諸先生方、ならびに終始細やかな配慮をいただいた東京堂出版編集部の小代渉さんに、心から感謝を捧げたい。

田中希生

【執筆者略歴】※執筆順

小路田泰直（こじた・やすなお）※奥付参照

宮地正人（みやち・まさと）

一九四四年生まれ。東京大学名誉教授。修士（文学）。

主要業績：『地域の視座から通史を撃て！』（校倉書房、二〇一六年）、『歴史のなかの『夜明け前』』（吉川弘文館、二〇一五年）、『幕末維新変革史 上下』（岩波書店、二〇一二年）

小風秀雅（こかぜ・ひでまさ）

一九五一年生まれ。立正大学文学部教授。博士（文学）。

主要業績：季武嘉也と共編『グローバル化のなかの近代日本』（有志舎、二〇一五年）、『帝国主義下の日本海運——国際競争と対外自立』（山川出版社、一九九五年）、「『帝国』と明治維新」（明治維新史学会編『講座明治維新12 明治維新史研究の諸潮流』有志舎、二〇一八年）

八ヶ代美佳（やかしろ・みか）

一九八四年生まれ。立命館大学授業担当講師。博士（文学）。

主要業績：『孫文と北一輝——〝革命〟とは何か』（敬文舎、二〇一七年）、「只見川電源開発から柏崎刈羽原発へ」（小路田泰直ほか編『核の世紀——日本原子力開発史』東京堂出版、二〇一六年）、「孫文の辛亥革命以前の『革命』構想と『民主立憲制』」（『新しい歴史学のために』第二七六号、二〇一一年）

田中希生（たなか・きお）※奥付参照

平野明香里（ひらの・あかり）
一九九二年生まれ。奈良女子大学大学院人間文化研究科博士後期課程。
主要業績：「日本近代史学史と〈信仰〉――平泉澄を中心に」（『新しい歴史学のために』第二九三号、二〇一八年）、「再考・『立憲主義の「危機」とは何か』」（『人文学の正午』第七号、二〇一六年）

藤野真挙（ふじの・なおたか）
一九八二年生まれ。東義大学校人文社会科学大学助教授。修士（文学）。
主要業績：「西周の法思想と教思想――「思慮」ある「激怒」が蠢く秩序」（『立命館史学』第三八号、二〇一七年）、「井上毅と教育勅語――文明の「親愛」ユートピアへ」（『日本近代学研究』第五九号、二〇一八年）、「日本近代黎明期における「天賦人権」の概念構成とその超越」（『東アジアの思想と文化』第八号、二〇一六年）

小関素明（おぜき・もとあき）
一九六二年生まれ。立命館大学文学部教授。博士（文学）。
主要業績：『日本近代主権と立憲政体構想』（日本評論社、二〇一四年）、「加藤周一の精神史」（『立命館大学人文科学研究所紀要』第一一一号、二〇一七年）、「民本主義論の終焉と二大政党制論の改造」（『史林』第八〇巻第一号、一九九七年）

【編者略歴】

小路田泰直（こじた・やすなお）

1954年生まれ。奈良女子大学文学部教授・副学長。修士（文学）。

主要業績：『日本近代の起源——三・一一の必然を求めて』（敬文舎、2016年）、『日本史の思想——アジア主義と日本主義の相克』（柏書房、2012年）、『戦後的知と「私利私欲」——加藤典洋的問いをめぐって』（柏書房、2001年）

田中希生（たなか・きお）

1976年生まれ。奈良女子大学文学部助教。博士（歴史学）。

主要業績：『精神の歴史——近代日本における二つの言語論』（有志舎、2009年）、「本居宣長の生成論と近代——丸山真男と小林秀雄」（『想文』第1号、2018年）、「歴史の詩的転回——同時性と雲の時間」（『人文学の正午』第6号、2016年）

明治維新《めいじいしん》とは何《なに》か？

2018年12月10日　初版印刷
2018年12月20日　初版発行

編　者	小路田泰直・田中希生
発行者	金田　功
発行所	株式会社 東京堂出版 〒101-0051　東京都千代田区神田神保町1-17 電話　03-3233-3741 http://www.tokyodoshuppan.com/
装　丁	鈴木正道（Suzuki Design）
組　版	有限会社 一企画
印刷・製本	図書印刷株式会社

ISBN978-4-490-21000-2 C1021